现代礼仪

殷　梅　段晓婧　主编

中国海洋大学出版社

·青岛·

图书在版编目(CIP)数据

现代礼仪 / 殷梅,段晓婧主编 . -- 青岛:中国海洋大学出版社,2024.4

ISBN 978-7-5670-3778-6

Ⅰ. ①现… Ⅱ. ①殷… ②段… Ⅲ. ①礼仪－基本知识 Ⅳ. ①K891.26

中国国家版本馆 CIP 数据核字(2024)第 029212 号

现代礼仪

出版发行	中国海洋大学出版社
社　　址	青岛市香港东路 23 号　　　　邮政编码　266071
出 版 人	刘文菁
网　　址	http://pub.ouc.edu.cn
订购电话	0532－82032573(传真)
责任编辑	郑雪姣　　　　　　　　　　电　　话　0532－85901092
印　　制	青岛国彩印刷股份有限公司
版　　次	2024 年 4 月第 1 版
印　　次	2024 年 4 月第 1 次印刷
成品尺寸	185 mm ×260 mm
印　　张	14.75
字　　数	276 千
印　　数	1～1 000
定　　价	49.00 元

发现印装质量问题,请致电 0532-58700166,由印刷厂负责调换。

内容提要

　　本书介绍现代人际交往中不同场合需要掌握的礼仪规范,是具有我国社会特色且符合国际主流价值观的、适合各大高校学生使用和相关工作者科研参考的现代社交礼仪教材,包括礼仪概述、个人礼仪、日常礼仪、语言礼仪、宴饮礼仪及职场礼仪等与现实密切相关的内容。其整体原则为以中华民族传统礼仪精华为基础,借鉴现代国际社会通用礼仪规范,以符合我国社会主义核心价值观的标准加以取舍,敬人与自尊并重,有效沟通与和谐共处结合,明确划分勿为与必为,力求内容与时俱进,并做到可操作性强,精准定义有效礼仪内容,对提升个人修养和适应各种场合的交际往来具有较高参考价值。

目　录

绪　论

中华民族有着悠久的文明历史。在有文字记载的 5 000 年历史长河中，形成并流传下来璀璨的文化，其中"礼"和"德"非常重要，在中华文化中形成了完整的礼仪规范、高尚的道德准则，中原王朝自古被称为"衣冠上国，礼仪之邦"。作为绵延数千年的文明古国，中华文明辐射的范围广泛而深远，至今整个东亚及东南亚被泛称为儒家文化圈，这也是中华文明与传统文化在历史长河中对外传播与传承的表现。

华夏是中国的古称，也是汉族的别称。唐代孔颖达在《春秋左传正义》中言："中国有礼仪之大，故称夏；有服章之美，谓之华。"这是对"华夏"一词的一种解释。

钱穆先生曾指出，"中国的核心思想就是礼"。可以说礼仪文化是中国传统文化的根基，对中国的社会发展有着深远的影响，涉及社会生活的方方面面，是中华文明形成过程的重要规范。

习近平总书记在北京大学师生座谈会上的讲话中指出："每个时代都有每个时代的精神，每个时代都有每个时代的价值观念。国有四维，礼义廉耻，'四维不张，国乃灭亡。'这是中国先人对当时核心价值观的认识。在当代中国，我们的民族、我们的国家应该坚守什么样的核心价值观？这个问题，是一个理论问题，也是一个实践问题。经过反复征求意见，综合各方面认识，我们提出要倡导富强、民主、文明、和谐，倡导自由、平等、公正、法治，倡导爱国、敬业、诚信、友善，积极培育和践行社会主义核心价值观。富强、民主、文明、和谐是国家层面的价值要求，自由、平等、公正、法治是社会层面的价值要求，爱国、敬业、诚信、友善是公民层面的价值要求。这个概括，实际上回答了我们要建设什么样的国家、建设什么样的社会、培育什么样的公民的重大问题。"

"中国古代历来讲格物致知、诚意正心、修身齐家、治国平天下。从某种角度看，格物致知、诚意正心、修身是个人层面的要求，齐家是社会层面的要求，治国平天下是国家层面的要求。我们提出的社会主义核心价值观，把涉及国家、社会、公民的价值要求融为一体，既体现了社会主义本质要求，继承了中华优秀传统文化，也吸收了世界文明有益成

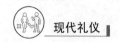

果,体现了时代精神。"[1]

在习近平总书记的发言中,把"修德"提到了做人做事的第一位,"道德之于个人、之于社会,都具有基础性意义,做人做事第一位的是崇德修身。这就是我们的用人标准为什么是德才兼备、以德为先,因为德是首要、是方向,一个人只有明大德、守公德、严私德,其才方能用得其所。修德,既要立意高远,又要立足平实。要立志报效祖国、服务人民,这是大德,养大德者方可成大业。同时,还得从做好小事、管好小节开始起步,'见善则迁,有过则改',踏踏实实修好公德、私德,学会劳动、学会勤俭,学会感恩、学会助人,学会谦让、学会宽容,学会自省、学会自律。"[2]

爱国、敬业、诚信、友善作为个人层面的价值要求,其实质就是个人对待社会整体、对待他人的一种道德规范和礼仪要求。当前随着社会主义物质文明与精神文明建设的同步发展,讲文明、树新风,做社会主义新公民成为现代中国的核心价值导向。传承优秀的中华传统文化,以礼待人、以德服人,学习和实践既传承优秀文化传统,又符合新社会风范的现代礼仪,是现代社会的大势所趋、民心所向。

---

①② 习近平:《青年要自觉践行社会主义核心价值观——在北京大学师生座谈会上的讲话》,《中国民族教育》2014 年第 6 期,2-5 页。

第一章　礼仪概述

孔子说过，礼是"修身齐家治国平天下"的基础，人"不学礼，无以立"；这里的礼与现代的礼仪相通。礼仪是人际交往的准则，是社会生活的规范，是一个文明发展和延续的重要标志。要学习礼仪，就需要了解其概念、发展和在人际交往中的应用。

第一节　礼仪概念

我们通常说到的"礼仪"这个词，是由"礼"和"仪"两个语素构成的。因此我们首先分析这两个字所涵盖的意义。

"礼"是一种制度、规则和社会意识观念，是个人尊敬他人的一种态度。从文字构成来分析，禮（礼）是左右结构，左边的"示"表示祭祀用的桌子，右侧是豊（丰），本意为盛酒器的托盘，用于祈祝神明，祈求神明赐予福运、丰收、人口繁衍等。因此，礼最初的含义是敬奉神明。[①]

许慎在《说文解字》中提出，"礼者，履也"，《礼记》中记载："礼，不逾节，不侵侮，不好狎"——前者将"礼"比喻成鞋子，合脚才是好的，大了小了都不行；后者是指"礼"要不做不合身份的事，不随意侵犯侮慢别人，也不随意与人亲近。二者讲的都是交际中的适度原则。

"礼"在古代是具有多重含义的，如孔子提出"礼也者，理也"（《礼记·仲尼燕居》），认为"礼"是人类社会的制度和行为规范；大儒荀子重视"礼法"，认为"礼"是介于"义"和"法"之间的一个范畴，"义""礼"并称时，"礼"多是指道德，"礼""法"并称时，"礼"则多指制度。

随着社会发展，后期"礼"的含义主要分为三个方面：一是指典章制度，如周公制礼作乐，其中的"礼"即是典章制度。二是指礼节仪式，如《周礼·秋官·掌交》："九礼之亲"——汉代戴德在《大戴礼记·本命》中注解为"冠、婚、朝、聘、丧、祭、宾主、乡饮酒、军旅，此之谓九礼也"。三是指道德规范，如三纲五常中的"仁、义、礼、智、信"。

---

① 李兴国主编：《社交礼仪》，高等教育出版社2006年，第2页。

现在礼已经去除了典章制度方面的含义，在《现代汉语词典》中对其释义包含如下三条：一是社会生活中由于风俗习惯而形成的为大家共同遵守的仪式，如婚礼、丧礼；二是表示尊敬的言语或动作，如礼节、敬个礼；三是表示礼物，如送礼、献礼、千里送鹅毛，礼轻情意重。[1]

那在中国传统文化中，在论述与现代礼仪相似的语境时，一般是用到礼的哪种含义呢？《荀子·礼论》记载孔子说，"礼者，敬人也"，《孟子·离娄章句下》中又有"仁者爱人，有礼者敬人。爱人者，人恒爱之；敬人者，人恒敬之"的说法，意思是："内心仁慈的人，懂得如何去爱别人，懂礼貌的人知道尊敬他人。爱别人的人，别人也会爱他；尊敬他人的人，他人也会尊敬他。"[2]

法国社会心理学家里尔提出了现代交际的第一法则："人际交往以对方为中心"。匈牙利传播学家拉希尔提出了现代交际的第二法则："人际交往尊重为本"。这些观点，都与我国先贤几千年前提出的"礼"的含义相契合。

"仪"是用来表现"礼"的具体形式，它是依据"礼"的规定和内容所形成的一套系统而完整的程序。具体来说，就是如何把"礼"体现在现实生活中的规范。

西周和春秋金文中都将儀（仪）字写作義（义），小篆开始加上人字旁，所以，古代以義通儀，"礼仪之邦"也写作"礼义之邦"。"人"＋"義"为"儀"，表明人是按照合乎正义的规范而行事，故而"仪"是指有规矩、有法度。

"仪"在古代与礼相关的主要有六种含义，一是本意，指人的容止、仪表等，如《集韵·广韵》："儀，容也"；二是法度、标准，如《说文解字》："仪，度也"，即是法制、制度之意；三是礼仪、礼节，如《晋书·谢安传》："诏府中备凶仪"，下令在府中（为谢安）备办丧葬仪式；三是典范、表率之意，如《荀子·正论》："上者，下之仪也"，指君主及当朝者是臣民的表率；四是效法，因表率及典范是人们竞相效仿的榜样，故"仪"又引申出效法之意，如《抱朴子》："仪萧曹之指挥，羡张陈之奇画"；五是贡品、礼物，如《古今小说》："且出此间，备些祭仪"，《范进中举》："弟却也无以为敬，谨具贺仪五十两"；六是倾心、向往，如《汉书·外戚孝宣许皇后传》："皆心仪霍将军女"。

"仪"为法度、准则时，与典范、表率有相同之处，二者都是人们行为的衡量标准，只是法度、准则是通过国家的强制性要求去实行的，而典范、表率是人们自发地去效仿。[3]

"仪"字的含义在现代去掉了法度、标准的含义，《现代汉语词典》中对"仪"字的相

---

① 江蓝生，谭景春，程荣修订：《现代汉语词典》第6版，商务印书馆2012年，793页。
② 丁恒星：《中国传统文化的开掘与思想政治教育的创新》，中国矿业大学博士论文，2019年。
③ 李土生："土生说字（二）"，《汉字文化》期刊2013年第5期，66页。

关释义有如下四条：一是人的外表，如仪表、仪容、威仪；二是礼节、仪式，如司仪、行礼如仪；三是礼物，如贺仪、谢仪；四是倾心、向往，如心仪已久。

"礼""仪"二字常常并提，互为表里。"礼"是内容，是由思想、道德、风俗、等级观念等经过长时间积淀形成的社会及个人意识。"仪"是形式，是礼的外在体现和形象阐释，是实际实行的程式、过程。"人"在"仪"中，表示"仪"是人的行为，由人来施行，"仪"的存在使人类与其他动物区别开来，故《诗·鄘风·相鼠》有"人而无仪，不死何为"之语。"仪"中有"义"，那就表示相关的仪式、仪仗、仪表等均有其内在的含义，并非徒具躯壳；它是负载有重大内涵的外在形式，这个"仪"所负载的内涵便是"礼"，它是"仪"的灵魂。①

《论语》中有"席不正，不坐；割不正，不食""食不语，寝不言"的记载，意思是："坐席没有按照正确的方位摆正，不要去坐；食物（肉）没有按照正确的分解方法切割，不要去吃。咀嚼和就寝的时候不要说话（而冒犯妨碍到别人）。"这些内容乍一看似乎是孔子这个人特别挑剔，在生活细节上苛求别人，但其实这是指他（君子）对自己在仪式上的要求，是遵守礼节的自我约束，是追求将一个人的学识、品格修养体现出来的一种仪式。

现在"礼仪"这个词是二者合一的，我们要想正确理解其在现代的含义，首先应该从生活中应用到的相关词汇入手。最常用的是礼貌、礼节和礼仪这三个词。

礼貌是指人际交往中言语动作谦虚恭敬、符合一定礼仪的表现。①它是形成于固定范围的人类社会群体，并有明确习俗和道德观念为规范的行为准则，是长期生活群体中的个人与他人之间交往的正确方式，展现个人内在的修养与教养。在不损害自己及他人利益的前提下，以尊重和肯定对方的方式与他人进行互动，就叫讲礼貌。可以说礼貌和教养是我们可以花费最小代价就能获得的优良品质，是人类生活与生命中必不可少的组成部分。

礼貌是个人进入社会的行为准则，是做人的优秀品质和教养，也是和谐社会所倡导的公民素质。有礼貌的人能使自己愉悦，也使那些受到礼貌相待的人们感受到愉悦。

礼节又叫礼数，是礼貌的具体表现形式，是人和人交往的礼仪规矩。礼节属于比较书面化的用语，其内容包括动作形式和语言形式：如握手、鞠躬，是动作形式；问候、道谢、作别，是语言形式。

礼仪一般用在比较正式的场合，是一种确定人与人或者人与事物关系的行为模式，用来传达某种情绪，如信任、尊重、臣服、祝贺。

---

① 江蓝生，谭景春，程荣修订：《现代汉语词典》第6版，商务印书馆2012年，793页。

一般而言,礼仪是在长久共同的社会生活中约定俗成的,是用来对人、对己、对大自然等表示尊重、敬畏和祈求等思想意识的各种惯用形式和行为规范,如奠基仪式、升旗仪式,阅兵仪式。

按照传统的解释,礼仪包括礼节和仪式两方面,指的都是尊敬的方式:"礼"一般是从个人出发的行事方式,遵循一种比较宽泛的道德规范;而"仪"则多是指集体性的程式化活动,具有更严格的形式和完整的过程。

从以上分析可以看出,礼貌是礼节的基础,礼节是礼仪的基本组成部分。因此,为了更完整、更准确地理解和表达"礼",本书中将统一采用"礼仪"作为这一概念的表述词汇。

"礼仪"一词,早在《诗经·小雅·楚茨(cí)》中就已出现:"礼仪卒(完全)度,笑语卒获(恰当)"[1],意思是礼仪完全符合法度,那么一言一笑就都恰当了。这里的"礼仪",其含义是指个人的行为表现。

随着时代发展,礼仪的含义也在不断变化,其中规章制度的含义逐渐弱化,社交规范的含义逐渐增强了。按照其发展与作用,我们可以给礼仪一个比较简单的定义:

礼仪是指人类在社会交往活动中形成的表示尊敬的行为规范与准则,包含礼貌、仪表、礼节仪式和仪仗器物等。

礼仪概念的核心是尊重,包括自尊和尊重他人。礼仪规范并不复杂,但是要将它融入个人的言谈举止中却并不容易,这需要我们提高个人认知,不断学习和锻炼实践,在生活中做到以诚待人,达到"德诚于中,而礼形于外"的文明程度。

随着社会发展,礼仪的分类也逐渐细化。依照不同的标准,可以将礼仪划分成如下几种:

一是按照礼仪所在的时代可以分为古代礼仪、近代礼仪和现代礼仪等;

二是按照礼仪涉及的区域可以分为国际礼仪、涉外礼仪、区域内部礼仪等;

三是按照礼仪使用的领域可以分为仪表礼仪、化妆礼仪、着装礼仪、婚丧礼仪、语言礼仪、文书礼仪、宴饮礼仪、聚会礼仪等;

四是按照礼仪适用的行业可以分为公务礼仪、商务礼仪、教师礼仪、军队礼仪、服务礼仪等。

实际应用中的礼仪涵盖面很广,种类繁多,我们一般讲到的礼仪是指日常交往的社交礼仪方面。在教导礼仪的各种书籍中,这些不同的分类经常混杂在一起,这也是礼仪

---

[1] 柯继民编:《四书五经》,黑龙江人民出版社2003年,第867页。

的实践性要求放在第一位,礼仪与学习、工作、生活密切相关的特点所决定的,不能脱离实际去空谈理论。

第二节 礼仪发展

礼仪是人类社会发展过程中,为促进社会交往,以政治制度和生活规则为基础构建的习俗性行为规范。它从人类社会形成即开始产生与发展,并带有适应相应时代的特点。

现代礼仪与古代礼仪必然有较大差异,我们去学习和了解古代典籍中的礼仪规范,应该认识到其时代特点和局限性,是为了借鉴其中健康向上的方面,如尊老爱幼、仪态适度、礼尚往来、仪表整洁,以之为基础建设现代礼仪。这对于树立社会主义新风尚,培养核心价值观,提升个人修养素质,协调人际关系,塑造和谐健康文明的社会风气,积极推进社会主义精神文明建设,具有极大的现实价值。

一、礼仪的萌芽

要了解中华文化中"礼"的形成与发展,首先要在历史文物中去追寻。1933 年北京周口店山顶洞遗址中,考古学家通过墓葬的遗存,发现距今 1.8 万年的山顶洞人已经学会用蚌壳、鱼骨、兽齿、石珠等制作佩饰用作随葬品,并有在死者身体上及其周围撒上赤铁矿粉等仪式的表现,这说明在旧石器时代,聚居的人类氏族已经发展出了比较完善的丧葬仪式。

由于此时人类还没有文字,日常生活中的礼仪暂不可考,但从存在较为明确丧葬仪式的情理推断,当时已经存在适应社会生活的礼仪。

西安附近发现距今 5 000 多年前新石器时代的人类聚居地——半坡遗址,其墓葬展现了存在尊卑次序、有殉葬品的仰身葬与无殉葬品的俯身葬等区别,出土的其他文物也证明当时社会已经存在按照一定规矩排列生活座次的习俗。这说明在新石器时代,一些用来分别长幼尊卑的礼仪已经初步形成。

从原始社会到早期奴隶社会,各种制度和社会发展在人们的口口相传中形成了传说,因文字发展的限制,这些上古历史还没有发现确凿文献记载的支持,只能从后人对传说的记载中略窥一二,如记载远古传说五个部落联盟首领——黄帝、颛顼、帝喾、尧、舜的《史记•五帝本纪》(汉代人对上古传说的考证和理解)。这一时期的社会阶级尚无分化,其礼仪特点是团结平等,人们敬神明、拜天地等仪式对氏族成员起到团结和约束作用,这一时期也成为后世儒家学者所向往的"大同社会"的梦想乐园。

二、礼仪的形成

《礼记》中记载，"夏道尊命，事鬼敬神而远之……殷人尊神，率民以事神"[①]，后世大量出土的殷墟卜辞，也都证明了夏商时期注重祭祀礼仪，属于中华民族礼仪中的巫祝文化时期。

商周交替之际，西周的统治阶级开始认识到"皇天无亲，惟德是辅；民心无常，惟惠之怀"[②]（上天无亲无疏，只辅助有德行的人；百姓心中没有常主，只怀念那些有仁爱之心的人），只注重"事鬼神"的商朝遂被重民心的周朝取代。因此他们决心用礼乐治国来代替祭祀鬼神，并制定了规模宏大的各种礼仪之道。这些内容被记载在名为《周礼》（又名《周官》）的书籍中，据史书记载，这是西汉景帝、武帝之际由河间献王刘德从民间征得的先秦古籍，被直接收入秘府。直到王莽时期，刘向、刘歆父子校理秘府文献时才发现该古籍，他们认为这是周公旦所著典籍并加以著录。之后《周礼》逐渐成为儒家经典流传后世，是古代典籍中记录周代礼制的集大成者。

关于《周礼》的作者及其年代，后世历代学者进行了长期的争论，大致有西周说、春秋说、战国说、秦汉之际说、汉初说、王莽伪作说六种说法。今天多数学者认为，《周礼》成书于战国时期（或最迟至于汉初），虽非西周的作品，更非周公所作，但其内容有大量确切的西周史料。

由《周礼》的内容可以看出，西周时社会活动的各种礼仪制度基本成型，如吉礼（祭祀典礼）、凶礼（丧葬礼仪）、宾礼（诸侯朝觐天子及相互会盟的礼仪）、军礼（阅兵、出师仪式）、嘉礼（冠礼、婚礼、乡饮酒礼等）均在书中有明确记载，这说明我国古代礼仪在商周时期已经形成了比较完整的基本形态。

三、礼仪的盛衰

自汉代董仲舒"罢黜百家、独尊儒术"之后，儒家学说长期占据中华传统文化中的显学地位，其核心思想融于三部重要的典籍：《周礼》《仪礼》和《礼记》，合称"三礼"。

其中，《周礼》偏重政治制度，主要是记载周王朝及各诸侯国官制及制度；《仪礼》偏重行为规范，主要是阐述春秋战国时期士大夫阶层的礼仪及典礼仪式；而《礼记》则偏重对具体礼仪的解释、论述，是由战国至秦汉年间儒家学者解释说明《仪礼》的文章汇集而成的资料汇编。

"三礼"是文字记载中我国古代政治制度所涉及各种礼制的总和，是中华民族传统

---

① 柯继民编：《四书五经》，黑龙江人民出版社2003年，第1330页。
② 柯继民编：《四书五经》，黑龙江人民出版社2003年，第638页。

文化记载中"礼"的全部内容,是中国古代礼仪制度的蓝本和百科全书。它们标志着中国封建时代的礼仪发展到极盛。

唐宋时期在《礼记》的基础上还发展出成熟的家学礼仪,与朝政典章制度等分离,重点落在指导和明确民间礼俗的各种行为规范上,如司马光所著《司马氏书仪》、朱熹所著《朱子家礼》,这些著作成了指导个人、家庭、民间礼仪的范本。

从另一方面来看,封建时代的礼仪由于主要是服务于统治阶级的,除了提高个人道德水准、规范修身养性等优秀内容外,还有很多需要摒弃的落后内容,如固化尊卑、维护阶级、压迫妇女。随着封建社会发展,每一个王朝发展到后期,统治阶级对普通人的尊严越加漠不关心,甚至有意曲解原来礼制的内容,来强化自己尊荣独享的特权。如《礼记》中"礼不下庶人,刑不上大夫"原本是指不要求未受礼仪教育的"庶人"(普通老百姓)对国君和士大夫行正式的礼节;而辅佐国君的士大夫是选择品德高尚的人,自然用不着刑罚;后来却被统治阶级曲解成"不需要对老百姓以礼相待,官吏士大夫犯法可以受到优待"。

尤其是最后一个封建王朝——清朝,将礼制改得尤为死板和烦琐,比如推出愈加复杂的跪拜制度,更加维护统治阶级的利益、践踏普通人的尊严。清末封闭的国门被外来侵略者的枪炮打破,辛亥革命运动的兴起都促进了封建社会的瓦解,这些僵化落后的内容受到现代更加尊崇个人平等、追求自由解放的新礼仪的冲击,部分古代礼仪被迫退出历史舞台,民国时期的中国社会礼仪适应了现代社会的变革。

这一阶段的礼仪吸收了一些西方传来的现代礼仪,比如用尊重彼此的平等握手礼替代跪拜礼,脱帽、鞠躬代替打千请安,服饰也不再是身份品级的标志,称呼上逐渐使用"先生""小姐""同志"等。但在半殖民地半封建的社会状态下,进步与落后并存,这一时期的礼仪处于一种新旧混杂的混乱局面。而日本军国主义军队紧跟其他帝国主义势力之后悍然大举入侵,同时国内军阀混战,内外战乱遍及九州,中国底层民众挣扎在死亡线上,讲究和学习礼仪更是无从谈起。

四、现代礼仪成型

随着马克思主义传入中国,中国共产党的建立为中国现代礼仪的形成发展创造了时机和土壤。中国共产党的军队和政权在战火中发展壮大,领导开辟了大量根据地、解放区,并在这些地区推行新式文化教育事业,同时制定了新式的人权、家庭婚姻、民族、外交等方面的政策,在礼仪方面移风易俗,将维护阶级压迫的封建礼教残余扫入尘埃,提倡男女平等、民族平等、团结、友爱、互助的人际关系。

抗战和解放战争达成了驱逐鞑虏、恢复中华的胜利,中华人民共和国的成立,标志着我国进入新型社会主义人际交往的崭新历史时期。我国在全力推进社会主义物质文化建设过程中,在继承我国优秀传统礼仪如"尊老爱幼、重诺守信、以诚待人、礼尚往来"等基础上,引入部分西方现代礼仪,构建了全民团结、平等互助的新型礼仪文化,构成社会主义现代礼仪的框架,为我国现代礼仪的建立成型打下了坚实的基础。

改革开放之后,我国与世界各国交往日益频繁,原有礼仪框架中又融入了大量现代国际的礼仪文化,中国礼仪建设进入一个新时期。在社会层面上,先是全面推行讲文明懂礼貌、服务人民树立行业新风尚,之后中共中央又提出了"三个代表"、社会主义荣辱观、社会主义核心价值观等号召和要求,都为我国现代礼仪建设指明了新的方向。国内各种礼仪教育和培训蓬勃发展,出版了大量现代礼仪方面的图书和教材,面向国际的新中国现代礼仪也在逐渐成形。

五、西方礼仪发展

西方礼仪是指以欧美经济发达国家为代表的具有西方特点的礼仪。

欧洲早期历史基本是由民间史诗及传说等形式保存下来的。公元前11世纪,在《荷马史诗》中对古希腊当时的礼仪也有简略的涉及,如尊重守信用、讲礼貌的人才。

后世整理流传的古希腊哲学家著作中也有对礼仪的相关论述,如毕达哥拉斯提出了"美德即是一种和谐与秩序",苏格拉底提出了"人类最大的幸福在于每天能谈谈道德方面的事情""好习惯是一个人在社交场合中所能穿着的最佳服饰",柏拉图在《理想国》中提出四大美德:智慧、公正、勇敢和节制,这些思想成为西方礼仪的萌芽。

中世纪欧洲在进入封建社会后,封建主及其附庸们制定了严格而烦琐的贵族礼仪和宫廷礼仪,这属于西方礼仪的发展阶段。

14—16世纪的欧洲文艺复兴时期,荷兰思想家伊拉斯谟在《礼貌》中论述了个人礼仪和进餐礼仪等,意大利外交家卡斯蒂廖内在《朝臣之书》中阐述了从政人员的礼仪规范,这些著作为现代西方礼仪的成型打下了基础。

17—18世纪的资本主义革命为欧洲社会带来了新的礼仪规范标准。特别是1789年爆发的法国大革命,提出了自由、平等和博爱的口号,成为后世西方礼仪的道德标准。当时出版的一些比较专门的礼仪专著,如《教育漫话》《教子书》《与人交往》等,说明资本主义现代礼仪的成型取得了较大的进展。

到20世纪,欧美礼仪有了更新的发展,先后出版了《西方礼节与习俗》《现代西方礼仪》《请注意您的风度》《成功之路丛书》等著作,西方现代礼仪终于建立起了一个比较成熟的体系。[①]

经过殖民运动及两次世界大战,当前世界的大多数国家文化受到了西方文化的深远影响。如美洲与澳洲,原住民及其文化几乎消失,由移民建立的美国、加拿大、澳大利亚、阿根廷等国家从人口到文化基本是欧洲的翻版;再如绝大部分非洲国家和部分亚洲国家,虽然还是以原有民族为主,但国家文化基本西化,连官方语言都变成了英语、西班牙语、法语等,这些国家和地区实际上已经基本属于纳入西方文化体系的状态。

西方礼仪目前属于世界主流性的现代礼仪规范,提出的"自由、平等、博爱"等原则也是符合人类价值观的优秀文化。但是也应该看到西方礼仪存在的局限性,最显著的问题就是脱离其社会实际——例如:一边提倡女士优先,一边在社会经济层面长期存在对妇女歧视的痼疾;提倡人人平等,却又难以消除种族、阶层歧视;提倡自由,却大量爆出监听国民、社交媒体造谣封杀盛行等丑闻——很多西方国家从政治基础上就不能做到西方礼仪的要求,却依然以现代文明人自居而傲视他人,显露出其虚伪。

六、中西礼仪对比

中华文明与西方文明有着完全不同的发展和内核,虽然社会发展到现阶段,全球化合作与文化交流带来了国际化潮流,各国礼仪在很多方面具有共性,但文化不同带来的差异依然存在于礼仪的各个方面。

1. 中西方礼仪的共同点

其一,礼仪的核心都是规范人们的个人行为和社交行为,维护社会正常秩序。

其二,礼仪的构成都是继承古代礼仪的部分内容,并顺应社会阶段的发展不断增删改造,与时俱进。

其三,礼仪的内容都是提倡礼貌和自律,要求人们自尊自爱、尊敬他人。

2. 中西方礼仪的不同点

其一,两者注重的本质不同。

中国礼仪的起源和兴盛主要是维护阶级社会的尊卑秩序,更偏重政治、经济、文化、军事等方面的典章制度,历史上起到促使人们维护其礼制,重视阶层提升,通过读书科举去追求做"人上人"的作用,很多揭竿而起的战争也是因为旧朝廷"礼崩乐坏",要通过起义和战争去推翻它,目的还是在于维护原有具有流动性的层级分明的封建礼制。

西方礼仪起源于宫廷和贵族战争,作用更偏向突显个人的身份和地位,更强调血统

---

① 李荣建、宋和平编著:《现代礼仪教程》,首都经济贸易大学出版社 2008 年,第 7-8 页。

论,通过礼仪的潜移默化来固化阶层,使底层人民更加温驯,最终达到失去反抗意识的目的。

其二,两者的世俗化程度不同。

中国封建社会是皇权高于宗教,很早就做到了人神分离,礼仪更多的是从世俗政权和社会秩序方面去施加影响,三纲五常就是以一种代表"天理"的方式来影响社会。

西方封建社会一般都是宗教高于世俗,至今在很多社会层面也是宗教影响大于世俗政权,宗教仪式渗透入礼仪的各个方面。

其三,两者强调的方向不同。

中国社会有大一统集权统治的传统,礼仪更偏向集体主义观念,鼓励个人为了集体利益做出一定的让步和牺牲。

西方社会封建分封传统持续时间长,相比中国的集权制,它们封建领主、贵族的独立性更高,源于贵族的各种礼仪更偏向于个人利益,发展至今更强调个人至上,有些方面为了保护个人自由甚至不顾大多数人的权益。如现在越来越跑偏的西方政治正确,性别、性取向自由。

当前国际社会中掌握话语权的还是以西方发达国家为主,因此在文化交流方面,西方文化还是占据了一定的传播优势。我们中华民族当前正处于科学、经济和文化复兴阶段,在重视物质文明建设的同时,更要重视中国特色社会主义现代礼仪的建设推广工作,推进文化自信自强,铸就社会主义文化新辉煌。

第三节　礼仪认知

对礼仪的认知,本质上是从不同角度对其做出界定。一般对礼仪的认知是从礼仪的特征、原则、功能等方面去学习和研究的。

一、礼仪的特征

礼仪作为一种行为规范,与其他规范相比,具有一些自己独有的特征,综合起来看主要具有以下四点特性:

1. 文化传承性

礼仪诞生于某个社会群体长时间共同生活的社交行为,即所谓"礼出于俗,俗化为礼"(《旧唐书》)。不同的社会群体发展成不同的民族和国家,这些民族和国家在历史发展过程中会形成自己的文化,并用语言文字、风俗习惯和礼仪等作为载体进行传承。礼仪可以看成是习俗的一部分，一般是在各自的古代礼仪基础上传承发展起来的，从中可以看出不同文化的特色，这是礼仪具有文化传承性的体现。

2. 仪式规范性

礼仪是尊重人的一种社会交往规范，是一种表达礼貌的标准行为。这种标准是用来让个人行为表达的意思可以被他人直接感受到，避免出现混乱。

作为标准，礼仪首先要有一定之规，即特定的仪式表达特定的含义，特定的程序表示特定的态度。

第一方面指的是约定俗成的环境布置和个人举止、外观，如一个人去参加别人的婚礼，这是当事人的人生大事、终身大事，现场要布置得隆重而喜庆，参加婚礼的人要郑重其事，穿整洁喜庆的服装，到达婚礼的现场要按照婚庆的礼仪面带笑容递送礼物和表达祝贺。这时就不能按照自己的理解和喜好，为了显瘦穿一身黑，为了表示郑重有礼貌就板着一张扑克脸见人三鞠躬——你自己觉得有礼貌，主人可能已经要叫保安了——这是因为个人理解的礼貌表现与大众约定俗成的礼仪出现了冲突，不合标准，就成了没有礼貌。

第二方面指的是约定俗成的仪式流程，简单来说就是在一些公共交际场合，要按照规定好的流程来办事。还是以婚礼为例：如果是中式传统婚礼，那么就要有花轿迎亲、掀盖头、拜堂、喝交杯酒，最后入洞房等环节。这些都是约定俗成的礼仪规范，不能按照个人喜好去随意增减或颠倒等，那样就会被人说是不知礼仪、附庸风雅了。

3. 适用局限性

由于礼仪是在社群内约定俗成的规范化体现，在不同社群间就会存在表达上的差异。《礼记·曲礼上》指出："入境而问禁，入国而问俗，入门而问讳。"俗话说"十里不同音，百里不同俗"，由于这些差异存在，就可能在不同社群的人们交往时造成误解。

网上有这样的段子：

两个四川人到北京旅游，在公交车上商量："我们先杀到天安门广场，再杀到故宫，最后杀到颐和园。"另一位附和："要的嘛，就按你说的，一路杀过切。"结果公交车上的群众偷偷报了警，俩人刚下车就被扭送到派出所了。[①]

这是方言不通引起的误解。

再如现在国内很多人都会在安静场合用"OK"手势来向对方表示"好、可以"等，但

---

① 豆瓣网：《两个四川人在北京闹的超级大笑话》，https://www.douban.com/note/622642110/?_i=2587204ulvwOO5。

是你要注意选择使用的对象，因为对不同地方的人来说，它可能表达了完全不同的含义：这个手势在美国表示赞扬和允诺，在法国表示零、毫无价值，在巴西却表示侮辱（下流或浑蛋等的含义），在对外国人做这手势时就应提前了解对方的文化背景。

礼仪是一定范围内的语言和行为的通用规范，因此，礼仪不存在"放之四海而皆准"的情况，一定要讲究其在不同社群内的适用性。

4. 与时俱进性

前面说到礼仪是习俗形成的行为规范，而习俗却是会随着社会发展而不断改变的。基于习俗产生的礼仪，不可避免地也会随之做出相应改变。

一方面，随着时代的发展和进步，社会制度和生活也会根据生产力的发展而发展，礼仪作为一种意识形态，必然会随生产力的发展而改变，一些封建的、与现代生活不符的繁文缛节就会被逐渐淘汰。比如某些地方曾有"吃饭女人不上席"的俗礼，认为在宴请宾客时不能让女人同吃，女人要在厨房忙活做饭菜，等客人散席后才能来捡些剩菜剩饭吃。这种习俗源于早期生产力低下时的贫困及重男轻女思想带来的对女性的歧视，看似尊重客人，实际上却是既不自尊也不尊人。

另一方面，随着文明进步、科学和文化的发展，那些基于封建迷信的礼仪也逐渐淡出日常生活。如祭拜天地鬼神、干旱拜龙王求雨等习俗逐渐消失。

随着国际合作的加强，世界各国也在加强文化交流，互相引用更合乎文明、实用的新礼仪，来取代那些古旧的、不合时宜的礼仪。此外，坐飞机、高铁等的礼仪，使用互联网的礼仪等，也随时代的发展应运而生。

二、礼仪的原则

在我国，做一个讲求礼仪的人，终极要求是遵循我国传统文化中的君子之道。

孔子对君子之道有很多描述，如"质胜文则野，文胜质则史。文质彬彬，然后君子"[1]——质朴多于文采，就显得粗野无礼；文采超过质朴，又易流于华丽虚浮；只有文采和质朴完美结合，才能成为君子。"君子食无求饱，居无求安，敏于事而慎于言，就有道而正焉，可谓好学也已"[2]——君子日常不应当追求饱足的饮食、安逸的居住环境等物质享受，而要谨慎说话，勤劳做事，要亲近道德学问高的人，向他学习以改正自己的错误，这才可以称得上是好学了。总体来说，孔子的意思就是个人要在言行方面更好地要求和规范自己，才能成为一个高尚的人。

---

[1] 柯继民编：《四书五经》，黑龙江人民出版社 2003 年，第 65 页。
[2] 柯继民编：《四书五经》，黑龙江人民出版社 2003 年，第 38 页。

前面讲到,礼仪的核心是"尊敬",也即礼仪是用来在人际交往中表示和表达尊敬的一种规范,因此礼仪的基本原则是具有普遍性、共同性的总结,大体上可以概括为以下八点:

1. 敬人原则

孔子曰:"礼者,敬人也",礼仪的目的是促进人们在社会交往中的交互关系,其核心理念就是尊敬,这包括了尊敬他人和自尊两方面,并以尊敬他人为主要方面。

也就是说要多从对方的角度去考虑,行为举止要让对方感觉到舒适;同时在交往中还要做到尊重自己,才可以既表现出礼貌和修养,同时赢取他人的尊重和友善。

不要凡事都自以为是、以自我为中心,而应尽量以对方为中心,想他人之所想,急他人之所急,用真诚的付出换取他人的尊重。

2. 自律原则

孔子曰:"君子求诸己,小人求诸人"(《论语·卫灵公》)——君子勇于面对自己的错误和承担责任,凡事从自身找原因;小人则不愿意承认自己的错误,反而喜欢从别人身上找毛病、找缺点。"立志言为本,修身行乃先"(唐·吴叔达)——树立志向以言为本,但提高自己的品德修养则要先行动。

礼仪是个人要求自己的言行规范,不是法律规范,违反了也不会受到制裁,但它是正常社会人的基本行为准则,是个人外在形象的重要体现。不严格要求自己的言行就容易使自己被他人疏远和鄙视,无法建立良好的社交关系。

因此,礼仪的一个重要原则就是学会自省和自律,以塑造自己良好的社交形象。

3. 宽容原则

"地势坤,君子以厚德载物"[1]是《周易》中的名言,其含义是说君子(有修养的人)应该像大地一样厚实和顺,应增厚自己的美德,可以大度地容载万物。

宽容原则是要求尊敬他人,需要在言行中做到宽以待人:从内心出发,有成人之美的心态,将宽容待人形成习惯;要多站在别人的角度思考,体谅和理解他人;要有耐心和容忍,与人交往中要求同存异,不干涉别人的思想行动自由。

4. 平等原则

在社会交往中,要做到尊重别人,一个重要的原则就是把双方放到一个平等的位置上。不要因为职业不同、收入不同、年龄不同等而有不同的态度。

---

① 柯继民编:《四书五经》,黑龙江人民出版社 2003 年,第 431 页。

厚此薄彼、媚上傲下等行为,就是俗称的"势利眼",是礼仪学习中的大忌,这也是不尊重自己人格的表现。

5. 从德原则

礼仪作为社会交往活动中的行为规范,必然遵从当地的社会公德。

社会公德是维护公共秩序、保证社会和谐运转的基本道德,是任何地域现代礼仪的基础。

自觉遵守社会公德约束的人,即使不懂当地的一些礼仪要求,也不容易做出失礼的行为;他们在与他人的交往中,也更容易获取他人的好感和尊重,并得到更多热心主动的指教和帮助,得以更快地融入相应社交环境之中。

6. 随俗原则

礼仪是一个社会文化群体中各种习俗所形成的约定俗成的程序和要求,会因为所处的文化背景不同而有极大的差异。

如前文所述礼仪具有很大的适用局限性,这就要求使用礼仪应遵循随俗原则,也就是不要拿自己的认知来评判当地的礼仪,而应该提前了解所到地域的各种习俗和禁忌,做到入乡随俗,与当地人们使用相同的言行规范,切忌不懂变通,用自己的文化规范去随意褒贬评判他人的礼仪和习惯,僵化和盲目地套用自己学习到的礼仪。

7. 适度原则

孔子提出"过犹不及",贾谊在《新书·容经》中说:"故过犹不及,有余犹不足也",都是在说做事要适得其中、恰到好处,而做得过分就和不够都是一样的,都不是合适的做事方法。

礼仪的使用特别要注意适度原则,既不能缺乏礼节惹人不快,也不能繁文缛节招人厌烦。要掌握适度原则,就要对各种社交场合深入了解,对不同礼仪要多学多练、勤于实践,才可以将礼节做到自然适度,让人如沐春风。

8. 时效原则

礼仪存在与时俱进性,会随着社会发展和各种具体情况的变化而发生改变。这就要求我们遵循时效原则、学会变通,随时学习了解最新的礼仪要求,才可以从容应对不同社交场合,完善个人的社交能力。[1]

例如 2019 年末发生了蔓延世界范围的新冠疫情,在西方外交场合中,虽然很多人依

---

① 金正昆著:《现代礼仪教程》,中国人民大学出版社 2014 年,第 9-10 页。

然对防护措施不那么情愿遵守,但人们还是采取了一定的防护措施,避免直接的肢体接触,外交人员见面时就临时将握手拥抱礼节改为了手肘互碰,这就是礼仪时效性的一种展示。

总之,在具体运用礼仪时,我们应该灵活运用以上原则,才能成为优秀的现代社会公民。

三、礼仪的功能

荀子云:"礼者,人道之极也。"意思是说,礼是人道的最高标准,懂礼是做人的最高境界。我们身处现代社会,社交礼仪方面的需求并没有减弱,反而已经渗入生活的方方面面,关系我们每一个人。

1. 修德功能

从个人修养的角度出发,礼仪是个人内在修养与素质的外在表现。社交活动是人与人之间的往来接触,包含了人与人之间精神性和物质性的交换。在此期间,个人的道德情操、风度气质等都会通过个人的行为展现给别人。

讲究遵守礼仪的人,会给人一种仪态万千的美好感受,使人感受到"与君相交,如饮醇醪,不觉自醉",可以轻易赢得别人的仰慕和敬重。这是因为礼仪本质上是尊重别人的规范,可以提升个人修养和养成高尚的道德情操,达到修身养性的效果。

因此,礼仪的第一功能即提升个人修养,提升个人的文明程度,从精神层面上塑造自己的美好仪态,这就是礼仪的修德功能。

2. 和谐功能

礼仪作用于社会沟通的各个层面,是社会和谐的润滑剂,对良好的社会交际起到重要的作用。每个人都有被尊重和被善待的精神需求,礼仪即推己及人,通过敬人获得被尊敬的效果,对和谐社会的建设起到重要的规范和教化作用。

有人误把贬低别人当成尊重自己的手段,得到的却是别人的鄙视和疏远,这就是没有领悟到礼仪尊重别人的原则,将自己的社交之路给堵死了。

俗话说"伸手不打笑脸人""礼多人不怪",在竞争激烈的现代社会,在社会交往中遵循礼仪规范,将会有效减少摩擦,容易获得别人的认可和帮助,通过敬人获得别人的尊重,堪称是付出最小的代价得到最大回报的一种社交行为。

3. 沟通功能

社会交际的目的是与他人进行精神和物质交换,满足个人的精神与物质需求。

人的社会属性决定了人不仅要与自然界发生关系,还要在人与人之间建立一定的联系和关系,才能保障人类的生存,繁荣人类社会。但是每个人都是独特的存在,人与人的差异甚至大过物种之间的差异,"我之蜜糖,彼之砒霜",常常造成各种误会和冲突。

礼仪作为一种社会生活约定俗成的规范,可以使人们在人际交往中进行有效沟通,化解矛盾,这是礼仪沟通功能的表现。通过推行礼仪,实现交往对象之间的相互理解,增强共识,有效地增进了解,拉近彼此的社交距离,实现双方良好的合作与互动。

4. 治世功能

"礼义廉耻,是谓四维;四维不张,国乃灭亡"(《管子》)。礼仪的一个重要功能就是优化社会文明程度,安定社会民生,达到"因祸而为福,转败而为功"的效果。

如果一个社会的群体成员都能够学习礼仪,讲究礼仪,处于一种道德高尚的状态,那么这个社会的个人素质将会达到一个惊人的高度,社会关系高度和谐,实现稳定与协调、公平与效率的统一。这是古人"大同社会"的追求,也是我们理想中共产主义社会的一个基本特征,是符合全人类共同利益的崇高理想。

个人讲礼仪,会塑造出良好的社会风气,良好的社会风气又会推进社会主义精神文明建设,提升整个国家的文明程度。所以,礼仪在更高维度上,是具有良好的治世功能的一种社会意识形态,值得我们每个人去学习和实践。

第四节　礼仪学习

现在社会发展正处于一个大变革的时代,要实现中华民族伟大复兴,社会主义精神文明建设是社会发展中的重要一环。学习和实践现代礼仪对提升现代公民素养是非常重要的。

学习礼仪,要学会从教材和图书中了解礼仪的由来和总结,从社会实践中掌握礼仪的具体实施过程及适用场合,从有经验的礼仪专家及长者那里学习正确的礼仪运用方法和相应细节,丰富自己的经验和阅历。

要想在学习礼仪过程中取得良好的成效,就应该在学习态度、学习方法和具体实践等方面下功夫,才能取得事半功倍的效果。

一、要端正学习态度,学会控制自己

我们对现代礼仪的认知要从其根本规律入手,前面讲到的礼仪原则可以分成三大类:

第一类是敬人、自律、宽容、平等四个原则，它们属于那种普遍性的规律，重点是提高心性，学会情绪管理和自我调控，真正做到从心里去尊重别人、尊重自己，克服自身的惰性和自利心理。

第二类是从德、随俗原则，它们属于那种对自我进行约束性的规律，重点是克制自己，真正做到自觉、自愿地遵守礼仪规范，了解不同习俗的禁忌和要求，对个人行为进行约束，做到推己及人、有同理心。

第三类是适度、时效原则，它们属于那种随机应变适应性的规律，重点是提前做好规划和情报搜集，学习与社交对象相关的风俗习惯，在交往中做到求同存异，和谐相处。

二、要掌握学习方法，做好情商管理

情商通常是指情绪商数（EQ），是与智商（IQ）相对应的一个概念，作用是使人能更充分地发挥智商的作用、效果。研究认为，情商由自我意识、控制情绪、自我激励、认知他人情绪和处理相互关系这五种特征组成[1]；主要是指人在情绪、意志、耐受挫折等方面的品质。

情商包含五个主要方面：

1. 了解自我

监视情绪时时刻刻的变化，能够察觉某种情绪的出现，观察和审视自己的内心世界体验，它是情商的核心，只有认识自己，才能成为自己生活的主宰。

2. 自我管理

调控自己的情绪，使之适时适度地表现出来，能调控自己。

3. 自我激励

能够依据活动的某种目标，调动、指挥情绪的能力，它能够使人走出生命中的低潮，重新出发。

4. 识别他人情绪

能够通过细微的社会信号、敏感地感受到他人的需求与欲望，即认知他人的情绪，这是与他人正常交往，实现顺利沟通的基础。

5. 调控处理人际关系

情商高的人，会拥有良好的人际关系，获得人们的喜欢、拥护和支持。良好的人际关

---

[1] 李锡元著：《管理沟通》，武汉大学出版社 2006 年，第 75 页。

系是人生的重要资源,这让他们能获得更多的成功机会。[1]

心理专家认为,学会做人比学会做学问对个人更加重要。情商的价值是无量的,情商伴随人的一生,而这种能力是可以通过后天的培养与修炼就能得到的。自己要勇敢地面对自己厌恶的事情,这样才可以迅速成长,勇敢面对。

通过学习训练可以提升情商水平,高情商的人会获得如下优势:社交能力强,不易陷入恐惧或伤感,对事业较投入,为人正直,富有同情心,无论是独处还是与许多人在一起时都能怡然自得。

三、培养和锻炼高情商

(一)遵循三条人际交往原则

要将礼仪的理论运用到具体生活实践中去,遵循三条人际交往的原则:

1. 不责怪或抱怨别人

卡耐基在《人性的弱点》中这样说:"如果要给他人造成一种历经数十年一直到死亡才消失的反感,只要轻轻吐出一句恶毒的评语就得了。"这是说,责怪和抱怨是在制造反感,破坏人际关系。

2. 给予他人诚心诚意的赞赏

美国心理学家威廉·詹姆斯说:"人性的根源深处,强烈渴求着他人的欣赏。"我们不是评判他人的仲裁者,要跟别人搞好关系,真诚地赞赏他的优点就好了,不要批评他的缺点。

3. 引起他人内心的愿望

关于人际关系,最精辟的忠告就是,了解他人的观点,从你自己的角度看问题的同时也从他的角度看问题。要多去理解别人,包括他们的想法和观点,然后去赞同他们。

(二)六种做事方法

日常生活中应该按照以下六种方法去做:

① 真诚地关心别人。帮助别人就是帮助自己。

② 微笑。要始终对别人展露笑容。

③ 记住对方的名字。对一个人来说,名字是对他最亲切、最重要的声音。

④ 成为一个倾听者。那些被别人讨厌和疏远的人有这样的特点:从不长时间听别

---

① 《了解你的"情绪智慧"》,《民心》2019 年第 7 期,第 32-38 页。

人讲话；不断谈论自己的感受；想说话时就直接打断对方的话——他们沉浸在自我中，只想到自己——这样的人永远会被人讨厌。所以要先对别人感兴趣，才能被人感兴趣。鼓励别人谈论他们自己的成就和赞赏他们，就会成为受欢迎的人。

⑤ 谈论别人感兴趣的事。"通向别人心灵的捷径就是谈论他最珍视的事情。"谈论对方感兴趣的事情，才能得到别人好的回馈。

⑥ 永远使他人感到他们自身的重要。请记住一点：希望别人怎么对我们，我们就要先这样对待别人。

（三）现代礼仪理论对高情商的要求

① 不要与他人争论。

② 永远不要对别人说"你错了"。

③ 如果自己错了，要立即、干脆地承认。

④ 用友好的方式开始关系。

⑤ 谈话的开始就要给别人回答"是"的机会。

⑥ 让别人多说话。

⑦ 让别人感到好主意是他想出来的。

⑧ 真心实意地站在别人的立场看问题。

⑨ 对别人的想法和愿望表示赞同。

⑩ 利用堂皇正当的理由。

⑪ 幽默或戏剧性地表达自己的观点。[1]

学习现代礼仪，有助于提高情商，其实际运用就是能够礼貌地尊重他人、善待他人，通过自己主动的付出，收获多数人的拥护和喜爱，为自己的人生路开拓坦途、创造幸福。

---

[1] 李兴国主编：《社交礼仪》，高等教育出版社2006年，第46-47页。

第二章 个人礼仪

现代社会是一个特别注重合作协同的时代，想要展现更好的自我，让自己变得更容易被他人接纳，人际交往能力变得越来越重要。在社会交往中，个人形象的构建和展示，是需要特别关注的一件事情。

个人形象的管理，又称个人礼仪，这是现代礼仪的基础。学好个人礼仪，就可以展示良好的个人修养，由内而外提升个人魅力，在社交场合塑造良好的第一印象，为自己的生活和事业奠定一个好的基础，使人生之路走得更加顺畅。

要学好个人礼仪，需要从正确的着装配饰和言谈举止开始，这是社交参与者需要首先掌握的知识。

第一节 仪表礼仪

一、仪表的概念

仪表在现代汉语词典中的解释是指人的外表。也就是说，仪表首先是指人的仪容，即有好看的容貌。虽然孔子追悔"以貌取人失之子羽"，但是人的本能是喜欢欣赏俊美的容貌，好的容貌确实能够在社交中给人带来很大的优势。

在仪表礼仪中，被看重的是人的仪态，也就是姿势状态，包括行动坐卧等。古人称赞"谦谦君子，玉树临风""惊若翩鸿，矫若游龙"，指的就是优美的站姿和敏捷的行动。

仪表是人要有良好的风度气质。这是由仪态和心态结合而成的一种状态，例如，读书可以养成一种儒雅的气质，所谓"腹有诗书气自华"指的就是即使外貌和衣着较粗陋，但是胸中有学问气质自然光彩夺人，也就是有"书卷气"。不同的人可以养成不同的好气质，如雍容、贵气、温雅、大方。

学习仪表礼仪，也就是在参与社交活动时需要构建良好的个人形象。这里应该注意两个基本原则：一是"三适应原则"，指的是构建个人形象时要适应具体社交场合、适应个人特点、适应约定俗成的礼仪规范；二是"修整回避原则"，指的是在构建或修饰整理个人形象时，应回避公众场合，尤其是在陌生人和异性面前不能进行。

二、仪表的作用

社交时注重仪表礼仪,可以给他人留下良好而深刻的第一印象。一个人留给他人的第一印象非常重要,美国心理学家洛钦斯首先提出第一印象效应,也叫首次效应、优先效应或首因效应,是指人与人第一次交往中给人留下的印象,在对方的头脑中形成并占据着主导地位,也即是"先入为主"带来的效果。[①] 如果一个人在初次见面时给人留下良好的印象,那么人们就愿意和他接近,彼此也能较快地取得相互了解,并会影响人们对他以后一系列行为和表现的解释。

心理学研究表明,人们在交际中,第一印象的形成会极大地左右相互关系的建立和发展。如果给人留下的第一印象是有魅力、有气质的,那么对方想要与之再次见面的相关系数是 0.89,这要比其他如个性、兴趣爱好等特征的相关系数都要高。第一印象的形成只需要开始短短的几秒钟,但是它所起的作用却会持续很久,甚至终生不变。第一印象主要是根据对方的表情、姿态、行为、服装和配饰等形成的印象,这种初次获得的印象往往是今后交往的依据,会极大地影响到他人对自己的看法和评价。

人虽然无法选择自己的长相,但是可以选择行为态度,通过个人努力对自己的长相加以弥补。美国前总统林肯曾经这样说过:"四十岁之后,一个人要对自己的脸负责。"一个人前半生的容貌取决于父母遗传,但经过多年生活,个性化的心理状态、眼神、表情习惯等的影响,是会改变自己的容貌的。这也可以用中国的古话来概括为"相由心生",个人的面容虽难改变,但它的确会随个人的所思所为而慢慢变化。

仪表对人们的个人形象能够起到自我标识、修饰弥补和后天塑造的作用。心灵美与仪表美是相辅相成、不可分割的,只有两者互为表里、相得益彰,才能塑造出完美的个人形象。

三、仪表的礼仪规范

仪表包括三个方面:仪容、仪态和气质。

(一)仪容

仪容通常指人的外观、外貌,重点指的就是人的容貌。它又分为三个层次:自然美、修饰美和内在美。

1. 自然美

每个人的先天条件不同,自然美的程度不同,这是不能强求的。有些面部和肢体间

---

① 时蓉华主编:《社会心理学词典》,四川人民出版社 1988 年,第 157 页。

题,随着现代医学科技的发展,如面部畸形等基本可以采用手术治疗了。但是对待医美整容一定要慎重,一是要量力而行,二是要避免过度整容依赖。

而且自然相貌可以通过妆饰、仪态等方面进行修正和提升,大可不必存在相貌焦虑。例如男孩子参军入伍,挺胸抬头、军姿一站,阳刚气息扑面而来,给人留下的第一印象中,相貌的因素反而被放到了后边。女孩子学好化妆技巧,再配上好的仪态,也同样可以青春靓丽,温婉可人。

2. 修饰美

修饰美是指依照规范与个人条件,对仪容进行必要的修饰,扬长避短,提升个人形象美,这部分包括了头发、面容、手臂、腿脚等部位。

(1)头发的规范

头发处于人体的最高处,是一个人最外在的脸面代表,初见时人们一般是从上而下地打量对方,所以头发处于最引人注目的地方,需要特别注意。

首先,整洁很重要。头发应该干净有型,保持定期清洗和打理,不可有异味、头皮屑,不可蓬头垢面或飘散凌乱,最好半个月理发一次,保持合适的长度。遇到沙尘、雨、雾等特殊天气或者头皮屑过多的情况,更要随时清洁整理头发,否则会给人留下邋遢颓废的不良印象,让人敬而远之。

其次,发型很重要。合适的发型会第一时间展示身份和气质,选择需要慎重。虽然不同的人有自己不同的审美和喜好,不能要求大家一定要按照某种身份就配某个发型,但是在社交礼仪角度来看,发型选择还是会受约定俗成的一些规范制约的。

性别制约:男女有别,现代社会的习俗一般要求男性不要留长发、扎发辫等,女性可长可短,但不宜剃光头。

年龄制约:青年人可以留稍长的头发,但也不宜过长,可以彰显青春的风采。老年人一般不宜再长发飘飘了,一般会梳成发髻或直接剪短。

职业制约:职业对发型的影响会更大。例如,公务人员、学校员工、商务人员等的发型要求传统、庄重一些,在正式场合对头发会有不成文的约定:男性一般前发不覆额、鬓发不过耳、后发不触及衣领,不烫发,不染彩色;女性头发不宜长过肩部,过长一般会采用束发或盘发等发型;男、女均不宜剃成光头。军人的发型一般都是短发,野战军人甚至要剃成光头,这是军容军纪的要求和野战要求,受方便负伤后包扎等因素影响。学生也要注意,一般学校会有头发长度和染发方面的规定,没有规定的也不应剃染成怪异的发型和颜色,失去学生应有的朝气蓬勃的风貌。

个人因素的制约：每个人的脸型、身高、胖瘦、年龄、发质等不一样，这些都会影响发型的选择，既不可搞一刀切，也不能随心所欲。这里脸型对发型的选择影响最大，最好是咨询专业人士，避免选择了不适合自己的发型，影响个人形象。

烫发和染发是现代人士经常会进行的头发修饰手段，讲究的是顺应时代潮流，不能求新求怪。过于怪异的发型和发色，会给他人留下较为强烈刺激性的第一印象，很可能为自己的社交活动平添阻碍。

头发有生理缺陷的人，在出席较为正式的场合时，可以选择外观自然、适合个人因素的假发，要注意应做到使用方便、不露破绽为佳。[①]

（2）面容的规范

远观头发近看脸，面对面社交的仪容很大程度上是指人的面容，如"花容月貌""面如敷粉唇若涂朱""明眸皓齿"等，形容的都是人的面容特点。可见在仪容修饰中，对面部的修饰占据了举足轻重的地位。

首先是整洁的要求。除了每天起床后就寝前都应洗脸之外，平时出汗、染尘、劳作等情况下也应立即清洁面部，清理干净眼、鼻分泌物、灰尘、污垢等，还要注意同时清洗耳后、脖颈等与面容交接的部位。

五官和面部皮肤若有传染性疾病，如红眼病、疱疹，一定要及时就医处理，期间自觉回避社交活动，避免给他人带来风险和尴尬。年轻人脸上容易长粉刺等，也要遵照医生的治疗方法科学处理，不要放任自流或者胡挤乱抠，一是容易感染留疤，二是有碍个人形象。

牙齿要及时清洁，早、晚刷牙，餐后使用牙线等清理牙缝并及时漱口，保持口腔清洁卫生。重要场合前不要食用带刺激气味的食物，如生葱、大蒜、韭菜、臭豆腐，不吸烟、喝酒。若社交活动前不慎已经食用，可以提前咀嚼口香糖、茶叶等清除口腔异味。

其次是修饰的要求。人的五官都要注意修饰，并且规范和要求各有不同。

如果对自己的眉形等不满意，可以做一些修剪和修饰，但要注意眉形眉色不能夸张怪异，比如涂成蜡笔小新那种粗重浓眉或者剃光均不可取。

很多女孩子喜欢在眼睛上做过多妆饰，浓密而长的假睫毛、明显的美瞳或眼线、夸张的眼镜等通常都不应出现在社交和工作场合。一般不要佩戴太阳镜、墨镜，因为它们的遮挡作用过于强烈，会给人一种傲慢、疏远、拒绝的感受。

鼻子处于面部的中央，非常引人注目。切忌有当众随意擤鼻涕、抠鼻孔等行为，更要

---

① 金正昆著：《社交礼仪教程》第四版，中国人民大学出版社2014年，第19页。

避免出现"水帘洞"。还有一定要注意鼻毛的长度，应检查是否有鼻毛越界，对较长的鼻毛要及时修剪，不要直接去拔，因为鼻腔血管直通颅内，直接拔如果引起创伤感染，容易危及生命。

牙齿的修饰也是重要一环。"齿若编贝""齿如瓠犀"都是在赞美牙齿的整齐洁白。如果牙齿不够整齐，个人情况允许最好去做畸形矫正，牙齿缺失的话要及时修补，这既是外在美观的要求，也是个人健康的保障。[①]

胡须的修饰是男性尤其应该注意的问题。若没有信仰或民族习惯的要求，现代男性一般不蓄须，每天早上应该及时剔除胡须，青年男性尤其要注意这一点。胡茬不代表男性的魅力，那只会让人感到邋遢。女性唇边如果有较明显的汗毛，需要及时治疗和清理，否则也很不雅观。

耳朵虽然在头部两侧不太显眼的地方，也要注意对它的修饰。首先是不要在公众场合清理耳内分泌物，其次对长有耳毛的人来说，也要注意及时修剪清理，不要让它长出耳孔之外。

（3）手臂的规范

手堪称是人的"第二张脸"，在仪容中占据了重要的地位。手部的修饰主要体现在手部、肩臂方面。

一是要保持清洁干净。人们经常要用手去拿取使用物品、操作处理各种事务，接触外界的机会非常多，一定要及时洗手。一方面手部容易沾染不洁净的东西，外观不雅；另一方面是可能接触病菌、病毒等，容易传播疾病，因此要做好手部的卫生保洁工作，平时多做一些手部的按摩养护，使手部温度适宜、细嫩红润。若手部有伤损和皮肤疾病要及时处理治疗，期间应避免与他人有直接或间接接触，以免引起他人抵触和反感。

二是要注意指甲的清洁和长度，应及时清理修剪指甲和死皮，指甲缝隙不留污垢，长度一般以不超出指尖为宜，尤其男性不要无故留长指甲。另外，在正式场合一般不要涂抹彩色指甲油。

现代礼仪中一般通行的规范是在正式的公务、商务、学术、外交等场合中，不宜裸露肩臂部分，不能穿短袖或无袖上装。在非正式的场合中，如果露出肩臂，还要注意毛发问题：男性的汗毛一般可以不去处理，但是若太过浓密且长的汗毛会有碍观瞻，最好采用一定的方法予以去除。还有在社交时，不管男女，腋毛都是绝对不能在别人面前显露的隐私，如果是穿着会显露腋窝的服装时，一定要提前去掉全部的腋毛，去毛后也不能露出青

---

① 李兴国主编：《社交礼仪》，高等教育出版社 2006 年，第 53 页。

黑的毛茬。

（4）腿脚的规范

腿脚在长度上占据了人体的一半以上，初次见面的场合很容易受到关注，因此在个人形象中也占据了较为重要的地位。

腿脚的修饰主要体现在腿部和脚部两个方面。

现代礼仪中男性在正式社交场合不允许穿短裤，只能穿长裤，因此其最重要的礼仪就是腿部不外露。女性可以穿长裤或裙子，但不能穿露大腿的超短裙。穿长裤时与男士有同样不外露腿部的礼仪规范，穿裙装则有长度要求，越是正式的场合，女性穿着的裙装应该越长。[①] 一般在庄严、肃穆的场合，女性的裙装长度应该在膝部以下。在非正式场合中，则无此长度要求。

女性在社交场合穿套裙时，要穿厚薄适中的连裤袜，不允许光着大腿暴露于裙装之外。腿部的汗毛不能暴露，对较为明显的汗毛需要进行脱毛或剔除。

脚部的修饰礼仪与腿部相似，一定要注意的是：正式的社交场合是不允许光脚穿鞋的。在欧美国家，光脚穿鞋被认为是故作"性感"的做法，容易引起他人的反感。

正式场合的穿鞋要求是"前不露趾后不露跟"，因此那些过于暴露脚部的鞋子不能穿入正式场合，如拖鞋、凉鞋、镂空鞋、无跟鞋。

因为脚部用于行走和包裹在鞋子中，还要注意的一点是气味问题。要保持每天洗脚和更换干净袜子，防止产生不雅的气味。应勤剪趾甲，不能任其长过趾尖，既容易藏污纳垢，也易造成袜子的磨损。不要穿残破的、有异味的袜子，若有可能，应在随身的包里放上备用的袜子，以应不时之需。[②]

不要在他人面前脱鞋或趿拉着鞋子，更不能脱下袜子甚至抠脚。这是极其不雅、损害个人形象的举动，一定不要出现在公共场合。

（二）仪态

仪态包括两方面：举止和表情。

1. 举止

举止在这里指的是社交场合中的各种个人举动，包括各种动作和姿态。好的举止能带给他人美感，可以极大地提升个人形象，弥补相貌上的先天不足，需要我们更加重视并投入更多精力去练习。

---

① 李兴国主编：《社交礼仪》，高等教育出版社 2006 年，第 84 页。

② 金正昆著：《社交礼仪教程》第四版，中国人民大学出版社 2014 年，第 24 页。

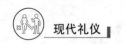

举止主要包括站姿、走姿、坐姿、蹲姿和手势等。

中国传统文化非常重视人的举止,要求做到"站有站相、坐有坐相""站如松、坐如钟、行如风、卧如弓"。好的举止可以展现人类的形体之美,塑造良好的气质形象,给人以美好的感受。亭亭玉立、身姿绰约、玉树临风、器宇轩昂等词语都是形容好的举止对个人形象所能塑造出的效果。

人的举止会不自觉地显露出内心的思想和情感。达·芬奇曾说:"从仪态了解人的内心世界,把握人的本来面目,往往具有相当的准确性与可靠性。"我们看到那种好的演员演戏,所谓"一人千面",就是研究透了各种人不同特点的举止,简单往那里一站,就能让你感受到他所扮演角色透出的或猥琐、浪荡或严谨、正直等不同气质,这就是通过不同仪态做出的表达。

(1)站姿

站姿又叫站相,是人类的一种静态站立的姿势,也是其他各种姿势的基础。好的站姿是一种静态的美,是培养优美雅致仪态的基础,因此站姿是学习仪表礼仪时需要特别重视和勤加练习的环节。

良好的站姿要从整体上给人以挺拔、端正的感觉。这不是身高决定的,有人形容某些矮个子时会这样形容:"一米五的身高,一米八的气场"——他们挺拔的站姿会让人忽略真实的身高,给人以"高"的主观感受。

具体来说,站姿的基本要求是抬头、平顶、松肩、挺胸、收腹、立腰、直腿、垂手。

站立时要把头抬起来,颈部正直,目视前方,头顶要平。如果头部前倾,看人时给人一种眼神上瞟、心虚偷窥或心怀恶念的感觉;头部后倾,看人时则给人一种鼻孔看人的傲慢自大或鄙视不屑的感受。

肩部放松舒展,胸部微挺,上身就挺拔。如果耸肩或圆肩会有含胸驼背的姿态,给人以颓唐呆滞的感觉。

腹部要微微用力回收,腰椎部位直立。人的小腹放松肌肉就会凸起,给人带来肥胖不自律的感受;腰椎直立才会上身端正,否则会带来歪头斜肩的问题,给人玩世不恭的浪荡感。

双腿站直,自然并拢,双手在身体两侧自然下垂。

这里需要区分一下性别差异。

对男性的要求是要站得稳,一般不要站成军姿,可以双脚平行开立,不要出现内、外八字,大体与肩同宽,久站也可单脚后撤一步,重心落于一条腿上;双臂可以自然下垂,中指贴合裤缝，也可左手搭在右手腕上，右手半握拳，或左手搭在右手背，自然放置于腹部前。

对女性一般要求并拢双腿，双脚并立；也可一腿直立，另一腿略前伸或弯曲，脚尖张开呈"V"字形，但不宜叉开双腿站立。双手也自然下垂或叠放、交握于腹前。

站姿禁忌：在公众场合不要叉腰、抱胸或背手；不要摆弄物品或做咬手等小动作；不要全身站不端正、双脚叉开过大、手插口袋、弓腰驼背、乱扭乱动等。如果做出耸肩、缩脖、低头、揣手的小偷式站姿，斜肩、抱胸、扭胯、抖腿的混混式站姿等，都会极大地破坏个人形象，给人以不知礼数、粗鄙不堪的感受。

站姿训练：需要通过长时间科学地训练和积累形成习惯来获得良好的站姿。训练之前首先需要掌握几个要点：脚踝要放松，不要内扣或外旋，尽量保持直立，将重心放在足弓偏后的位置，不要放在前脚掌。膝关节放松且稳定，不能前屈或向后弯挺，应保持小腿垂直于地面，腿部肌肉收紧直立。尽量用力夹紧臀部，保证骨盆位置居中，不要出现斜胯或骨盆前后倾斜现象。尽量收紧腹肌，保持腹部不松松垮垮。肩部放松，肩胛骨下沉，胸部微挺，颈部挺直，不要前倾或后仰，头部有向上顶的感觉。

站姿训练主要是做以下几个方面的练习：

五点靠墙——背靠墙壁站立，脚跟、小腿、臀部、双肩、后脑五处靠触墙面，可以将双肩向后旋转半圈来伸展肩部，保持双手虎口和肘窝同时向着前方，避免圆肩含胸驼背的姿态。这是训练身体的控制能力和重心的垂直位置。

顶书练习——做好五点靠墙练习掌握了重心和身体控制后，再练习头部的控制能力。按照前面的站姿要领站好，在头顶放一本书，努力保持书在头顶的稳定性，可以端正头颈位置。

夹纸练习——保持站姿，在两膝上方腿部之间夹上一张纸，保持纸张不松不掉，以训练腿部的控制能力。

对以上训练需要长期保持练习，形成身体记忆后养成习惯，即可训练出优雅挺拔的站姿。

（2）走姿

走姿是行走姿态的简称，是人们在走动中应该遵守的正确姿势。因为行走是一个动态的过程，需要从整体上表现出人体运动之美，好的仪态要求行走的状态是从容、放松、矫健、匀速。不同的人走起来姿态也不一样，有的人自然大方、步伐稳健；有的人协调敏捷、健步如飞；有的人轻盈柔和、婀娜多姿，这些都是良好的行走姿态。

好的走姿是需要注意礼仪要领，一步步练习出来的。走姿以正确的站姿为基础，基本要求可以概括如下：起步时要保持站姿状态时的腰背挺直，头正肩平，目视前方，下颌微收，表情自然。上身微向前倾后提脚迈步，重心前移落在不断交替的前脚掌上。行进中前脚落地、后脚离地时膝关节要伸直，脚尖向正前方伸出，脚落下时再放松关节，全脚掌着地。双臂放松下垂，自然摆动，手掌心朝向身体，前摆约 25°，后摆约 15°。

行走中避免身体前后左右摇动，步幅适中，正常间隔为一只脚的长度，双脚基本沿直线前进，要均匀有节奏，使身体各个部位都呈现一种律动之美，走出矫健轻盈的步伐。

女性走姿要求：女性特别是穿高跟鞋和穿裙装时步伐较小，步幅一般在 20 厘米至 30 厘米，频率约为每分钟 90 至 110 步，步幅与频率要根据所穿鞋子根部高度适当调整。这种步伐轻捷优雅，能展现出一种女性的阴柔之美。

女性常见走姿称为"一字步"，行走时要做到双脚内侧在一条直线上。行进时收腰提臀，双肩外展，两膝内侧相互碰触，成直线前行。[①]

男性走姿要求：男性一般步幅较大，在 40 厘米至 50 厘米，频率比女性稍慢。男性常见走姿为"平行步"，也就是双脚各踏出一条直线，间距尽量要小。在与女性同行时，应减小步幅，保持与女性步伐一致。

走姿禁忌：行走时不可左顾右盼，肩膀乱晃；脚尖不可内扣八字或鸭行外八；身体不可弯腰驼背，扭腰摆臀；双手不可夹臂、插兜、抱胸、倒背；落步不可膝盖弯曲，重心不稳；步幅不可方向不定，速度不一；步态不可岔开双腿，拖泥带水；硬鞋不可落脚过重，噪声扰人；同行不可勾肩搭背、嬉闹而行。

走姿训练：行走需要注意步幅、频率、步态等，要养成良好的行走习惯，需要强化练习。

腰部控制——行走时腰部的控制力量至关重要。平时练习腰部协调性分为三步，首先练习双手叉腰，保持站姿的标准，左脚擦地向前伸出一脚长位置点地，右腿挺直蹬地，腰部髋关节带动重心前移到左脚，变成左脚站立，右脚在后点地状态。保持几秒后再换右脚前点地，左腿蹬地，交替练习。其次练习摆臂，双臂自然下垂，在脚部前进时双手臂摆动到指定角度位置，同样交替练习。再次练习连续慢动作，左腿屈膝抬起，提腿向正前方迈出，距离右脚一脚距离，脚跟先着地，然后依次为脚心、前脚掌着地，直到全脚落地，同时右脚跟向上慢慢跷起，身体重心移向左腿。然后换右脚前迈，迈步同时左右臂交替摆动。

---

① 袁涤非编著：《现代礼仪》，高等教育出版社 2014 年，第 64 页。

身姿练习——保持好的走姿,颈背要优雅伸展。头顶放一本书,保持脊背伸展、头颈端正,身体微前倾起步,前脚落地、后脚离地的瞬间保持膝盖伸直,在脚落下后再放松。

脚步练习——练习脚的方向,不能出现内八字或外八字的状态。在地上画一条直线或利用地板缝隙练习,行走时力求将双脚内侧紧贴着直线落在两侧,练习直线行走和脚步的稳定性。

行走时全身协调性的体现,平时可通过体操运动等训练全身的协调能力,最终锻炼出矫健优美的步伐。

（3）蹲姿

站姿还有一种比较特殊的状态,那就是需要下蹲时的姿态。这种情况一般是捡拾掉落物品或帮助他人等,一般过程短暂,站姿状态下直接屈背弯腰或低头撅臀等动作都不雅观,尤其是女士穿裙装时下蹲容易出现不雅状态,若双腿叉开下蹲,给人的观感很像在卫生间,这在西方被称为"卫生间姿势",是非常不礼貌的。因此我们需要学习使用符合礼仪的正确下蹲姿态,力求做到优雅美观、落落大方。①

蹲姿常采用左脚在前右脚在后的姿势,一般有四种方式:

第一种是双腿高低式,一般用在站姿转蹲姿时,下蹲时左腿在前,脚掌完全着地,右腿在后,脚跟抬起,膝关节完全折叠下压,低于左膝关节,双腿形成一高一低的姿势。对女性要求双腿内侧靠拢,男性可稍微打开一定距离。

第二种是单膝点地式,适用于较长时间蹲姿或便于用力等,双脚位置与双腿高低式相似,不同处是右膝盖着地,臀部坐于其后脚跟上。

第三种是双膝交叉式,一般专用于穿裙装女性的蹲姿,双腿交叉下蹲,左腿在上,左脚掌完全着地,右腿屈膝后从左膝关节下方伸出,右脚跟提起,双腿靠紧支撑身体。

第四种是半蹲式,一般在行进中应急采用,是一种非正式的蹲姿。下蹲时双腿并拢略弯曲,一般呈钝角,上身稍向前下弯曲,臀部向下,是身体半蹲半立,重心放在一条腿上。

蹲姿禁忌:不能在面向他人或距离他人太近时下蹲,这容易使人感觉不便;也不能背对他人下蹲,这样对他人不尊重;不能采用双脚平行叉开腿的蹲姿,即"卫生间姿势";下蹲时臀部一定向下,不能弯腰翘臀,既不雅观也容易造成生理损伤。

蹲姿训练:可分组练习,相互学习和纠正,力求做到动作协调规范、自然优美。主要做以下动作:

---

① 金正昆著:《社交礼仪教程》第四版,中国人民大学出版社 2014 年,第 30 页。

常用蹲姿——一般采用左脚在前、右脚在后的姿势，从站姿开始，首先保持上身直立，右脚后撤半步，双腿靠拢，按照前述双腿高低式、单膝点地式和双膝交叉式的动作要求慢速下蹲，保持平衡几秒钟后再站起，注意不要弯腰翘臀或双腿叉开。

蹲姿拾物——首先走向放置在地面的物品，使之处于蹲姿训练者的右前方或右侧，然后右脚后撤半步，理顺衣服后缓慢下蹲。左手可以放在左膝上，女性上衣领口较低时，也可用左手护住领口，以防出现尴尬的情况。挺胸收腹，同时身体重心下降，慢慢将腰臀下移，低头注视物品并伸右手捡拾，站起后右腿随即向前半步收回，然后再正常行走。

女性裙装蹲姿——女性穿裙装练习，应侧身对着他人，先用手从身后向下理顺裙摆，再行下蹲，左手（不捡拾物品时双手叠放）在左膝上按压住裙口处，保持上身直立，臀部向下。

（4）坐姿

相对于站姿，坐姿会放松很多，是在社交活动中人们采用最多的一种姿态。完整的坐姿包括入座、坐定、离座三个步骤，需要注意完整的过程。

入座又叫就座，是走向座位到坐下来的一个过程，是坐姿的前奏部分，同时也是坐姿礼仪的重要组成。

入座通常是与他人一起，此时需要注意入座的先后顺序，原则上要礼让尊长，先延请地位较尊之人入座。若大家都是同辈亲友或平级同事，应该同时就座，不能抢先入座。

入座时若附近座位有人，熟悉的应该打招呼，陌生的应该点头致意。若在公众场合要做到他人身旁的座位，应先征得对方同意。

走到座位后，男性穿西装应将西服扣打开，女性穿裙装应将裙摆收拢一下再入座。

在正式场合入座和离座都应遵循"左进左出"原则，讲究从座椅的左侧方位走向座位，走到离座椅前方半步远位置，背对座椅站定，右腿稍后退，触及座椅确认位置后再轻轻入座，不要弄得座椅乱响。离开也是从左侧离开，首先用语言或动作向旁边在座的人示意，再保持上身直立状态站起身来。若多人同时离座，还要遵循礼让尊长的原则，稍后离座；地位相似时可以同时离座。离座动作要缓慢而不拖拉，同样座椅不能乱响，也不能将身边东西或椅垫、椅套等蹭到地上。

就座之后，需要注意身体各部位的姿势，一般座椅高度适合保持小腿垂直于地面，座椅较低时可采用一些小腿倾斜的坐姿，原则上主要有以下三点共性：

一是角度问题。这指的是上身与大腿、大腿与小腿形成的角度，这两个角度有大小之分，需要根据不同场合来调整。正式场合上身要挺直，头部正、目光平，面向发言或交谈对象;双手掌心向下叠放于大腿之上或面前的桌面均可。

二是座位使用。这是指坐下时臀部占据椅面的位置和座椅靠背、扶手的使用。一般正常大小的座椅,在有尊长在座或正规场合时,一般不应占满椅面,应坐在前2/3处;正式社交时不能靠坐到椅背上;坐在有扶手的沙发上时,男性可将双手分别搭在两侧扶手上,女性则应搭在一侧扶手上。

三是双腿位置。落座后,下肢一般会展露在别人面前,此时双腿的摆放会反映出一个人的修养,需要注意摆放的规则。女性应双膝并拢,双脚鞋尖的方向一致,男性膝部可以放开一些,但不宜超过肩宽。

根据上面的共性,具体到不同性别和场合就座后的姿态如下:[1]

正襟危坐式——适合女性在与尊长面谈等非常正式的场合使用,可以表现出非常诚恳的态度。入座后要上身要挺直,头部正、目光平,做到上身与大腿、大腿与小腿形成的两个角度均为直角,双腿到脚完全合拢,脚尖向前,小腿垂直于地面。

前后分立式——适用于正式场合女性的坐姿。入座后大腿并拢,将一条小腿前伸,另一条小腿后收,双脚尽量保持在一条直线上,鞋底完全落地。

双腿斜放式——适用于女性穿裙装在座椅较低的非正式场合。入座后要双腿并拢,视座位高度保持大腿水平,将双脚向左侧或右侧斜放,小腿与地面成45°夹角为最佳状态。

双腿交叠式——适合非正式场合穿短裙的女性。入座后将双腿上下交叠在一起,上方腿部的小腿紧贴下方小腿外侧或从外侧收于另一小腿之后,悬空的脚尖应指向地面,根据座椅高度选择双腿垂直或倾斜一定角度。双手不要十指交叉抱住膝盖,而应自然交叠,放于大腿上。

双脚内收式——男、女均可使用,一般适用于座椅较低的面谈场合。入座后首先并拢大腿,小腿可直接或略为分开后向座椅下方空间内收回,鞋底落地。

双脚交叉式——男、女均可使用,适用于大多数场合。入座后并拢双腿,双脚在脚踝部位相互交叉,根据座椅高度选择垂直或内收、斜放均可。

垂腿开膝式——适用于正式场合男性的坐姿。与正襟危坐式的要求基本相同,只是男性可以双膝略为分开,以不超过肩宽为宜。

就座的禁忌动作如下:

第一,头部乱动。不能摇头晃脑、左顾右盼、前俯后仰或闭目养神;不能把头靠在座

---

[1] 李兴国主编:《社交礼仪》,高等教育出版社2006年,第66-67页。

椅背上,或是低头注视下方。

第二,手部错位。不应双手抱臂或双手抱于脑后、抱住膝盖,也不要抚腿摸脚;尽量将双手放置于大腿或座椅扶手上,不要插入口袋或夹于大腿之间;面前有桌子时不要将肘部支撑在桌面上或置于桌面之下,双手应平放在桌面上,尽量不做各种不必要的小动作。

第三,腿脚失仪。不可双腿叉开过大或将脚伸出太远;不可双腿抖动;不可将腿搭在椅子、沙发或桌子上;不可跷过高的二郎腿(小腿横架在另一条腿上);不可用脚踩踏其他物体或勾住桌椅的腿;不可抬起脚尖指向他人或以鞋底示人;不可双脚摆成内八字;不可脚跟着地、脚尖朝上摇晃抖动。

(5)手势

很多地区的人在说话时习惯加上各种手势作为辅助。例如,在国际上都比较有名的是欧洲的意大利和西班牙。一个有趣的说法是:绑住一个意大利人的手,他就只能闭嘴不说话了。据说某人去意大利旅游,因人生地不熟,就向一个当地人询问某地怎么走。那人抱着一个很重的大盒子,也不说话,一直示意让他接盒子。等他接过来后,那人才耸了耸肩,两手一摊,摇头说:"我不知道!"

手势是人们常用的表达一些含义的手部动作与姿态,是可以配合语言来传递信息和情感的一种肢体语言。实际上聋哑人的交流就是完全使用手语来进行的,所以手势在人们的面对面交流中是非常有用的。

手势作为人类语言表达的一部分,能比较直观地表达人们的情绪和态度,是世界性存在的一种语言现象。古罗马哲学家西塞罗这样说过:"一切心理活动,都伴有指手画脚等动作。手势恰如人体的一种语言,这种语言甚至连野蛮人都能理解"。[①]

实际上在正式的社交场合,有很多礼仪上用到的手势需要学习和掌握,而由于礼仪有局限性,相同的手势在不同的国家和地区可能表达不同甚至相反的含义,在社交过程中也需要更多地去学习和沟通。

手势的基本含义:一般而言,手势是可以被分成四种类别的。第一种是用来模拟物体形状的形象手势,如手枪(右手食指中指并拢伸直、大拇指伸直成直角,其余两指弯曲);第二种是用来表示比较抽象含义的象征手势,如暂停(右手胸前平放,左手伸直顶在右手掌心);第三种是用来传递情感的情意手势,如表达爱意的比心(双手拇指弯曲、其余四指伸直相对在胸前比出心形);第四种是用来指示具体对象的指示手势,如请人

① 李兴国主编:《社交礼仪》,高等教育出版社 2006 年,第 70 页。

就座(双手同侧指向座椅)。

手势表达含义虽然具有局限性,但在现代国际社会礼仪中具有比较通用含义的是掌心向上的手势,一般表达了诚恳和尊重的态度,手势幅度要适中,不能太大或太小,也不宜过多。

第一类常见手势是个人姿态手势。

要使用礼仪中的其他手势,首先要掌握个人姿态手势的要点。

垂放的手势是最基本的手势。一般在站立时手都是垂放的,可以双手掌心向内相握或者叠放在腹前,也可以双手垂直,掌心向内贴合于大腿外侧。

社交场合中自己处在尊长的地位时,也可双臂伸到身后,双手相握,昂首挺胸,可以显示权威或镇定自己。

持物手势应动作自然,手拿物品时要手指并拢,用力均匀。不能故意翘起无名指、小指,给人故作姿态的感觉。

鼓掌也是很常用的一种手势,用来表示欢迎、赞赏、祝贺、支持等,多用于会议、演出、比赛、迎宾等场合。正确做法是以右手掌心向下,有节奏地拍击左手掌心,必要时还可起身站立。但切勿用于喝倒彩,表达反对、讽刺、拒绝等含义。

夸赞手势也较常用,一般是伸右手,四指环握、拇指向上翘起,指腹面向夸赞对象。但要注意其有应用的局限性,如在美国一般表示要搭便车,在中东、希腊和尼日利亚等则有挑衅和侮辱的含义,在面对外宾或出国时应提前留意学习相关知识。

指示用手势有两种,一是介绍别人时,要用掌心向上、五指并拢伸直的手掌指向别人,二是表示自己时,应用手掌轻轻按在自己左胸,显得谦虚大方。

第二类常见手势是递接物品手势。

在递送物品时,最好是双手递送,若不方便时也应以右手递送,不可用左手;递交物品以直接交到对方手中为佳,有一定距离时递物者应主动上前;递送物品时应留下方便接拿的地方,带文字的物品应使字体正面朝向对方,带尖带刃的物品应使尖刃朝向己方或他处,切忌指向对方。

接受物品时,应注视对方,不要只看物品;应双手或右手接收,切忌左手单独接取;应等待对方递送物品到跟前再接,不可有直接从对方手中抢夺的姿态。

第三类常用手势是引导手势。

在为客人指示方向时,不能用单个手指,而是要掌心向斜上方,手掌基本张开,五指并拢,与地面成45°左右夹角,动作不宜过多,动作幅度不宜过大,但要保证客人看见。运用手势时需要同眼神、表情、步伐相配合,表达出热情和诚恳的态度。

引导手势主要有以下几种：

横摆式——一般用于迎接来宾时，对来宾做出"请进"的手势。

动作要领是一侧手臂从腹部前方抬起，向身体外侧横摆至侧前方停住，掌心向斜上方，腕关节微屈，低于肘关节，五指伸直并拢，指尖指向被引导或指示的方向。另一只手自然下垂或背在身后，同时双脚成丁字步，头部和上身向指示方向微微倾斜，面带表示出尊重和欢迎的微笑。

直臂式——一般用在给宾客指引方向或延请宾客继续前行时，男性较多使用。

动作要领是侧对宾客，用外侧手臂向前方抬起伸直，与肩同高，掌心向斜上方，五指并拢指向目标方位。

斜摆式——用于延请宾客入座的手势。

动作要领是站在座椅的旁边，面向宾客，如座椅在右侧，右手掌心斜上，向座椅所在位置抬起，到高于腰部后再向下摆，使手臂伸直，至与地面成45°夹角的斜线为止，示意宾客可以落座。

双臂横摆式——用于对多位宾客做指示的手势。[1]

动作要领是将双臂向前方抬起至腹部位置，在向指示方向摆动到身体侧前方，指向目标方向一侧的手臂较高较直、手掌心向斜前上方，另一手臂较低，在腹前弯曲，手掌心向上。

曲臂式——用于一只手被占用（如在拿着东西或做推拉门动作），同时又要做指示手势的时候。

动作要领是空闲的手臂从向身体侧前方抬起，到上臂与身体成45°左右夹角，再以肘关节为轴，掌心向上由身体前方向对侧摆动，到距离身体20厘米左右停止，指尖指向前进方向。

手势的禁忌：在社交场合，一定注意不能出现以下情况。

一是失礼的手势，如用单独的手指指向别人，或用拇指后弯指向自己鼻尖，含有教训别人的意味；掌心向下挥动手掌、向他人勾动食指或除拇指外的其余四指，也是很失礼的行为。

二是侮辱性手势，国际通用的竖中指、双手拇指向下等。因为文化背景不同和区域性风俗差异，还有很多手势在不同地区含义不同，也要慎用。如前面所述竖大拇指、比"OK"手势等在不同地方有正、反两面的含义，其他还有在欧洲和巴西等地，用右手握拳

---

① 袁涤非编著：《现代礼仪》，高等教育出版社2014年，第68页。

曲臂上举、左手拍击股二头肌的手势表示强力侮辱;在欧洲不能做伸食指与小指、大拇指按压中指与无名指的"牛角"手势;在土耳其不能做握拳后大拇指从食中指间伸出的手势;在越南不能做交叉食指中指手势,等等。

三是不卫生的手势,如抓头皮、掏耳朵、挖鼻孔、剔牙齿、挠痒痒、搓灰球,均是容易引起别人不适和恶心的不当举动,应该注意避免。

2. 表情

表情指的是表现在面部或姿态上的思想感情。但在这里提到的表情指的是面部表情。与人们的举止相似,表情也是人们语言的重要辅助表达部分。由于它直接呈现在人们的面部,而且更为形象生动,与举止不同的是它基本不存在区域性差异的理解,属于人类世界性的一种沟通"语言"。罗曼·罗兰曾经感慨:"面部表情是多少世纪培养成功的语言,是比嘴里讲的要复杂千百倍的语言",所以在社交活动中表情比举动更加重要,是需要我们着重学习和管理的仪态组成部分。

礼仪活动中的表情主要是由笑容、眼神、眉毛、口唇及其他组成。表情可以直观传达人们的喜怒哀乐等情绪,对举止和语言起着解释、澄清、强化等作用。

（1）笑容

笑容是人们表露内心愉快欢喜的常用表情。人们日常活动中大量使用笑容,在我国语言中就有含笑、浅笑、微笑、堆笑、欢笑、憨笑、傻笑、失笑、窃笑、干笑、强笑、奸笑、谄笑、媚笑、暗笑、轻笑、冷笑、睨笑、怪笑、嬉笑、嗤笑、讥笑、嘲笑、大笑、狂笑等不同的笑,有的对人表示友好,有的对人表示敌意,有的只表示个人愉悦等,可以看出,有一些笑是不符合礼仪"尊重他人、尊重自己"的意义的。

合乎礼仪要求的笑容,在这里我们只探讨其中的含笑、微笑、欢笑、大笑、狂笑。

含笑——这是一种很浅的笑意,表现形式是不出声、不露齿,双颊肌肉微微上抬,双唇微闭,嘴角上弯,眼睛正常睁大,要做到内心平静愉悦,用来表示一种对人友善的态度,适用范围较广泛。

微笑——笑意比含笑更高,面部肌肉形态发生较为明显的变化。表现形式是面部肌肉放松,双颊肌肉上抬,双唇微开,嘴角上弯,仍然不发出声音。微笑有不露齿的,也有讲究露齿的,通常显露上边的六到八颗。

微笑用来表示欣喜、愉快和友好,可以适用于最广泛的社交场合,有效缩短心与心之间的距离,破除交际障碍,为深入的沟通和交往创造良好的气氛。

欢笑——是指欢乐的笑、快活的笑,表现形式是喜形于色,双颊肌肉上提,嘴唇和牙齿都张开，一般伴随愉快的笑声。用来表示非常愉悦和欢喜的心情，多用于好朋友、关系密切的合作伙伴、老熟人见面时或遇到喜事等气氛浓烈的情况，含有熟不拘礼的亲近意味。笑声要伴随问候，即所谓欢声笑语。

大笑——是指纵情的欢笑，是程度较深的欢笑，一般用于独自抒发快活难抑的情绪。表现形式是头部微扬，嘴巴大张，上下牙齿显露，并伴随哈哈哈的笑声，但是身体动作并不多。一般出现在亲朋欢聚或者一些喜剧表演等场合，适用范围较少。

狂笑——是纵情大笑、毫无顾忌地大笑，又叫仰天大笑。特点是头部后仰，嘴巴完全张开，牙齿外露，笑声大而连绵，同时伴随身体动作，如前仰后合、手舞足蹈、拍打座椅扶手、泪水直流。在社交场合一般不会出现，多出现在极度快乐、无法压抑喜悦情绪的时刻。如1971年我国在联合国大会上恢复联合国合法席位时，《乔的笑》新闻照片中乔冠华仰天大笑的状态。

笑容在礼仪中的应用：在以上所述笑容中，微笑表现得最是自然自信和热情大方，也能最直观地传送真诚和友善的态度，成为最多用于礼仪活动的一种笑容。真诚的微笑，可以表现出个人的平和心态、愉快心情、乐观真诚的态度，也让微笑者表现得不卑不亢，更加自信，提升个人的魅力。同时，在社交场合以微笑示人，可以传达坦荡心怀、友善情谊，给人以诚恳待人的观感，有利于促进双方合作。

因为微笑使社交活动变得更加自然放松和卓有成效，因此被称为"社交通行证"，特别是服务性质的各个行业，都将"微笑服务"作为行业标准予以推广和施行。

笑容的注意事项：虽然展露笑容是每个人与生俱来的本能，但有些人因为一些不好的生活习惯，养成了各种怪笑、窃笑的不良仪态，这就需要通过训练来获得符合礼仪规范、更加美观的笑容。

笑容需要调动眉眼、唇齿和脸部肌肉，再配合相应的体态和声音，彼此间的运作协调需要恰到好处，才能尽显笑容的魅力。

以最为广泛应用的微笑为例，一种广泛的练习方法是空乘人员的咬筷子微笑练习法：

用门牙咬住一根木筷子，两侧嘴角最大限度上扬，要高于筷子的水平线，发出"咿"的声音，放松面部肌肉，嘴角上下往复运动，重复30秒一组练习。

平时也可以练习张大嘴，然后慢慢聚拢成嘟嘴状态，保持十秒，锻炼口唇肌肉。

微笑不只是口唇动作，还要有发自内心的笑意。练习时可以用一张纸遮住鼻子以下的面部，此时还能看出微笑才可以。一定要做到发自内心的笑容和谐，不能出现假笑、干笑等"皮笑肉不笑"的情况。

需要注意的是，微笑需要配合相应语言和仪态，才能起到锦上添花的作用。多用礼貌用语，如对人用尊称、多用"请"字，动作优雅，举止得体。

笑容的禁忌：要极力避免出现前面列出的很多不好的笑容，一旦在社交场合被人注意到，就容易造成不好的影响，甚至引起社交事故。

第一种是个人失仪的笑容，如憨笑、傻笑、失笑、窃笑、奸笑。笑的时候脑子溜号，想一些其他事情，容易出现憨笑、傻笑；不会控制自己的情绪，一惊一乍沉不住气，容易出现扑哧一笑、哑然失笑等；不会得体大方地展示自己，有羞怯心理，会出现害羞的怯笑和不合时宜的窃笑等。这些都是显露自己素质不高的粗俗笑容，会影响个人形象，给他人留下不好的印象。

第二种是敷衍虚假的笑容，如假笑、干笑、强笑。内心不想笑，或者自高自大直接难掩对接待对象的厌恶、鄙视等情况，都会使笑容变味，从微笑变成假笑、干笑，这对社交关系会起到严重的破坏作用。

第三种是带有自贬的笑容，如谄笑、媚笑。这是没有养成自尊的意识，把自己放到过于低下的地位，又带有有求于人的心态，微笑就变成了巴结对方的谄笑、媚笑。这种笑容易引起别人的反感，让他人轻视与你，有害合作关系的建立。

第四种是带有侮辱的笑容，如冷笑、睨笑、怪笑、轻笑、讥笑。对他人行为不满又无可奈何时容易发出冷笑，瞧不起人时容易斜眼看人做出睨笑，轻蔑、阴阳怪气嘲讽别人时会露出怪笑、轻笑、讥笑等。这种带有侮辱性质和强烈敌意的笑容，严重的甚至会引起激烈冲突，对社交关系有害。

（2）眼神

眼神是指用眼睛表达的"语言"。俗话说，"眼睛是心灵的窗户""会说话的眼睛"，一个人的内心世界，会很自然地在他的眼神中体现出来。印度诗人泰戈尔便这样说道："在眼睛里，思想敞开或是关闭，发出光芒或是没入黑暗；静悬着如同落月，或者像急闪的电光照亮了广阔的天空。那些自有生以来除了嘴唇的颤动之外没有语言的人，一旦学会了眼睛的语言，在表情上的变化将是无穷无尽的，像海一般深沉，天空一般清澈；黎明和黄昏、光明与阴影，都在这里自由嬉戏。"[①] 这是他对眼神强大的表达能力的诗意描述，但也为我们展示出眼神这种特殊"语言"的强劲表达能力。

因此，在社交场合中，学会管理自己的眼神，使用眼神传达准确友善的社交信息，是使用社交礼仪的重要一环。

---

① 泰戈尔著，冰心译：《素芭》，《译文》1956 年第 9 期。

眼神的礼仪规范：

眼神表述情感含义主要由注视时间、注视位置、注视角度、注视方式几个方面组成。

注视时间——根据不同场合、不同对象，眼神的注视时间长度是不同的。一般情况下，人际交流时，不能一直盯着对方的眼睛，长时间的注视是一种含有侵略性挑衅意味的不礼貌行为。

在表示友好时，注视对方眼睛的时间最好占交流时间的 1/3 左右，不可长时间凝视对方。

在表示重视时，比如请教问题、听取报告等情况，注视对方的时间应在 2/3 左右。

如果表情平静或凝重，注视对方时间超过 2/3 以上，一般是在表示敌意或挑衅；面带微笑或仰慕等表情，注视对方时间超过 2/3 以上，则表示对其很感兴趣或仰慕崇拜等。

若交流过程中注视对方时间少于 1/3，则表示对其没有兴趣或瞧不起，是表达一种非常轻视的态度。[①]

注视位置——在注视对方时，要讲究注视的位置适宜。在用眼神注视他人时，要做到目光自然、稳重和柔和，不能死盯着对方的某个部位，或者在对方全身上下打量扫视，这是极为失礼的行为。选择注视位置，是要根据社交场合、社交对象等的不同来确定的。

公务活动注视位置：在业务洽谈、商务谈判、职场交流等场合，一般是注视对方双眼到额头中间构成的三角区域，这称为"公务注视区间"。注视这个区域，可以形成一种严肃和正式的氛围。这种注视方式还有压制对方、居高临下的意味，常常被谈判人员用在抢夺和掌控话语权的谈判中。

社交活动注视位置：在普通社交场合中，人们一般采用注视对方两眼与下巴构成的三角区域，这称为"社交注视区间"。注视这个区域，可以呈现一种双方平等的轻松氛围，可以有效拉近彼此的距离，一般用在茶话会、舞会、联谊会等社交场合，能让谈话者感觉轻松自然，便于交流。

亲友之间注视位置：在关系密切的亲友之间，注视位置通常集中在眼睛、嘴唇和胸部等，这些区域称为"亲密注视区间"。一般是在恋人之间、亲人和密友之间，可以使用这种注视方式，能够增加亲密程度，激发感情等。[②]

对于社交中的注视礼仪，一般应该采用第二种方式，特别是异性之间，不能注视肩部以下的部位，尤其是胸部、裆部和腿脚部位。特别是目光长时间凝视对方眼睛或在对方身上扫来扫去，是一种带有敌意的很不礼貌的注视方式，在社交场合一定注意避免。

① 金正昆著：《社交礼仪教程》第 4 版，中国人民大学出版社 2014 年，第 35 页。
② 李兴国主编：《社交礼仪》，高等教育出版社 2006 年，第 57 页。

注视角度——在注视他人的时候,还要注意目光发出的角度。常见的注视角度分为以下四种。

平视:目光看向前方,平行地面注视对方,也叫正视,是一种表达双方地位平等,一般用于普通社交场合,与身份相当的人进行交往的注视角度。

侧视:与交谈对象居于同侧是的注视角度,也属于平视的一种。由于交谈对象在自己侧面,注视对方时需要身体微侧,将面部转为正对对方,依然采用水平视线注视对方。这里需要注意的是不要头部没有转到位置就斜眼瞟对方,这是很不礼貌的一种注视方法,需要避免出现在交谈过程中。

仰视:自己主动居于低位,微微抬眼仰望对方,表达出尊重、敬畏的含义,一般用于面对尊长时的情况。

俯视:与仰视相反,是压低视线,向下看向对方的注视方式,作为尊长可以表现出慈爱、宽容的意思,若是对等身份,则会表露出傲慢和歧视对方的态度。

注视方式——结合表情和举止,用来表达不同的态度和情绪的注视方法,常见的有以下几种情况。

直视:注视着对方的双眼,配合庄重或自然的表情,一般表示认真和尊重的态度,展露坦诚无私的心态,适用于各种情况。

凝视:在直视的基础上,保持专心而恭敬的状态,体现出一种专注倾听的神态,一般用于聆听报告、指示或面对尊长等场合。

环顾:有节奏地依次注视不同的人员或事物,表达出认真重视的态度,适用于与多人同时打交道的场合。

紧盯:表现形式与凝视相似,但是带着一种轻蔑或恶意的表情长时间注视对方的某处,一般用于表示挑衅。

扫:目光在对方身上上下左右来回移动,反复打量,常用来表示诧异或猎奇,是一种很不礼貌的注视方式。

虚视:长时间注视某方向,但目光不聚集,给人感觉没有焦距,一般表示虚怯情绪、疲倦走神或听不进去感到无聊等。

眯眼:有些人近视却没有佩戴眼镜,导致眯着眼看对方,或者有眯眼的不良习惯,外观不雅,表现得不尊重对方,也不宜出现。

睥睨:斜着眼睛看,经常用来表示主观怀疑、轻视等态度,是一种失礼的注视方式。

无视:一直不看对方,看向他处或者耷拉眼皮、面无表情闭目养神等,传递的情绪是心虚、疲惫或反感、生气等,给人一种拒人千里之外的感受。

由于眼神可以直观地传递个人内心情绪和想法,所以在学习礼仪的时候首先要从内心接受"自尊和尊人"的礼仪核心,树立一种平等待人的心态,才能做出符合礼仪规范的眼神和举止。[①]

（3）眉毛、口唇及其他

人的表情是由脸上的五官配合做出来的。对眼神已经介绍过了,鼻子和耳朵不能做出太复杂的表情动作,表达情绪的主力就是眉毛和口唇了。

眉毛是很灵活的表情器官,其变化也能传达一定的情绪给交际对象。成语"眉飞色舞"就生动表现出了眉毛在做出表情时的作用。

常见的眉毛动作可以总结如下。

皱眉——与人交谈时紧皱眉头,是一种疏远的防御性表情,说话方会给对方传递一种自己处于困境中、心情不愉快的意思,聆听方则表现出对听到的话厌烦,反感,不同意的情绪。

耸眉——眉毛先扬起,停留片刻,然后再下降。耸眉还经常伴随着嘴角迅速而短暂地往下一撇,脸的其他部位没有任何动作,给人的感觉是不开心、抱怨;讲话的人做出耸眉的动作,还表示征询意见,希望对方赞同自己的观点。

扬眉——当一个人双眉上扬时,表示非常欣喜或极度惊讶。单眉上扬时表示对别人的言语行为不理解或有疑问。

斜挑——两条眉毛中的一条降低,另一条向上扬起。看起来半边脸激昂,半边脸恐惧,表现出一种明显的怀疑心理。

闪眉——与耸眉类似,不过是眉毛先上扬,然后瞬间下降,常伴有扬头和微笑,表达一种欢迎友善的情绪。对话中出现闪眉,则表示加强语气,对某些词语进行强调。

动眉——眉毛迅速上下活动,动作与闪眉类似,表明心情愉快,亲切或赞同的态度。

倒竖——眉毛外侧向下耷拉,形成眉头高的八字眉,一般表示气恼愤怒。

舒展——眉心舒展开来,表示心情坦然愉悦。

口唇除了配合脸部肌肉做出笑容之外,还有很多表达不同情绪的微表情动作。口俗称嘴,大体是用嘴唇形态来表示,常见的各种微表情动作如下。

张圆——嘴巴张大,嘴唇呈圆形,相应的还有眼睛睁大、眉毛上扬,一般表示震惊、诧异、不敢相信等。

抿紧——嘴唇抿紧呈现"一"字形,一般表示要做出重大决定,或准备顶着压力行

---

① 金正昆著：《社交礼仪教程》第四版，中国人民大学出版社2014年，第37页。

动,给自己以信心。

咬唇——交谈过程中用下牙齿咬住上唇或用上牙齿咬住下唇,表示聆听并思考;谈判中则表示对你的条件比较认可,很感兴趣。

微噘——嘴唇微微前突,小幅度的噘嘴,表示不相信或不确定,希望听到更多解释或肯定。

嘟嘴——比噘嘴幅度更大,嘴唇嘟起,表示处于心理防御状态,不愿相信对方的话,并试图发表自己的意见。

歪嘴——嘴唇抿住向一侧歪斜,表明内心焦虑或处于困境中。

撇嘴——嘴角一撇后复原,经常配合上翻白眼、摆头的动作,表示轻视和鄙夷。

耷拉——嘴角下垂,嘴唇拉紧,表示不满、反对和坚持己见。

除了眉毛和口唇之外,脸上的其他部位也有一些表情动作,如下巴和鼻子的动作。

下巴收缩——下巴向脖子方向回缩,一般表示畏惧心理,或感觉不如别人。

下巴前突——抬起下巴向前突出的动作表示愤怒、生气,心中非常不满;或者表示比较自傲、自大的心态。

皱鼻子——闻到不好的气味时的表现,在交际中出现一般表示厌恶,两侧出现褶皱也代表愤怒和不满。

鼻翼扩张——一般是处于兴奋或紧张、愤怒情绪,需要注意与脸部其他部分表情综合判断。

捏鼻梁——表示遇到挫折或情绪不好、比较疲惫等。

摸鼻子——这个情况比较复杂,一般是内心慌乱或尴尬的表现,也有纠结犹豫时的表现,还可能是对周边人与事有怀疑情绪等。

总之,人的表情很复杂,有些是我们可以练习的,有些则是下意识做出的反映内心情绪的微表情。因此在进行仪态中表情礼仪学习时,首先需要调整心态,为相应的社交活动做好准备,另外尽量减少各种小动作,避免带来误解和尴尬。

(三)气质

一个人的仪容仪态最终会影响到气质方面。所谓气质,一方面是指人的相当稳定的个性特点,是人在认识、情感、言语、行动中,神经活动和心理活动的强弱快慢、均衡等表现,如活泼、直爽、沉静、浮躁;另一方面指的是风格和气度,在面临事情时表现出来的态度、举动和气势,如:革命者的气质。

气质是在社会生活中表现出来的,是一个人从内而外的一种内在的人格魅力的外在体现,包含有很多方面,如修养、品德、举止行为、待人接物、言谈态度,表现出来有高雅、高洁、恬静、温文尔雅、豪放大气、不拘小节等。[1]我们前面讲到学习和运用礼仪,从前述各个方面来提高自身的素质,就有助于养成良好的习性,进而形成美好的气质。

人的先天性气质可分为4种类型:胆汁质(兴奋型)、多血质(活泼型)、黏液质(安静型)、抑郁质(抑制型)。人们在日常生活中观察并总结了这四种气质类型的典型代表。

直率、热情、精力旺盛、情绪易于冲动、心境变换剧烈等等,是胆汁质的特征。

活泼、好动、敏感、反应迅速、喜欢与人交往、注意力容易转移、兴趣容易变换等等,是多血质的特征。

安静、稳重、反应缓慢、沉默寡言、情绪不易外露,注意稳定但又难于转移,善于忍耐等等,是黏液质的特征。

孤僻、行动迟缓、体验深刻、善于觉察别人不易觉察到的细小事物等等,是抑郁质的特征。[2]

每个人先天带来的生理基础不同,性格不同,先天气质也不相同。但是人们在实践中认识到,社会活动可以对个人气质产生缓慢但稳定的改变。中国古代哲人认为,通过长期提升个人修养,可以改变先天的气质,如军事统帅要讲求"为将之道,当先治心。泰山崩于前而色不变,麋鹿兴于左而目不瞬",通过心境的锻炼,获得稳重的气质,这是修养改变气质的理论。

实际上在生活中,人们也发现,在校师生有一种书生气,小商贩有一种市井气,作家有一种书卷气……这说明人们在长期固定从事某些职业活动时,大量固定行为会变成个人习惯,进而影响人们的行为举止与表情管理,最终达到改变人们气质的效果。

既然长时间的固定行为可以改变人的习惯,那么通过学习礼仪,注重在生活中贯彻礼仪的举止要求,就能将礼仪变成习惯,习惯改变个人修养,进而影响到个人气质,改善个人形象。

修养是一个人的内在,礼仪则是这种内在的外显。

现代社会中,人们通过社交活动来相互认知与合作,判断一个人的素质与精神面貌,首先从礼仪看起。一个人的内在修养是一种精神层面的美,会彰显个人气质。但是一旦这个人动起来,他的举止行为、仪表言谈等,就会在原有气质的基础上提升或降低个人形象。这是因为他的行为是否符合公认的行为规范,也即是否有礼仪,就成为显露其外在和风度的标尺,左右对他品位与价值的评判。

---

① 吴亮:《浅谈气质在行政管理中的应用策略》,《企业家天地(理论版)》2011年第2期,112-113页。
② 杜鹃:《气质差异与英语学习方法的选择》,《陕西教育(高教)》2009年第1期,85+84页。

修养是指在理论、知识、艺术、思想等方面达到一定水平，进而体现在个人养成的正确的待人处事的态度，例如，他是个有修养的人，从不和人争吵。我们在礼仪课上教导的修养，则是提升和明确了对一定水平的要求，也就是要做到淡定从容，具有较高的道德情操和文化水平，以谦恭的态度与合乎礼仪的举止行事，达到提高思想认知高度，从举止行为的管理去由外而内地改善个人修养，再以良好的修养由内而外改善气质风度，提升个人形象的目的。

1.思想认知

良好的修养要有一种更高层面的思想认知，即掌握正确的思想方法，从思想的高度去认识事物，进而学会正确处理事物的能力。

辩证看待问题的能力：所谓辩证看待问题，就是能够想到、发现事物的正反对立的两面性。古人用塞翁失马的故事揭示了事物的两面性：事物的对立两面是从不同角度去观察才能发现的，需要养成一种冷静思考的能力和更加长远的目光，它们一般是相互对立又相互依存的，是一种对立统一的平衡状态。这两个状态又会在不同的矛盾和发展中有条件地相互转化。因此，我们要养成一种多思考，往远看的习惯，用辩证的思维方式去分析事物，才能做到临危不乱、遇变不惊，待人处事更加游刃有余，培养自己思想的广度。

历史看待问题的能力：看待事物时要从其发展演化的完整过程的高度去认识。任何事物的现状都不是突然出现的，都有其形成的条件和发展的历程。从历史的角度分析看待问题，凡事多问几个问什么，从历史的纵向角度去思考和比较，可以避免鲁莽，不会轻易陷入盲从和迷惑，从而培养自己思想的深度。

全面看待问题的能力：看待事物不能"盲人摸象"，这会陷入攻其一点，不及其余的偏执中。个人接触事物的角度和处境不同，难免有不识庐山真面目的困惑，但如果拥有全面看待事物的思路，就可以用全面分析的方法，做到"管中窥豹""见微知著"，从而培养自己思想的高度。

所以，思想认知方面的培养，是要掌握正确的思考模式，要用思想指导行为，而不是行动快于思想，避免鲁莽、毛躁的不良行为模式。

2.品德情操

修德，也就是要培养高尚的道德情操，是从大德、公德、私德三个角度去要求的。

首先要从思想意识层面培养爱国主义精神。

古今中外的爱国者层出不穷，留下的名言警句也是数不胜数。

写出史家绝唱的司马迁在书信中有言："常思奋不顾身，而殉国家之急"；爱国诗人

陆游在被南宋主和派排挤的困境中依然写下："僵卧孤村不自哀,尚思为国戍轮台"的壮语;方志敏烈士被捕后留下遗作《可爱的中国》,其中写道:"假如我还能生存,那我生存一天,就要为中国呼喊一天";周恩来总理也为我们留下这样的教诲:"我们爱我们的民族,这是我们自信心的泉源"。

可以说,爱国主义精神贯穿了整个中华民族的历史,从忧国忧民的屈原,到鞠躬尽瘁的诸葛亮,从刚直不阿的魏征,到精忠报国的岳飞,从视死如归的文天祥,到以死报国的谭嗣同……这些仁人志士的高风亮节照亮了史书,铸就了我们伟大中华的民族魂!

国外对爱国精神同样推崇备至,像德国诗人海涅就这样表态:"谁不属于自己的祖国,他就不属于人类";法国拿破仑直接为爱国定性:"人类最高的道德是什么?那就是爱国之心";美国历史虽短,却更重视爱国主义教育,林肯曾这样说:"黄金诚然是宝贵的,但是生气勃勃、勇敢的爱国者却比黄金更宝贵",美国的学校更是将爱国教育贯彻学生入校到离校的时时刻刻。

作为中国人,我们应该传承我们的民族文化,成就自己就是为了成就家国,一定要树立报效祖国、服务人民的信念,这是做人的基础,既是爱国主义的要求,也是大德的标准。

其次要从个人行事层面确定修德方法。

立意高远,抛弃苟且,不要轻易被现实生活的困苦磨灭了雄心壮志。

革命先烈们在深重的苦难和黑暗中抗争,此前历史上的农民起义都被封建统治阶级镇压,法国大革命沦亡于资产阶级的反扑,俄国十月革命刚建立了工农政权,却在帝国主义的进攻中艰难求存……彼时他们并不知道自己去牺牲生命,最终能否推翻反动势力,却义无反顾地选择播撒热血、付出生命,是因为他们心中树立了高远的共产主义理想。

我们的祖辈父辈们坚持走社会主义道路,扛着帝国主义强国的封锁和打压,一辈人吃了三辈子的苦,将一穷二白的新中国建设成为强敌不敢轻侮的社会主义强国,为我们安享和平生活创造了必不可少的条件——这一切的一切,都应成为我们克服困难,追寻高远立意的力量源泉。

立足平实,从身边的细节做起,强化个人的公德意识和私德建设。管好小节,做好小事,这是实现培育公德和建设私德的最有效方法。

刘备在留给儿子刘禅的遗言中郑重其事地告诫他:"勿以恶小而为之,勿以善小而不为。惟贤惟德,能服于人。"

人的生物本性是好逸恶劳的,而行善需要付出,作恶却是满足私利,因此有言"从善如登、从恶如崩"。比如走路时嗓子不舒服,咳了一口痰,有公德意识的行为是吐到纸中,扔到垃圾桶中,不拘小节、方便自己的办法却是歪头"呸"一口了事。对这种小善小恶,若是轻忽对待,就容易顺从好逸恶劳的生物本性,培养各种坏习惯,变成自私自利、让人厌恶的粗人。

学会劳动、学会勤俭,这是从个人行为上锻炼自己,养成有付出才有回报的社会公平意识;学会感恩、学会助人,这是从思想意识上约束自己,摆正个人的位置,才能顺利融入社会;学会谦让、学会宽容,这是从道德层面上要求自己,学习和谐的处世原则,开拓交友通道;学会自省、学会自律,这是从个人教养上提升自己,君子慎独,变被动为自觉,真正实现个人修养的大成之境。

聚沙成塔、集腋成裘,小善可以成就大善,小恶也必将酿成大错。在生活细节上不能放松思想的要求,从身边的点点滴滴小事做起,克服惰性,做好小事,才能始终有理有节,培养出良好的个人修养,修成私德与公德,最终成就大德,不负青春韶华。

3. 知识内蕴

没有知识的积累,人类就只能永远茹毛饮血,脱离不了动物的范畴;没有知识的学习,人类就只能永远蒙昧,文明之火也不会照亮大地。

通过学习知识,人们可以充实自己的精神世界,开拓视野,开阔心胸,走出只着眼于衣食住行的粗陋人生,构建自己的精神天堂,实现人生层次的跃迁。

苏轼在《和董传留别》诗中这样写道:"粗缯大布裹生涯,腹有诗书气自华",指出董传虽然生活当中粗丝绑发,粗布披身,但胸中有学问气质自然就光彩照人。生活中我们也会遇到一些人,外貌虽然平平无奇,但给人的感觉却气度非凡,胸有丘壑,这就是知识赋予人的魅力。

知识从其研究方向上可以大致分为文、理两个科目。虽然现在的教育系统分成了文、理两科,但实际上这两个学科各有作用,不可偏废。

文科是精神文化的集合,包含了文学、艺术、历史、哲学等文化,理科是科学知识的集合,包含了数学、物理、化学、生物等科技。现在有人搞文理对立,割裂两者的联系,甚至提出废除文科、专攻理科的观点,这实际上是一种短视和愚蠢的认知,没有辩证、历史、全面地看待和分析问题。

文科是社会族群的精神和灵魂,如果缺失,整个社会就会失去发展方向和归宿。任何一个国家富强必然有文科的支持和引领。西方科技大发展的开端是意大利开启的文艺复兴运动,它是西欧近代三大思想解放运动(文艺复兴、宗教改革、启蒙运动)之一。从文艺复兴运动带给西方国家的发展来看,文科在解放精神、引领知识爆炸性发展方面居

功甚伟,不容忽视。

国家的基础建设需要理工学科,国家的富强建立在科技发展的基础上,这是发展理科的重要性。但民族精神、文化需要文科作为媒介来呈现,国民的人文素质也依赖文科提升。人文大家会了解大量的科技成果,而成功的科学家也大多具有高深的文艺造诣。

读书使人明理,使人聪明,可以更好地继承和发扬优秀传统文化,可以提高整个社会的文明程度。如果没有丰富的文科知识,其他学科的发展有可能会受一定的限制。[①]

中国古人非常重视通才教育,讲究君子六艺:礼、乐、射、御、书、数。具体来说是礼仪规范(包括吉礼、凶礼、军礼、宾礼、嘉礼五礼)、音乐(具有教化、认知、审美及娱乐等功能的六种古乐)、射箭(五种射箭技艺的军事才能)、驾车(五种驾驭兵车的军事技艺)、识字(六种汉字构成的方法)以及数学(应用在日常与天体历法等中的计算能力)。

著名的"中国导弹之父""中国航天之父"钱学森先生就是一个在音乐、美术和文艺领域有着深厚造诣的全才。他从小热爱古典音乐,自言科学灵感来自艺术,当他遇到难题时,单靠逻辑推理百思不得其解时,靠艺术的形象思维、靠直觉甚至朦胧的梦境,往往都能使他得到意想不到的收获。

爱因斯坦以相对论奠定了自己在现代物理学上的重要地位,但他对音乐和文学也很痴迷,既精通小提琴、钢琴,也喜欢阅读歌德、莎士比亚、海涅的作品。现代量子力学的奠基人普朗克在物理学上成就卓著,在音乐上也是富有天赋,精通钢琴、大提琴、管风琴等的演奏。

大画家达·芬奇在科学上的成就巨大,留下了大量数学、建筑、解剖学、光学、力学等学科的成就,堪称全才。

因此,有志于培养高品质个人气质的人,都应该重视学习文艺知识,广泛涉猎历史和哲学知识,并且要脚踏实地学习科技知识,掌握一定水准的科学文化,才能厚积薄发,用广博的知识改造自己,塑造自己独具特色的个人气质。

"纸上得来终觉浅,绝知此事要躬行",知识的获取不能死读书、读死书,要把学习到的知识融会贯通,应用到社会实践中去。如古人言,"读书破万卷,下笔如有神",只有努力拼搏、充实自己,才能极大地提升个人魅力,在社交活动中做到出口成章、口若悬河,谈吐高雅、妙语连珠。

充实的知识内蕴不只能提升个人的语言沟通能力,还能有效提升个人的文艺修养和审美能力。有的人把全部精力放在赚钱上,并且幸运地成功了,最终却发现自己被贴了

---

① 任冠青:《文科的大用》,《时代邮刊》2021年第15期,14—23页。

个"暴发户"标签,只能自嘲"穷得只剩下钱了"。这对个人而言是很可悲的事情。

现代青年人要想提升自己的个人素质,实现自己的人生价值,就应该摒弃惰性,奋发努力,通过学习知识和融会贯通,真正提升自己的修养和道德水准。

4.气质养成

良好的气质需要长期的修养和实践才能获得。可以说,气质有与生俱来的部分,但更要注重后天的训练和培养。

(1)磨炼心性

良好的气质首先要有一个良好的心性,也就是健康、乐观、积极、宽厚的心态。要在学习中开阔自己的思想高度和广度,了解和认知自己,掌握自己的性格缺陷,然后有的放矢,学习科学地看待问题的方法,有针对性的自我矫正,才是积极的人生态度,而不是放任自流,以自我为中心:"别人必须尊重我的多样性……",甚至"躺平"了事。

(2)勤学善思

通过认识到正确的目标,树立高远的理想,才能克服好逸恶劳的生物本性,去除惰性,在青春年少的美好时光奋发努力,博览群书,通过积累各种有益的知识,为自己的形象浸染美好的书卷气,用知识来化解戾气,用思想来平和偏激,养成稳重高雅的气质。

修养改变行为,行为养成习惯,习惯塑造举止,举止影响气质,气质决定行事,行事关系成败。我们要养成良好的气质,首先要从改变思想认识入手,从点滴小事做起,着眼于细节,用礼仪规范我们的行为,最终达成生命层次的升华。

第二节 化妆礼仪

爱美之心,人皆有之。但是每个人的容貌天生不同,人很难长得完美,化妆技术应运而生。

一、化妆的作用

化妆,是指用脂粉等使容貌美丽,是一种通过人工加工手法来美化仪容的技术。化妆一般是流行于女性之间的一种行为,自古以来就有"三分长相,七分打扮"的说法,诗词之中也有很多描写化妆的优美文字流传下来,像"越女新妆出镜心,自知明艳更沉吟""懒起画蛾眉,弄妆梳洗迟""妆罢低声问夫婿,画眉深浅入时无?"女性化妆已经超脱了"女为悦己者容"的范畴,开始成为愉悦自我、振奋精神的一种个人需求,也是社交活动的一种惯例。

在陕西一处春秋时期男性贵族墓里,科学家和考古学家们经过研究,发现墓里一个微型铜罐内的残留物为美白化妆品。这既是中国迄今最早的男性化妆品,也是中国已知最早的面脂,将中国先民制作美容面脂的历史提前了1 000多年。[①]

南北朝时期颜之推所做《颜氏家训》记载:"男子傅粉之习,起自汉魏,至南北朝犹然也。"魏晋南北朝时期男子和女子一样注重美貌,追求皮肤以白为美,《世说新语·容止》专门记载:曹操的养子何晏"美姿仪,面至白""粉白不去手,行步顾影",人称"傅粉何郎"。时至今日,男性化妆的概念也已经成为一种常见的社会现象,为人们所接受。

化妆是有意识、有步骤地采用各种化妆品来美化自己仪容的行为,可以扬长避短,改善个人形象,提升社交活动中的个人魅力。在现代社会,正式的社交场合对参与者是有一定化妆礼仪要求的,特别是一些涉外场合中,人们普遍认为出席社交场合不化妆是一种不太礼貌的行为。

二、化妆的原则

化妆礼仪的要求可以归纳成以下四条原则。

1. 符合审美原则

化妆的作用是美化仪容,这里的美化应符合大众和社会的审美观。大众审美是一种随社会发展而变化的潮流,在不同时期会有不同的风格和要求,因此个人应该多了解社会风潮变化,不要盲目追求过于前卫的风格。符合社交礼仪的化妆行为很多时候需要摒弃那种所谓的张扬和新奇,也要防止出现矫枉过正和突出缺点的妆容,如有意无意间造成老气横秋或降低格调的"老妆""丑妆"等。

2. 符合自然原则

每个人都希望别人称赞自己的美貌是天然的、无雕饰的。化妆是一种修饰自己容貌的技术,它追求的是生动自然,没有明显的痕迹,最好是天衣无缝,看上去要"眉目如画",却不能出现"眉目是画"的尴尬。

3. 符合场合原则

社交活动有不同的性质、时间和目的,化妆一定要考虑这些因素,通过学习了解其基本规则,避免出现与社交现场格格不入的感觉。如一般的工作场合适合化淡妆,电视节目上适合化浓妆,晚宴舞会等适合艳丽妆饰等,不能"以不变应万变",只搞一种化妆风格,不去考虑外界因素。

---

① 张珊珊:《2 700年前的男性面霜》,《艺术品鉴》2022年第19期,76-77页。

4.符合协调原则

这里协调指的是两方面:个人与环境的协调、个人妆容的协调。前者即适应场合原则的要求,不再赘述;后者则包含了妆容与个人气质和谐、妆容与个人职业适应、妆容与服饰协调等方面,这才能使化妆产生锦上添花的效果。如教师不宜化艳妆,西装套裙不能配弯长假睫毛、亮彩蓝眼影的艳妆等。

三、化妆的内容

(一)皮肤妆容

由于化妆品里多多少少都会存在一些有刺激性的色素和重金属等,长期化妆会对皮肤造成一定的损害,加速皮肤衰老。因此皮肤的护理是进行化妆的必要步骤。

第一步是护理。一般皮肤状态应该呈现饱满、温润的状态,所以在清洗清洁之后,首先擦一些爽肤水,清洁补水,软化角质层,为皮肤增添一些气色;然后擦一些精华液为皮肤补充水分、改善肤色和抗皱防衰老等;然后擦一些护肤乳液或护肤霜,可以保持皮肤水分平衡,补充油性成分和保湿成分等,达到保护皮肤、改善状态的效果。

第二步是化妆。皮肤做好护理后,就可以对皮肤化妆了。化妆的主要部位是面部皮肤,夏天需要涂抹防晒霜,可以有效减少阳光中紫外线对皮肤的损伤。首先涂粉底液或隔离霜,要根据自己的皮肤肤质和肤色来选择,起到隔离和提亮肤色的作用。这里需要注意妆容要覆盖裸露的皮肤,千万不要留下明显的分界线,造成暗色脖子上顶着一张白脸的效果。为防止妆面脱落和皮肤出油等状况,一般还要再扑一层定妆粉,来改善皮肤的外观质感和色度。

皮肤的状态与年龄和养护有很大关系,特别是应注意睡眠,不正常的睡眠会导致肤色暗沉、起痘生疮,容易带给人一种憔悴无神的不良感受。

(二)面部妆容

面部妆容主要包括眉妆、眼妆、唇妆以及其他四个部分。

1.眉妆

眉毛在人脸上占据着重要的视觉地位,也是社交礼仪注视的重要区域,因此需要重视眉毛的化妆效果。

一般女性的眉毛要求纤细弯长一些,需要有与眼睛形状搭配的眉形和浓淡,因此一般需要修眉和画眉两个步骤。

修眉是将多余或杂乱的眉毛刮除或拔掉,使眉毛呈现出一个合适的形状,即眉形。

眉形大约分为弦月眉、一字眉、三角眉等。漂亮的眉形对妆容有绝对的加分效果,不同眉形给人留下的印象也不同。

我国历史上记载了大量的眉形,如汉代有蛾眉、八字眉、远山眉、惊翠眉、愁眉等,蛾眉形状如蚕蛾触须,流传甚广,经常作为美女的代称。其在汉代时细长而弯曲,又称为长眉,如《汉书》载:"明帝宫人拂青黛蛾眉",晋人崔豹《古今注》亦说"魏官人好画长眉。"盛唐末年蛾眉变得阔而短,因此又名桂叶眉,在《簪花仕女图》中生动地描绘出了桂叶眉的奇特美感。元稹诗云"莫画长眉画短眉",李贺诗中也说"新桂如蛾眉"。还有一种是把眉毛画得弯又宽,称为柳叶眉,因其弯曲如月,又叫"月眉"或"却月眉"。白居易在《长恨歌》中形容道:"芙蓉如面柳如眉",罗虬的《比红儿诗》中有"诏下人间觅好花,月眉云髻选人家"的句子。[①]

现在女性一般根据自己的脸型和职业特点等选择合适的眉形,在修剪出合适的形状后,用眉笔再进行修饰。一般要画出根根清晰、浓淡适宜的状态。

男性一般不会专门去修饰眉毛,但如果有比较明显的瑕疵(如杂乱、稀疏),也需要进行一定的修饰和美化,用浓密显眼的眉毛显示阳刚之气,增添个人魅力。

2. 眼妆

眼妆是指眼部妆容,是专门针对眼睛及眼睛周围部分进行上妆的化妆技术,可以使眼睛更加漂亮有神,同时达到整体妆容更漂亮的效果。

想让眼睛看上去大而有神,描画眼线是必不可少的环节之一。首先在睫毛根部,用黑色或深棕色眼线笔如填满睫毛间隙般描上颜色,涂抹时小幅度地移动眼线笔会更容易上色。为了让妆面看起来更加自然,可用棉棒的尖端在眼线笔上蘸取少许颜色,从距离眼梢三分之一处开始轻轻向外晕开眼线,以模糊眼线的轮廓。内眼角部位的上下眼线,也都要稍稍晕染开来,这样就能显得更加自然。描画眼线时,上眼睑的眼线要略粗,下眼睑的则略细一些。

眼影可让眼部散发迷人韵味,通过各种色彩可晕染出不同的浓淡渐变层次。在眼窝部使用色彩较浓的眼影时,注意上色要适度。因为眼影颜色过分突兀会显得艳丽俗气。

浓密纤长的美睫极具视觉冲击力,应根据自己眼睑的弧度和长短选择合适的睫毛夹,使用时要张开眼,在睫毛根部、中段及尖部三处施力,在眼尾处夹子应稍斜并向外卷,使睫毛自然地向上翘起。涂刷睫毛膏,靠近外眼角的睫毛向太阳穴刷,靠近内眼角的睫毛向鼻子部位刷,中部的睫毛向额头刷。注意不要在睫毛根部涂过多睫毛膏,只涂一层,

---

① 百度百科:《眉形》,https://baike.baidu.com/item/%E7%9C%89%E5%BD%A2/586669?fr=ge_ala。

眨眨眼睛就能涂出纤长的睫毛效果。[①]

3. 唇妆

唇妆是指唇部的化妆修饰,可以分成这些步骤:

滋润双唇,防止唇部起皮,涂唇膏之前先用滋润度高的润唇膏将唇部彻底滋润,为上唇妆做好准备。

去除死皮,用棉签轻柔滚动,去除唇部死皮,让唇膏更加服帖;遮盖原色,用遮瑕膏盖住原本唇色,此步也可以用粉底液代替。

勾勒轮廓,用同色系唇线笔描绘出唇峰来提升轮廓感,对于唇型不整齐的人,是一种很好的修饰,还可以防止口红晕开。

涂抹唇部,用唇刷均匀蘸取唇膏后,勾勒上唇唇线,抿一下,使唇膏自然过渡到下嘴唇,再在整个嘴唇上涂抹唇膏。

润色补形,用纸巾贴于唇上,吸去唇膏的多余油脂,用同色系的唇彩涂抹下嘴唇的中间部位,抿嘴以均匀唇色,用粉扑的边缘棱角部位蘸取少量粉,抹在嘴角部位,防止唇形变形,使唇妆更持久。[②]

4. 其他

用腮红来美化肌肤,可以弥补肤色的不足,使人看上去健康、有神采。虽然腮红不像眼影、口红的色彩那样丰富多彩,但是有强化面部立体结构、矫正脸形的作用,还能在整体妆容中起到装饰、强调作用,使女性气质娇艳,芳容生辉。

选择腮红应看上去自然红润,清淡为宜,搭配眼影、口红、服装适量使用。理想的腮红位置在颧骨上,是笑时面颊能隆起的部位。纵向看,腮红向上不可高于外眼角的水平线,向下不可低于鼻底的水平线;横向看,腮红向内不超过眼睛正视前方时的1/2垂直线,也就是不要超过瞳孔中央内侧。根据脸形和化妆造型的具体情况,腮红的位置和形状会有相应的变化。

鼻部化妆主要是晕染鼻部侧影,目的是强调鼻子乃至整个妆面的立体感,调整不够理想的鼻形,使鼻子的轮廓更加突出、挺拔。

一般是用颜色加深鼻梁两侧的阴影,使得眼角内侧显得低凹,鼻梁高而挺拔。鼻侧影还可与眼影融合,通过视觉效果来改变鼻子的形状,同时通过不同深浅的鼻侧影改善和强调脸型的立体层次,达到修饰和矫正脸型的效果。

---

① 百度百科:《眼妆》,https://baike.baidu.com/item/%E7%9C%BC%E5%A6%86/8867011?fr=ge_ala。

② 百度百科:《唇妆》,https://baike.baidu.com/item/%E5%94%87%E5%A6%86/8871162?fr=ge_ala。

（三）香水使用

香水起源于欧洲，主要由香精、香料以及酒精溶液等混合而成，可以给个人身体部位或衣物赋予香味，既可以安抚心情，使自己的情绪愉悦起来，也可以掩盖体臭、提高自信，还可以给他人带来清香怡人的感受，是一种社交场合经常使用的化妆用品。

"香水是身体的另一件外衣"，挑选香水时要注意香水的前调、中调和尾调：因为香水中的酒精在挥发的过程中会带走香精香料的味道分子，最小的香味分子会先被带走，喷洒出来的 5～10 分钟是前调，香型一般是果香或花香味；随后的一个小时左右是香水的中调，属于香水的主调和个性，一般是花香、辛辣香或部分的木质香，而分子最大的尾调会留存很久也不易散去，大多以木质香以及动物香为主。所以挑选香水的时候，不要在喷出来的瞬间就决定购买，应等待 10～20 分钟，此时中调也就是香水的灵魂才会展现出来，这才是一款香水真正的味道和风格所在。

香水喷洒的部位，一般选择在动脉的位置，如手腕、颈部、耳后、胸口、大腿等动脉所在的地方，注意不要直接喷在衣物上，容易造成衣物变色或变质，应先喷香水再穿衣服。也不要直接喷在头发上，因为可能会跟头发本身的油脂味道相冲突，导致出现奇怪味道。

香水选择还要注意与季节搭配以及社交环境的搭配。大多数香水都有其适合的季节，不当的搭配可能使香味的特色与个性难以发挥，还可能会产生负面影响，引起别人的不适和反感。

香水的社交环境搭配要综合考虑季节、自身气质、周遭人群等外在因素，在不同的社交场合需要综合考虑自己的年龄、个性、职业，还要考虑同伴的情况，留香时间与弥漫感都要适度，不宜带有太刺激的味道，以免引起他人反感。

工作场合不要选用浓香水，白天和夏季应选择清香淡雅的香水，晚上和冬季可以适当增加浓度。参加宴会不宜将香水喷散在上半身，以免影响别人进餐时对事物香味的体验。探视病人不应喷洒香水，这与不能穿艳丽服装探病是同样的要求。

四、化妆禁忌

化妆礼仪讲究各种回避的礼仪，应该注意以下内容。

不可当众化妆。化妆是非常私密的事情，是为了当众展示通过化妆修饰后的效果。当众化妆一是有卖弄技术惹人厌烦的问题，二是违背了妆容自然的原则。如需对妆面进行修饰，需到化妆室、盥洗室或无人处进行。

不可浓妆艳抹。妆容过于夸张、香水味道浓郁，都会让他人感到不舒服，既是对他人的不尊重，也是对自己的轻贱行为，都有违化妆适应场合与协调一致的原则。特别是男性化妆,应追求不露痕迹,整洁为主。

不可对他人妆容评头论足。因为文化不同、风俗相异,或者个人原因,许多妆容在不同人眼中会有不同的印象。符合礼仪的行为是尊重和赞美别人的妆容,而不是自以为是大肆评判,或者追问别人用的化妆品的品牌产地等。

不可借用化妆品。因为自用化妆品属于个人隐私,既有与个人收入的关联,又与个人皮肤特点、健康卫生相关,因此不能借用他人化妆品。[1]

第三节　服装礼仪

服装在社会活动中起着重要的作用。它是人类的一种重要的文化形态,是人类文明的一个标志,展现着社会的发展和变化。

一般来说,服装是指穿着在人体上的衣物及服饰品,从专业角度来讲,服装真正的含义是指衣物及服饰品与穿用者本身之间融合而成的一种仪态或外观效果。不同民族有各自特色的服装,这是由其地域风俗、宗教信仰、文化制度、历史观念等因素造就的,是各自的民族文化。此外,在选择服装上需要考虑穿着者本身的体型、肤色、年龄、气质、职业等特色,再与服饰品自身的特性进行搭配,才会有相得益彰的效果,否则可能不伦不类、出现尴尬场面。

孔子曾说:"君子不可以不学,见人不可以不饰。不饰无貌,无貌不敬,不敬无礼,无礼不立。"(《大戴礼记·劝学第六十四》)这是说作为一个文明人(君子),不可以不学习,与别人相见不可以不整理自己的服饰、容貌,不整理好服饰就是没有好的仪表,没有好的仪表就是对他人不敬,对他人不敬就是不讲礼仪,不讲礼仪的人就不能在世上立足。

服装还被视作人的第二皮肤。服装不仅是构成外观的要素,还能反映出穿着者的内心活动和素养。人类的穿衣行为同人类的其他社会行为一样,都会受到社会、心理、经济等因素的影响。出现在公共场合时,人们穿着的衣物是可以看作一种直观的非语言性的信息载体,可以将穿着者的各种信息,如文化修养、职业特点、个性喜好等传达给别人。通过个人服饰习惯,往往可以看出他的人生观和价值观。

在正式的社交场合,服装的选择和穿戴需要符合礼仪要求,穿戴打扮适当、美观大方,尽量向社交对象展示着装的美感和表达准确的个人信息,是进入社交场合直接展示自己的一张没有文字的个人介绍。

服饰礼仪讲究"三应原则",具体来说是应事、应己、应制原则,也就是适应社交场

---

[1] 李兴国主编:《社交礼仪》,高等教育出版社 2006 年,第 61 页。

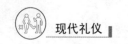

合、适应个人形象、适应习俗规范三个方面的要求。

因此,着装不能是"各凭所好"的"个人自由",是需要考虑他人观感的一种社会行为,是要遵循社交礼仪的一种默认规则,既是树立个人形象的主要因素,也是促进社交活动正常进行的重要保障。

一、服装种类

服装可以按照各种不同的标准进行分类,如按照性别分为男装、女装,按照季节分为春秋装、夏装、冬装,按照客户年龄分为童装、成人装和老年装等,按照用途分为常服、礼服、制服、运动装、休闲装等。

在不同的社交场合,需要按照不同的社交目的选择不同的服装,这种分类比较符合按照用途划分的范畴,主要有常服和礼服两大类。

常服是与礼服相对的一个概念,指的是日常生活中穿着的服装,一般没有特别的型式和色彩要求,属于可以自由搭配的个性化穿着。有人喜欢无拘无束,喜欢穿休闲装;有人比较严谨,喜欢穿制服;还有人比较节俭或对自己的工作感到自豪,日常也喜欢穿工装。一般而言,常服属于不那么正式的穿戴风格,在参与比较正式的社交活动时一般不会着常服出席。

礼服的概念就如它的名字,遵从礼仪用途的服装,是礼仪的一种通用语言标志。凡是参加国际交往、外事活动或出访、迎宾、结婚等各类正式、隆重、严肃的场合都应穿礼服。

我国在古代对服装规格进行了严格的等级和用途划分,用以"分尊卑、别贵贱",其中的礼服一般限定天子百官等有社会地位的人才能在参与祭祀、朝会、礼宾、宴饮、出征、狩猎、婚丧等礼仪场合才可以穿着。如汉代天子有十四套用于不同场合的冠冕和礼服,周天子参加祭祀等场合同一样式的礼服在不同季节也有不同颜色区别等。

在我国随着封建王朝的覆灭,在礼服方面现代礼仪取代了封建礼仪的规制,礼服的选用不再那么严苛。参加不同的正式社交场合,男性一般是穿深色西装或中山装、唐装等,女性穿西装套裙或裙装、旗袍等。只有红白喜事等特殊场合对主要参与人员的礼服有特殊要求。

在欧美国家的礼服规格较多,根据不同要求分为正式礼服、半正式礼服和便装礼服三大级别,按照隆重程度有大礼服、小礼服和日常礼服的分类;按照时间有在早、中、晚换装的习惯,存在日礼服、晚礼服的分类;按照用途有婚礼服、仪仗礼服、葬礼服、祭礼服等分类;按照出席场合的性质有鸡尾酒会服、舞会服、婚礼服等分类。不过西方的着装规则更多针对男装,对女装基本没有明确规定,因此在正式场合里,常见男士礼服整齐划一,而女士礼服丰富多彩的状况。

二、服装要素

服装是由面料、色彩和款式这三大要素构成的。

(一)面料

面料就是制作服装主要部位所采用的料子,因其材质不同,具有不同的视觉和触觉特色。

一般在正式社交场合选用服装的面料主要是棉、毛、丝、麻四种。这四种材料属于纯天然材质,历史悠久,自身带有一种文化传承的质感,比较适合正式场合。在某些场合,也可以穿纯皮面料的服装。[1]

(二)色彩

服装的色彩及搭配在着装三要素中作用最为显著。

我国古有"五正色"之说,先秦时色彩分为正色和间色,所谓"正色"是指与"五行""五方"对应的青、黄、赤、白、黑五种色彩,而"间色"则是指"正色"之外的其他色彩。此时服装的色彩有了表明尊卑贵贱的含义,如《诗经·国风·邶风·绿衣》"绿兮衣兮,绿衣黄裳"——穿着绿色间色的上衣,正色黄色的裙子,用以比喻尊卑倒置,贵贱失所,后世就用"绿衣"典故影射正室失位。

古人认为,世界万物都起源于阴阳和五种基本元素,即阴阳五行。他们把五正色与阴阳五行联系起来,认为五行对应到五色,即:木为青、火为赤、土为黄、金为白、水为黑。战国阴阳家邹衍进一步把五行发展为五德,形成朝代更替的"五德始终说",后来的王朝,开国帝王所做的头等大事就是制定符合本朝五德中色彩有关的制度,包括车马形制、旗帜、礼服等,如秦朝尚水德,色尚黑,各种礼服就以黑色为准。

后来"五德始终说"逐渐式微,各朝代又兴起品色衣制度,即用不同色彩的官服来表明官职等阶,如唐代即以紫、绯、绿、青四色为基础,设定了几乎每阶一色的官服。此时,色彩的政治含义占了主要位置。

到清朝后,除了规定明黄色为皇家专用外,采用补服制度,即用前胸后背的补子上的禽兽纹样来区分官员的品级高低,服装色彩在官阶方面的意义几乎消失。

现代社会对服装的色彩采用主要是潮流影响,如解放初期流行的军人解放绿、工人

---

[1] 金正昆著:《社交礼仪教程》第四版,中国人民大学出版社 2014 年,第 43 页。

蓝工装等。后来,我国服装色彩逐渐与西方社会接轨,开始考虑色彩搭配原则等因素,逐渐在礼仪中采用了现代社会流行的着装规范。

符合规范的服装色彩选择,要综合考虑个人的偏好、季节因素、他人的感受和参与社交活动的要求。每个人可能都有自己喜好的颜色,但要认识到在服装的色彩选择上的重要性,选错了色彩,衣服再好也会成为个人形象的减分项。

1. 服装色彩选择原则

在社交场合的正式服装,一般讲究"三色原则",也就是正式的服装色彩搭配上,不同色调越少越好,以不超过三种色调为原则。这里的色调指同一色系的色彩,搭配上不同的部分(如上装、下装、衬衫、领带、鞋袜、腰带),理论上颜色不要超过三种,否则会给人以杂乱、不庄重的感觉。

2. 服装色彩的象征意义

不同的色彩在人类社会各地文化中有不同的含义和解读,但是落到服装使用上面,现在一般会用以表达如下的含义:

黑色:神秘、肃穆、冷峻、坚定、隐秘、刚强等;

白色:纯洁、朴素、神圣、高雅、恬淡、明亮等;

红色:热情、健康、喜庆、勇敢、奔放、活跃等;

黄色:有智慧、光明、希望、忠诚、高贵、具有权威等;

橙色:快乐、富贵、充实、友爱、豪爽、甜蜜等;

绿色:自然、平和、清新、代表生命、青春、朝气等;

浅蓝色:纯净、文静、梦幻、清爽、自由、宽容等;

深蓝色:自信、沉默、沉稳、踏实、深邃、广阔等;

紫色:高贵、梦幻、华丽、庄重、浪漫、优雅等;

粉红色:柔和、温馨、放松、温情、感性、有活力等;

褐色:甜蜜、稳定、温和、中立、丰收、忠厚等;

灰色:典雅、端庄、和气、文雅、沉稳、考究等。

其一,从色调上看,以上色彩中有暖色和冷色的区分,是色彩给人心理上带来的冷热感觉。红、橙、黄、粉色等往往给人热烈、兴奋、温和的感觉,所以将其称为暖色;绿、蓝、紫、青、灰色等往往给人镇静、凉爽、通透的感觉,所以将其称为冷色;介于两者之间感觉的称为中间色,如黑、白、褐色。一般不适合冷色与暖色混搭,容易出现违和感。

其二,从配色上看,可以采用纯色、杂色、图案等。同一面料上具有多种颜色混杂在一起的称为杂色,一般是用不同颜色的条纹、色块等构成图案。根据色彩的亮度不同,比较艳丽的浅红色、浅绿色、淡橙色、浅黄色、粉色、浅蓝、淡紫、白色等浅色称为亮色,黑色、深灰色、藏蓝色、褐色(咖啡色)等深色称为暗色。亮色给人轻快的感觉,暗色给人稳重的感觉,一般日常穿戴上人们会采用上浅下深的配色。一般不适合亮色配亮色、暗色配暗色、杂色配杂色、图案配图案等。选择配色还要考虑肤色的差异。一般深色皮肤不宜穿亮色衣服,浅色皮肤比较百搭。

在服装上一般采用几种颜色搭配在一起的方式,避免两种颜色一比一搭配,一般三比二或五比三的比例适合。在实际生活中一般会采用这样四种方式:

同色选择:全身服装一般采用同一颜色的不同深浅明暗的搭配,会给他人一种柔和文雅的和谐观感,传达出一种和谐美,适应多种场合。

近似色选择:上下或内外服装选用比较接近的颜色搭配,如红色 + 橙红色,黄色 + 草绿色等,比同色更有差异化,可以给他人既和谐又活泼的感受。

撞色选择:采用对比强烈的色彩组合方式,包括强烈色配合或者补色配合,一般是两个相隔较远的冷暖、明暗对比强烈的配色,搭配适宜可以时髦优雅、凸显个性,搭配不当则显得怪异荒诞,需要谨慎采用。

呼应选择:全身服饰中同一色调重复选用,一般是大面积搭配小面积或距离较远的两部分,如上衣和鞋子、腰带和鞋子,色彩遥相呼应,传递出一种优雅利落的观感。

在实际应用中,色彩还要搭配上个人的性别、年龄、职业等,可以表现出不同的感情特质。在穿戴搭配上,整套服装一般采用如下搭配:

上浅下深:可以表现活泼开朗、自信明朗的感情含义,属于最常见的搭配方式。

上深下浅:可以表现端庄大气、严肃认真的感情含义,需要根据个人特色选择;

明暗搭配时,一般突出显示的是亮色的部分,即浅色部分。

图案搭配时,一般选择与纯色搭配。若上、下都选择条纹图案搭配,应该避免横纹搭配竖纹或格子图案。

其三,色彩与高矮胖瘦的搭配,一般有如下的选择:

个子较高的人穿搭上可以随意一些,但为了防止出现头重脚轻的感觉,可以选择上浅下深的搭配,看起来上轻下重,给人沉稳的感受;

个子较矮的人适合上下近似色搭配的方式,同色搭配不太适合,选择颜色接近的相似色,可以显出层次感;用二色的话可以同色大小呼应,如上衣与鞋子同色。

比较瘦的人应该选择浅色的服装,因为浅色在视觉上有膨胀的感觉,可以显得比较丰满。

比较胖的人适合选择深色调、反差较小的上下搭配,可以较好利用深色在视觉上的缩小感,看起来会比较苗条。

3.服装色彩的选择

在比较正式的社交场合,一般服装色彩的选择要遵循两个原则,一是三色原则,这属于一种比较保守的选色原则,重点体现出规范、庄重、和谐的感受。二是纯色原则。正装一般都是选择单一的纯色,很少带有图案。尤其是男性服装,选择色彩一般是深色的蓝色、黑色、灰色、咖啡色等为主,衬衫则是以白色为主。鞋袜与公文包也是以深色为主,不宜采用过于艳丽的颜色,会带有哗众取宠、张扬轻浮的感觉。

(三)款式

服装的款式是指服装的式样,包括了服装的结构、配色和质地。在这里主要是指其结构,按照风格分类有:典雅系列、时尚系列、晚装系列、休闲系列、运动系列、古风系列、民族风系列、校园系列、商务系列等。

社交场合选择什么款式的服装,要考虑到个人因素,还要受到社交礼仪方面的制约,主要是文化、道德、风俗、宗教等因素。服装礼仪中对款式的规定比面料、配色方面更严格和详细。

选择何种款式的服装,要达成的目标只有一个:和谐。具体来说是要与个人形象和谐、与社会形象和谐、与社交对象和谐。

首先要考虑到个人形象的特点,高矮胖瘦不同,衣服款式上的选择偏重也不一样。

个子较高,比较符合人们的审美观,穿衣款式需靠考虑避免的因素会少一点,一般可以选择较长的上衣,款式不要太复杂,上衣要选择带图案的,一般横纹、格子适合,可以缩小视觉高度。

个子较矮,可以在款式上选择一些合适的穿搭方式,来提升视觉高度。一是选择短款贴身的上装,裤装或裙装不能过于宽松,女性可以短至八、九分,露出脚踝,这样较显高。二是选择版型较直的服装款式,有纵向直线条感的服装可以显高一些。三是尽量选择小领外套、V领内搭,更加适合小个子。四是提升腰线,通过服装将上、下服装分为二八比例,整体会显高显瘦。

身材较瘦,可以选择大小合体的简洁款式服装,过于宽松或太贴合都不合适;选择一些较浅色的服装,可以选带横纹图案的上衣,选直筒裤,尽量盖住鞋子;女性可以选择长裙、裙裤等有遮蔽效果的下装,面料尽量选择挺括的棉麻材质,多层为主。

身材较胖,尽量选择款式简洁、宽松一些、尽量合体的深色服装,不要肥大或贴合,避免带横纹的图案,在较胖的地方适当增加上装的长度,既可以遮住胖的地方,还可以起到拉长效果,容易显瘦。不可袒露肌肤,腿太粗应避免着裙装。

其次要考虑社会形象的特点,在社交场合的着装要尽量凸显自己在社会生活中扮演角色的特点,符合其社会行为规范。避免出现服装职业错位、性别错位的穿搭。

其三要考虑参与社交活动的对象的感受。这一点要根据社交对象的文化、喜好、社交目的来判断和选择,不能一概而论。

三、着装礼仪

(一)着装原则

根据礼仪规范,在社交场合着装一般需要注意以下五个原则:

1."TPO"原则

"TPO"是三个英文单词的缩写,即 Time(时间)、Position(地点)和 Object(目的、对象)三要素。其含义是指着装需要考虑社交活动的举行时间、地点和出席目的(社交对象)。[1]

时间因素是指要考虑社交活动举行于一天的白天或夜晚、四季和不同时代等。西方国家社交场合有日礼服与晚礼服之分,是考虑参与的具体时间;在夏季和冬季就要考虑服装的保暖性能,否则满头大汗或面青唇白都是失礼的表现。时代特点则是要考虑时尚潮流和时代特色的影响,例如戴口罩是社交中不应有的失礼行为,但在全球新冠疫情期间,在大部分社交场合不戴口罩反而是比较失礼的行为。

地点因素指的是国家、地域及具体的社交环境等。着装要适应当地的文化习俗、具体环境的特点;如出访某些阿拉伯国家,女性着装就要特别注意,不能无视其文化习俗过于暴露;在室内大厅和在海滩聚会,着装差异也是大相径庭的。

目的或对象的因素是指考虑参与社交活动要实现的目标和意图。礼仪是尊敬他人的行为规范,社交活动的目的性指向比较明确,一定要根据其社交目的选择服装。如公务会面、商业交往、社交舞会、婚丧宴饮、聚会等不同的社交活动,其目的不同,服装要求也是比较明确的。穿着过于艳丽的服装参加别人的婚礼,可能会抢了新人的风头而惹人不悦,参加丧礼则可能会被打出门外,这是服装的目的性选择约束。

2.适应性原则

参与不同的社交活动,会有适应不同场合的服装需求,这里的场合是对社交活动的

---

① 李兴国主编:《社交礼仪》,高等教育出版社 2006 年,第 81 页。

一个划分。总的来看,社交活动可以分为三种类别:公务、社交和休闲。服装的选择要与这三类场合相适应,表现风格相一致。前两者属于正式的场合,后者属于非正式场合。

一是公务场合,包括政务、商务场合等,是人们处在上班环境中,基本的着装要求是要庄重、保守、传统。

符合此类要求的服装是工作装,如制服、工服、套装。不宜出现的则是休闲装、家居服、运动装等。

二是社交场合,包括舞会、宴饮、聚会、婚丧等,是人们在工作场合之外的正式时间与社交对象、朋友、熟人等交际互动的场合。这种场合的基本着装要求是要典雅、适度、个性。

符合此类要求的服装是礼服、时装、国风或民族风服饰等。同样不适合穿着休闲装、家居服、运动装等。

三是休闲场合,包括家庭聚会、个人娱乐、旅游、健身等活动,人们在工作之外的闲暇时光,基本着装要求是舒适、休闲、便捷。

符合此类要求的服装是休闲装、家居服、运动装等。不宜出现的则是工作装,如制服、工服、套装、礼服、时装。

3. 整体性原则

选择着装时应该注意服装的整体风格,根据其文化内涵、风俗时尚、设计逻辑、审美风格等进行搭配,使服装呈现整体的表现风格一致,色彩、款式等和谐,做到穿搭服饰一体化的效果。

举例来说,西装正装应该搭配西裤、皮鞋,不可搭配牛仔裤、帆布鞋;穿休闲装,不能打领带、提公文包。这是不同服饰部分的风格协调问题,具有符合文化及习惯的系统性搭配方案。

4. 整洁性原则

处身社交场合中,服饰应保持整洁,一定要避免邋遢、脏破等不良状态。服装的状态也是个人生活习惯的展示,皱皱巴巴、折痕明显,表明这是仓促翻找出来的服装,说明个人对此次社交活动没有准备,是对社交对象的不尊敬;现阶段服装还有破损、补丁等,说明个人生活拮据,社会经济地位过于低下;有明显污渍、汗迹、馊臭味道等,则表明个人生活习性过差,自理能力缺失,缺乏基本的自尊。

保持服装整洁,需要及时更换,如男性衬衫、内衣、袜子等需要每天更换,外套、皮鞋等也需定期更换,还可以延长它们的使用寿命。

5. 文明原则

社交礼仪也是彰显文明素质的一种行为。人们的服饰在不同时代有不同的潮流,不同文化中有不同的禁忌,选择不同的着装风格,可以体现不同的文明程度。

按照我国常规社会良序公德要求,服饰穿着的基本要求是:不能过分暴露,在社交或公众场合打赤膊、裸露过多部位、穿过于紧身的衣物等均属于不文明着装;不能有碍观瞻,如将内衣裤外穿、选择怪异的颜色款式、挑战民族情感的不当着装。

此外,应该了解不同分割服饰的穿着规范,特别是具有传统文化习俗规定的着装,如商务西装、民族服饰、传统国风,应了解学习其文化背景和穿着习惯,不能盲目跟风却张冠李戴,穿得不伦不类、贻笑大方。

(二)两性着装规范

人们的性别不同,在着装方面有着不同的要求和规范。

1. 男性着装规范

由于历史上社交场合主要是男性参与为主,因此在着装礼仪方面,对男性的服饰要求规定比对女性的要求要更加烦琐和严格。

男性着装分为正装和休闲装两大类。其中正装又分为西装和中式正装,休闲装则根据个人喜好,多种多样。

(1)西装

西装是源于欧洲的一种服饰。在中国,人们多把源自西方,有翻领和驳头(服装术语 lapel,指衣领门襟处向外翻折的部分),三个衣兜且衣长在臀围线以下的上衣称作"西服",又叫西装。广义上是指与中式服装相对的欧系服装,这里是专指那种西式上装或套装,是现代国际社会交往中最通用的一种服装款式。

19 世纪以来,西方的政治和社会地位在世界各地都属强势,因此西装成为世界多数国家的商务和正式服装。随着我国与西方国家交流的频繁和深入,西装也逐渐走入我国官方和民间,成为政务、商务和其他交际场合中经常见到的一种着装。

西装的穿着有着比较严谨的规范。

首先是选择合适的西装。

西装的款式很多,按照件数可以分为单件、二件套和三件套;单件是不搭配裤装的西服上装,只用于日常非正式场合穿用;二件套是上衣与裤子同面料且风格一致,三件套则包括一件上衣、一条裤子和一件背心。职业男性在正式的政务、商务交往中若选择西装,必须是西服套装;在参与高层次的商务活动时,以穿三件套的西服套装为佳。

按照纽扣分类,西装上衣可以分为单排扣和双排扣两类。

单排扣的西装上衣常见的有一到三粒纽扣,其中两粒纽扣的西装套装属于更加正规的正装,另外两种属于较为时髦的正装。双排扣的西装最常见的是两粒、四粒和六粒纽扣的款式,同样具有四粒扣最正规、其余两种较流行的说法。

西服背后的后片可以开衩,有单开衩、双开衩和不开衩三种。一般单排扣可以任意,双排扣则只能选择双开衩和不开衩。

穿单排扣西服套装时,一般搭配较窄的皮带;穿双排扣西服套装时,则选稍宽的皮带较合适。[①]

此外应注意,在穿着新西装前,一定要去掉袖口的商标。

按照版型风格来分类,西装又可以分为欧版、英版、美版和日版等。

欧版西装主要流行于意大利、法国等地,特点是宽肩收腰倒梯形,一般是双排扣,适合宽肩、身材魁梧的男性穿着。英版是欧版的变种,改变的是单排扣、狭长领,一般选择三粒纽扣,主要是为了配合盎格鲁-撒克逊民族比较长的脸形,所以西装领子做得比较宽广狭长。由于美国人普遍体重偏高,美版西装更加肥大休闲,一般版式为 O 型,更强调舒适和随意,比较适合休闲场合。日版是比较适合亚洲人身材的版式,版式呈 H 型,单排扣,没有宽肩和细腰,后面也基本不开衩。

选择西装,一要选择适合自己体型的版式,并且一定要合身即正面看从上到下没有松垮的感觉,也没有过紧的拉扯感;背面看要能显示背部曲线,并且不出现褶皱;侧面看袖子要尽量细,手臂自然下垂时不能出现褶皱,袖口露出一厘米左右的衬衫衣袖。二要做工精良;面料有条纹或格子,需要在接缝处对格对条,不能错位,衣领不熨烫就可依靠内衬弧度自然翻展,纽扣不能使用塑料材质的,一般选择动物角质打磨而成,天然材质的纹路不会相同。袖口的扣子应该是可以打开的真扣子,这是方便必要时可以翻卷上去。[②]

其次是不同场合的西装搭配。

穿着西装一定要注意与领带、衬衫、鞋袜的搭配。

领带是西装的灵魂。凡是参加正式交际活动,穿西装就应系领带,长度以到皮带扣处为宜。如果西装内穿马甲或毛衣时,领带应放在它们后面;佩戴领带夹时,一般应夹在衬衫的第四和第五个纽钮扣之间。

穿西装时,衬衫袖应比西装袖长出 1～2 厘米,衬衫领应高出西装领 1 厘米左右,领

① 百度百科:《西装》,https://baike.baidu.com/item/%E8%A5%BF%E8%A3%85/1330?fr=ge_ala。
② 百度百科:《西装》,https://baike.baidu.com/item/%E8%A5%BF%E8%A3%85/1330?fr=ge_ala。

尖宽度与西装驳头相当,衬衫下摆必须扎进裤内。若不系领带,衬衫最上面的扣子不要扣上,领口应敞开。

西裤长度以接触脚面为宜。裤脚应前短后长,与鞋面相接,裤扣系好,拉锁拉严,切忌中门大开。

在正式交际场合,如正式会见、宴会、婚丧礼、招待会、晚间的社交活动等必须穿深色西装,如深蓝色、深灰色、卡其色、黑色,衬衫要求是白色,搭配带有规则花纹或图案的领带,颜色对比不宜太强烈。

半正式场合如上班、午宴、一般性访问、高级会议或白天举行的较隆重活动等场合,可以穿中等色、浅色或较明快的深色西装,穿素净且与西装颜色协调的衬衫,搭配带有规则花纹的或素雅的单色领带。

西装上衣下方的两个口袋只起装饰作用,不应用来装东西。上衣胸袋也不能别钢笔、放眼镜等,可以装折叠成一定形状(如方形、山形)的手帕。小件物品可以放在西装内侧的两个口袋。西裤的两侧口袋也不能放东西,后兜可以放手帕、零用钱等轻薄的物品。

西装纽扣的扣法:单排一扣的西装系上或敞开均可;单排双扣只系上面一粒扣或者不系;单排三扣只系中间一个纽扣或不系均可。双排扣西装纽扣要全部系起来,某些场合也可以只扣上面一粒,但是不可以不系扣。就座后,西装纽扣应该解开,起身后则按原样系好。

(2)中式正装

现代男性的中式正装一般有中山装、制服和民族服饰。

中山装得名于孙中山先生,其起源有多种说法,《中华文化习俗辞典》对多种说法进行了综合,最终记录为:"孙中山参照中国原有的衣裤特点,吸收南洋华侨的企领文装和西装样式,本着适于卫生、便于动作、易于经济、壮于观瞻的原则,亲自主持设计,由黄隆生裁制出的一种服装式样。"1929年经国民政府明令公布成为法定礼服。中华人民共和国成立后,中山装因为符合中国的国情和政治要求,成为从国家领导人到普通老百姓都认可的正装。

中山装对于面料的选用也与西装不同,作为礼服用的中山装面料宜选用纯毛华达呢、驼丝锦、麦尔登、海军呢等。这些面料的特点是质地厚实,手感丰满,呢面平滑,光泽柔和,与中山装的款式风格相得益彰,使服装更显得沉稳庄重。

它的色彩常见为蓝色、灰色,此外还有驼色、黑色、白色、灰绿色、米黄色等。在不同场合穿用,对其颜色的选择也不一样,作礼服用的中山装色彩要庄重、沉着,而作便服用

时色彩可以鲜明活泼些。[1]

中山装也是上下同一质地、同一颜色的套装,搭配黑色的皮鞋,袖口不可卷起。

如果不是特别正式的场合,可以随意一些,中山装可以搭配亮色的衬衫,衬衫领可外露一些白色,但不宜露得太多。在穿着时,要注意由中山装所传递出的意蕴与其人生态度相吻合,要把风纪扣系好,不能贪图一时舒适敞开衣扣,有失风雅和严肃。[2]

中山装具有中华民族的特点,穿着简便、舒适、挺括。曾一度被世界公认为中华人民共和国的"国服"。中山装作为中国人一度推崇的常式礼服,它同时也承载着一种文化,一种礼仪,一份民族自尊和自豪感。

制服是制式服装的简称,是特定的政府部门、社会团体成员所穿的统一制式的服装,常见的有军人、公检法人员、列车和空中乘务人员等。

有严格制服规范的职业来说,制服被视为一种特定的职业正装,在大部分正式社交场合都可以穿着制服作为礼服。不同制服的着装规范要求不同,但均应遵守整洁、合体的原则,不宜污皱破损,也不可根据个人喜好擅做修改。

民族服饰的选择:在参加一些政务会议或接待外宾等场合时,可以穿着改良立领唐装,少数民族同胞可以选择民族服饰作为正装礼服。但切记不要在参加社交场合时擅自穿戴其他民族的服饰,有招摇撞骗、哗众取宠的嫌疑。

男性着装禁忌如下:

一忌杂乱无章。正装都有其符合文化蕴涵的规制,选择不同的正装,就要遵照其文化习俗的规矩来搭配和穿着,不能追求个性和时髦,随意更改其款式、色彩或长短开合等细节,会给人以没有文化的感受。

二忌不修边幅。服装脏污褶皱、大小肥瘦不合体等,都会表现出对他人的不敬和对自己形象的忽视,给人以不讲文明的感受。

2. 女性着装规范

按传统要求,在正式的交际场合,女性一般应穿礼服。多数西方国家对女性的穿着要求并不十分严格,不同社交场合的女性着装按照其适用场合分为正装与休闲装,其中正装若严格遵循礼仪中着装规范则需要穿职业装、社交礼服等,其中礼服按照其款式一般分为女式西装与裙装两大类。

---

① 鹿山:《中山装归来,表达中国文化自信》,《黄金时代》2010 年第 3 期,第 36-37 页。
② 邢宇新:《漫话"国装"——中山装》,《北京纺织》2004 年第 4 期,第 61-64 页。

（1）女式西装

西装原来是男性专用的一种正规礼服,近现代随着西方女性追求男女平权运动,逐渐萌发了男装女穿的社会潮流。1885 年,英国裁缝约翰·雷德芬以上流绅士的西装为灵感,为威尔士公主路易丝制作了一款修身的女士夹克,就这样,历史上第一件女士西装诞生了。

不过,这只是一个偶然的皇家装束,女式西装真正走入人们的视野,还要归功于 1914 年倡导女权主义的加布里埃·香奈儿。她摒弃了"女性就该穿裙子"旧观念,推出一套粗花呢套装的女式西装雏形,在时尚界率先开启了女性着装的大变革。之后女式西装逐渐成为时尚人士和职业女性的着装,代表了女性与男性社会经济地位的平等发展趋势。

女式西装可以搭配西装裙或西装裤,可以作为职业装或政务、商务、会议场合的正装,也可用作婚礼、丧礼、宴饮等场合的礼服等。

女式西装一般要选择比较高档挺括的面料,可以纯色或带碎点、条纹等图案。

如果搭配套裙,西装上衣的纽扣要全部系好,不可随意脱下外套。

如果搭配西裤,若上衣是双排扣的一定要内外都系扣,非正式场合单排扣的可以不系扣。单排扣的一般有一到三粒纽扣或更多,如果要系扣子,一般是两粒的只系上面的一粒,三粒的系中间一粒,下面的一粒纽扣不系,方便落座;坐下后,一般要把扣子都解开,防止西装变形走样,起身后则按原样扣上。此外,新西装袖口的商标一定要拆掉,不能保留。

正装的西装口袋一般不要放太多东西,一般搭配一件白色或其他与套装配色较搭的浅色衬衫,款式简单为宜,材质选择不易起皱的丝绸、纯棉或水洗丝等面料。内衣也最好不要穿太多,有"不可不穿、不可外露、不可外透"的要求;冬季温度较低可在衬衫外搭配一件羊毛衫,否则容易破坏西装的整体线条美感。

衬衫可以选择花边领口,也可以是普通领口。普通领口可以选择一条包含套装颜色的丝绸领花或丝巾,打结之后会比较美观。职业女性也可选择细窄的领带,增添西装的庄重典雅气质。

女性穿着女式西装时,按照传统习惯,正式场合一般搭配西装裙,可以彰显女性优雅与温柔的气质,西装一般应稍短一些,以充分展示女性腰、臀部位的曲线美。

裙子不可选择皮裙,可选择高档同色系的纯色面料,也可选择带有精致的方格、印花和条纹等图案,职业套装的最佳颜色是黑色、藏青色、灰褐色、灰色和暗红色等,可以给人以典雅端庄的感受。裙摆不宜过长,一般在膝盖上方 10 厘米内或长至小腿肚最丰满

处为宜,太短显得不雅,太长则显无神。裙装款式以窄裙为主,中老年女性可选择上小下大款式,显得稳重大方,年轻女性适合直筒式或旗袍式短裙,显得活泼靓丽。

与套裙搭配的鞋子应选择传统皮鞋,样式以3～4.5厘米高跟船式或盖式皮鞋为主,不宜搭配露脚趾或脚跟的系带式、丁字式皮鞋、皮凉鞋等,也不适合搭配皮靴,颜色一般与裙摆一致或更深,也可选择与套装同色,或者选择较深的中性颜色的鞋,如黑色、藏青色、暗红色、灰色或灰褐色。

穿套裙不能光着腿,一定要穿长筒丝袜或连裤袜,一般选择肉色或灰色、黑色半透明的薄款,大小适宜,不带图案花纹等,也不能有破损残缺,最好随身携带备用袜子以备不时之需。

若为显示成熟干练、优雅利落的商务风格,也可用西装套装的同面料同色长裤搭配,大多选择黑、褐、灰色等基本色。裤脚需提前按照腿长修整,长度一般及脚踝或鞋帮上沿。

皮鞋要求与套裙相同,不宜再穿长筒袜或连裤袜,应搭配高筒丝袜,以坐下不露袜口为宜。切记不要光脚穿鞋,那会被视为对别人的不尊重。

(2)裙装

裙装也是女性正装的一种,一般作为礼服使用,可以比较完美地展示女性的体态之美,用以参加外交、礼宾、舞会、宴饮、婚礼、聚会等正式场合,可以选择旗袍、连衣裙或中式上衣搭配长裙等。

裙装中的旗袍是中国和世界华人女性的传统服装,被誉为中国国粹和女性国服,形成于20世纪20年代,有人认为是源自满族的旗服,也有人认为其源头可追溯到先秦两汉时的深衣,曾经是女性在中国社交礼仪中正式着装的第一选择。

20世纪六七十年代曾被当做封建糟粕而遭批判和冷落,改革开放后逐渐恢复其地位,1984年,旗袍被国务院指定为女性外交人员礼服,之后旗袍作为女性礼服逐渐成为一个公认的规范礼仪服装。

旗袍在穿着时,要注意以下事项。

其一是面料、花色的选择,应该与社交场合相协调。例如,棉布面料的旗袍特点是朴素雅致,丝绸面料的旗袍则显得华丽高贵。

其二是与个人形象相匹配。旗袍比较贴合女性身体,比较全面地展示女性曲线,因此其衣领、肩宽、各处围度等都要与穿着者身材相匹配,过紧或过松都会影响美感。

其三是应既流露出女性的美感又要显出严谨而庄重的风格,不能有轻浮或风尘的感觉,这里要注意两个细节:扣紧所有纽扣,开衩不要高过膝盖上缘以上10厘米。只有参加正式晚宴、演出等特定场合,才可以穿开在大腿中部的高开衩旗袍。

其四是旗袍要搭配长筒丝袜或连裤袜,要避免选择会与旗袍面料摩擦起静电的袜子。

女性着装禁忌如下:

一忌长短不宜。女性着装过长或过短都可能失仪,特别是正装都有一定的规制,长短不适宜的话会给人不通礼仪、不敬他人的感受。

二忌紧、漏、透、散。要注意不可出现这四种状况:制服太紧、过于贴身,身体线条过于明显;服装选择不当,暴露过多肌肤和毛发等;内外衣搭配不当,将内衣轮廓痕迹透出来;该系上的纽扣等不系上,服装结合处随意散开等。这些都是有失礼节的穿搭行为,显得为人轻浮无状,既不庄重也不雅观。

三忌胡乱穿搭。正式社交场合的正装和礼服都有一定的形制要求,不能按照自己的心意随意搭配,如西装配牛仔裤、套裙配凉鞋等,或者颜色杂乱花枝招展,都是没有文化贻笑大方的举动。[①]

第四节　配饰礼仪

与服装搭配的还有一类具有装饰性作用的物品,统称为配饰。这些物品大多没有什么具体的实用价值,但是能与服装共同起到一种美化、装饰的效果,有些时候甚至比服装本身更吸引人们的注意力,成为集聚他人眼光的焦点,这使得不少人认为它们应该纳入服装的有机组成部分中,而不仅仅是可有可无的装饰品。

这一类物品包括身体各部位的首饰、领带、丝巾、巾帕、眼镜、帽子、包袋、手套、手表、扇子等,从审美的角度来看,配饰与前面讲到的化妆、服装一样,是美化和装饰个人形象的基本方法之一。

配饰的佩戴和使用也需要符合礼仪与佩戴原则,它是一种社交信息载体,一来可以向他人传递佩戴者的个人品位与审美,二来还可以用来传递一定的社交信息,这是化妆与服装无法达到的效果。

一、配饰的佩戴原则

配饰要传递正确的社交信息,一般需要遵循以下八条原则:

---

① 李兴国主编:《社交礼仪》,高等教育出版社2006年,第84-87页。

1. 数量原则

配饰作为一种点缀和装饰用的物品,数量上要遵循少而精的原则,全身上下最好不要超过三件。一般的社交场合下,除了耳环、手镯等可以成对使用的饰物外,同类饰物原则上不宜重复。婚礼上的新娘装束和民族服饰的饰品例外。

2. 同色原则

在选择多件配饰时,应尽量选择相同色彩的,若配饰本身就有多种色彩,其主色彩也应做到与其他配饰一致。佩戴的首饰在色彩上不要五色斑斓、争奇斗艳,搞得自己好像广告招牌一样。

3. 同质原则

与同色原则相似,饰品材质也应尽量选择一致。成对饰品如耳环、手镯等一定要左右一致,其他配饰也不应在材质上大相径庭。

4. 合矩原则

配饰在古代是用来表明身份的,如文人挂玉佩剑,官员参加正式社交活动时佩戴金印和紫授等,都是用以彰示身份的手段。现代选择配饰也要注意与自己身份相匹配,如商务人员不宜选择贵重首饰,男性不宜佩戴戒指之外的首饰等。

5. 合体原则

不同个体有不同的外貌特征,如脸型、身形。选择配饰时要考虑自身特点,以修饰和美化为目标,做到扬长避短。例如长脸型的女性适合选择圆形的耳饰,可以起到横向拉宽面部比例的视觉效果,使瘦长脸型看起来更加圆润。

6. 合季原则

配饰选择还需要考虑到季节的不同,在色彩、材质上有不同的倾向。如在炎热季节佩戴首饰一般采用银色、浅色又简洁偏小的首饰,寒冷季节则较为适合金色、色彩鲜艳又造型多样的首饰。

7. 协调原则

配饰应与服装协调搭配,从材质、色彩、款式等方面进行考虑,要使服装与配饰成为一个整体,努力使两者在搭配、风格上相匹配,互补不足,才能相得益彰。如套装比较庄重呆板,可以选择装饰性较强的项链来增加整体的柔和感。

8.从俗原则

对不同文化、宗教的国家和地区,配饰选择一定要考虑当地的风俗。[①]比如饰品中带有生肖图案的,要考虑那些对猪、蛇等动物图案有禁忌的地区,还有各种宗教配饰等也要注意社交对象的不同禁忌。这一点需要提前做好准备,了解和尊重社交对象的文化宗教习俗。

二、常见饰品的佩戴

在各种饰品中,使用广泛且与社交礼仪关系密切的主要是身体各部位的首饰、领带、手表等配饰,下面我们将分别对它们进行介绍。

(一)首饰

首饰,原指男女戴在头上的装饰品,后专指妇女的头饰、耳环以及项链、戒指、手镯等。首饰一般用以装饰人体,也具有表现社会地位、显示财富及身份的意义。

首饰起源很早,在原始遗址中发现了大量精细加工的小巧、光滑的打磨后的动物牙齿、石珠等小饰品。可见用首饰装饰人体是随文明萌发而生的一个文化现象。秦始皇给宫中嫔妃饰以凤钗,《中华古今注》记载:始皇以"金银作凤头,以玳瑁为脚,号曰凤钗"。到汉代,太皇太后、皇太后谒庙的礼服中已经开始用凤凰作为头部的装饰了。这些首饰是古代女性身份的象征,如曹植在《洛神赋》中对神女的描绘就有首饰部分的诗句:"戴金翠之首饰,缀明珠以耀躯。"

首饰的分类很多,从头饰到足饰,几乎遍布人体各个部位。现代社会在不同文化背景下,对首饰的使用都逐渐走向规范,一般情况在遵守前面八条原则的基础上,不同的首饰的佩戴还有不同的规矩和要求。

1.头饰

头饰是戴在头上的饰物。与其他部位的首饰相比,装饰性最强,主要是女性首饰,包括发饰和耳饰、帽子。头饰在我国起源很早,中国汉字中的"美"字,其字形就是一个戴着头饰的人。古代妇女根据出席的场合来佩戴不同的头饰,如笄、簪、钗、华胜、花钿、步摇、梳篦。到了现代,人们已不再佩戴古代那样华丽且形式复杂多样的头饰,但在很多少数民族服饰中,头饰依然占据着举足轻重的地位。

婚礼上的新娘,一般都要佩戴一些华美的传统头饰。但在一般的社交场合,一般不戴复杂的头饰,多会根据发型,搭配一些头花、发箍、发夹等简洁发饰,一般是以一件为宜。

---

① 李兴国主编:《社交礼仪》,高等教育出版社 2006 年,第 94 页。

2. 耳饰

耳饰是耳部饰品,包括耳坠、耳环、耳钉三种。耳坠指带有下垂饰物的耳饰,通常款式较为隆重;耳环则是款式主要为圆形的耳饰;耳钉则是比耳环小、形如钉状的耳饰。耳坠是用挂钩的方法挂垂于耳洞处,耳环一般是插圈方式,圆形环绕耳垂一圈后扣于耳后,耳钉则是取钉状部分穿过耳洞,后方加一个耳堵来固定的。部分耳环是采用轧圈方式夹住耳垂来佩戴的,优点是便于拆卸,缺点是容易滑落。

我国耳饰的历史可追溯到新石器时代。最早的耳饰称为玉玦,形状为有缺口的圆环形,多为玉制。随着冶金技术产生,逐渐产生了金属材质的耳饰。

在西方国家,大多数成年女性有多副耳环。在外出或出席正式场合时,没戴耳环,对她们来说就感觉尚未装扮好一样。

耳饰的佩戴应该左右对称,成对出现,一只耳朵上不宜佩戴多个耳环。男性一般不带耳饰,一些时尚职业的男性也可在左耳佩戴一只耳环,而不是如女性一般成对佩戴。

耳饰形制多样,需要根据自己的脸型和发型来搭配。如瓜子脸形的女性下巴较尖,可以佩戴下缘大于上缘形状(如梯形、扇形)的耳饰,能够起到扩展下颌视觉宽度的效果。

3. 项链及挂件

项链是挂在颈项上的链条形状的首饰,是最早出现的首饰,男、女均可佩戴,但男性项链一般不应外露。有些项链除了妆饰作用,还具有特殊宗教文化含义,如佛教徒的念珠与天主教徒的十字架链等。[①]

挂件又叫项链坠,与项链配套使用,形制多样,大小各异。选择挂件,应与项链的风格一致,不要出现夸张怪异或易引起误解的图案。

项链的种类繁多,造型丰富,具有较强的装饰性。对于各类项链进行恰当的佩戴能够起到扬长避短的修饰作用。

项链佩戴不应多于一条,较长的项链可以折成数圈佩戴。要注意款式对路,尺寸准确。脖子粗的,尺寸要大些,反之则小些。

高领但比较贴合脖子的瘦衣领,可以在领子的外围加上圆形的项链,让线条搭配协调统一;穿一字领羊毛衫,可只戴简洁的项链,不配挂件;穿着有复杂结构的领口衣服的时候,要选择有点分量的项链,使之与露出的肌肤达到一定的平衡;穿"V"字领款式,适合佩带较现代和时尚的项链,吊坠垂挂于颈脖和领口中间的位置比较合适。

项链还要与衣服材质搭配,例如当穿着柔软、飘逸的丝绸衣裙时,就适合佩戴精致、

---

① 百度百科:《项链》,https://baike.baidu.com/item/%E9%A1%B9%E9%93%BE/1780?fr=ge_ala。

细巧的项链。

此外,女性选择不同长度的项链适合不同场合。40～50厘米的项链可以广泛使用,60厘米左右的长项链适合社交场合,70厘米左右的超长项链一般适合较为隆重的场合佩戴。

4.胸针

胸针又称胸花,是佩在上衣胸前或领子上的一种小装饰品,一般用别针固定,可以用做纯粹装饰或兼有固定衣服(如长袍、披风、围巾)的功能。胸针的历史可以追溯到青铜时代,其形式变化在考古学上可以用来帮助确定文物的年代。

胸针是重要的社交场合的首饰,纯粹为社交需求而产生,带有强烈的公共社交性质。与之形成鲜明对比的首饰是戒指,戒指带有强烈的私人性质。因此有人说,胸针是戴给别人看的,而戒指是戴给自己看的。

胸针材质以银质的居多,其他的还有象牙、黄(白)玉、琉璃、珐琅、骨角、珊瑚等材料,制作工艺以镶嵌更为多见。

男性胸针一般专门用于西装领上,又称为领针,只能佩戴一枚,不适合与徽章、纪念章、奖章、企业徽记等同时佩戴。其佩戴方式非常严格,穿带胸针领的西装时胸针要佩戴在左侧;穿立领或不带领的衣服,一般佩戴在右侧;胸针高度应该在上面第一及第二个纽扣之间的平行位置上。男士在正式场合佩戴胸针显得更庄重。

女性胸针可以别在胸前,也可以用在肩上、帽子上、头发中等。由于是比较大型的珠宝,佩戴起来也更容易引人注目。其佩戴方式有两种,即传统的经典佩戴方式和活泼的时尚佩戴方式。

经典佩戴方式适用于严肃、正式场合或者较年长的女性。佩戴方式为戴在左上胸,或者用于旗袍的旗袍领口下方或右胸第二颗扣子处。佩戴方式与服饰类型有关,一般胸针的位置应该在第一及第二个纽扣之间的平行位置上。

活泼的时尚佩戴方式适合年轻女士在轻松的社交场合佩戴,佩戴方式没有定式,唯一的原则是可以佩戴在任何自己认为最性感、最吸引眼球的部位。[①]

胸针可以用来表达情绪和观点,如美国前国务卿奥尔布赖特即深谙此道,她还写了一本书,名字就叫《读我的胸针》,介绍了她如何通过选择不同造型的胸针,来表达出微妙的政治观点和情绪等。

---

① e采网百科:《胸针》,http://www.anhukeji.com/baike/show-129399.html。

5. 戒指

戒指是一种戴套在手指上做纪念或装饰用的小环,用金属、玉石等制成。据现存文献记载,它有"手记""约指""驱环""代指""指环"等诸多异名。

在中国,戒指的使用至少有 2 000 年的历史。戒指起源于古时的中国宫廷,女性戴戒指是用以记事。秦汉时期,中国妇女已普遍佩用戒指。"戒指"一词被广泛使用是在明代以后,《中国古代服饰风俗》一书讲到明代服饰时说:"至于称其为戒指,似乎还是明代以后的事情。"

国外的戒指据称是源自古埃及,在公元前 400 年时古希腊的订婚戒指上已出现"爱人"一词。14 世纪,欧洲女性戴戒指成为一种普遍现象,后来戒指逐渐变成结婚的信物。

佩戴戒指时一般戴在左手上,而且最好仅戴一枚。最多佩戴两枚,一般戴在相邻手指或双手对称手指位置。戴薄纱手套时,佩戴戒指应在手套之内。但是关于佩戴数量和手套内的限制对新娘不做约束。

戒指的佩戴不只具有装饰性,还带有一定的社交告知信息含义。

按照传统习俗,戒指戴在不同手指含义如下:

右手小指:不谈恋爱;右手无名指:热恋中;右手中指:已经恋爱或心有所属;右手食指:单身,等待爱情。

左手小指:不婚主义者;左手无名指:已婚;左手中指:订婚;左手食指:未婚。大拇指一般不佩戴戒指。

西方习惯通常戴在左手上,比较流行的戴法含义如下:

食指:单身;中指:恋爱中;无名指:已经订婚或结婚;小指:独身。右手在传统上可以在无名指戴戒指,据说这表示具有修女的心性。[①]

一般不宜随便戴戒指,按习俗佩戴戒指表示的含义不同,是一种社交讯号和标志,所以在佩戴时要细心考虑,以免闹出笑话。

6. 手镯与手链

手镯与手链是用金、银、玉等材料制成,套在手腕上的环形装饰品,达到美化手臂与手指的目的。手镯一般是整块的结构,手链可以是多个小件组合成链状环绕佩戴在手上。一般情况下手镯为女性饰品,手链则男、女均可佩戴。

手镯与手链作为首饰的一种,在旧石器时代末期就已出现,国内外考古均有相应文物发现。在距今 6 000 年左右的半坡遗址、山东曲阜新石器时代遗址等,考古学家均发

---

① 百度百科:《戒指》,https://baike.baidu.com/item/%E6%88%92%E6%8C%87/393?fr=ge_ala。

现了陶环、石镯等古代先民用于装饰手腕的镯环。出土于维伦多夫的维纳斯圆雕裸女手腕部，刻有手镯一类装饰品；出土于伊斯图里兹的骨雕人像也刻有类似手镯的装饰品。在乌克兰迈津出土了猛犸象牙制作的手镯；在里维埃拉海岸的格里马迪出土了用鱼脊椎骨制作的手镯和用贝壳、牡蛎壳、动物牙齿等制作的手链。

明朝顾起元在《客座赘语·女饰》中记载："饰於臂曰手镯。镯，钲也。《周礼·鼓人》以金镯节鼓，形如小钟，而今相沿用於此，即古之所谓钏，又曰臂钗，曰臂环，曰条脱，曰条达，曰跳脱者是也。"手镯在我国历史上主要是作为女性装饰用品，对它们的刻画在古代画作及书籍中均有体现，如唐画家阎立本的《步辇图》、周昉的《簪花仕女图》、宋朝沈括的《梦溪笔谈》等都描绘了佩戴手镯的女性形象。

一般佩戴手镯与手链大体有三个方面的需求：一是显示身份，突出个性；二是美化手臂；三是保健。

在中国道教传统文化中认为左手是"善手"，佛教认为左手吉祥为净手，右手因杀生等行为则是污秽手，因此手镯手链等应佩戴在左手上。而在风水学说中还讲究"左进右出"，认为左手佩戴金、玉、石等可以招财进宝，右手佩戴木质手镯手链可以出晦气除病气。我国民间对手镯、手链的佩戴有这样的习俗：首先佩戴数量没有严格限制，如果只戴一只，应戴在左手；如果戴两只，只有样式相同的手镯，可以左、右手各戴一只，或都戴在左手上，手链一般戴在一只手上；如果戴三只，就应都戴在左手上。另外在不同场合下需要做出变通：在祈求好运和各种典礼喜庆场合要戴在左手，而身处医院墓地等阴气重、市场公交等浊气重、监狱厕所等秽气重的场合则宜戴在右手。[①]

从现代礼仪角度来说，手镯与手链不是职业装的必要装饰品，职业女性在工作及商务场合最好不要佩戴。若要佩戴，应该做到一只手上只戴一样事物，从手镯、手链或手表中任选一样；通常只宜戴一条手链，但也不宜戴在袖口之上或有意露出。

在某些国家和地区，手镯和手链的戴法也有一定的寓意，戴在右臂上表示自己尚是单身，戴在左、右两臂或仅左腕上，则表示已婚。在不熟悉的正式场合为避免引起误会，一般不建议佩戴手镯与手链饰品。

7.脚链

脚链是一种戴在脚踝部位的链状装饰品，属于近些年来兴起的时尚饰品，大多为年轻女性佩戴，不适用于正式社交场合。

在中国唐代李复言的《续玄怪录·定婚店》中记载了最早的月老传说，月卜老人用

---

① 佚名：《手镯的来历》，《人才资源开发》2009 年第 5 期，第 61 页。

红绳把有缘男女的脚踝拴在一起,就会成就姻缘。人们用红绳系在脚踝处,这是代表姻缘信物的脚链的来处。后来脚链逐渐衍生出寄托思念(踝链谐音为怀念)、祈求美好愿望、祈求平安等其他含义。

据说国外最早的脚链是古埃及女性贵族的饰品,用金色的脚链来象征其高贵和神圣。在印度文化里,新娘出嫁时会佩戴脚链,用金、银等材质表明她的身份地位和家庭背景。

脚链作为时尚的首饰进入普通人的生活,据信是源于美国夏威夷州:当地的姑娘们把鲜花串成圆环围在脚踝上,装饰效果出众,无意间成为现代脚链的开端。

脚链可以起到将对方的注意力吸引到小腿以下部位的作用,用以展示自己的美丽。在非正式场合佩戴脚链,一般只在某一只脚踝上戴一条作为装饰;穿丝袜时应戴在袜子外面,否则会失去装饰作用。

总之,社交场合中各种首饰的佩戴一是起到装饰美化作用,二是起到传递信息作用,三是具有一定的实用功能。选择佩戴首饰时要注意正确的佩戴礼仪,恪守配饰的佩戴原则,避免出现误导信息、标新立异、哗众取宠等现象。

(二)领带

领带是搭配西服上装领部的服饰件,系在衬衫领子上并在胸前打结,广义上包括领结。在衣服配饰中,领带一般被看作男士的配饰,比西装更引人注目,对它比较夸张的描述是:"领带是男人的第二张脸"。有人甚至把领带称作"西装的灵魂",对领带的重视可见一斑。

从历史记载来看,现代领带起源于欧洲。我国出土的兵马俑大多兵士的脖子上系有样式不同的一条领巾状装饰,可以看作秦朝的中式军队领带发源,但没有形成着装规范部件。

西方领带的起源说法很多,领带保护说认为领带最早起源于日耳曼,日耳曼人茹毛饮血,将兽皮用草绳扎在脖子上,用以防风保暖;领带功用说认为领带起源是因为人们生活的需要,具有某种用途的,一是认为领带起源于英国男子系在衣领下专供男子吃肉食后擦嘴和胡须上油腻的布,二是认为领带起源于罗马帝国时代军队,为了防寒、防尘、包扎伤口等实用目的而使用的领巾。因为没有明确的文字记载和确切的文物证实,这些说法都有一定的道理,但很难彼此说服。

确切记载于史料的领带起源是 17 世纪中叶,法国国王路易十四在巴黎检阅克罗地亚雇佣军时,见到雇佣军官兵的衣领上系着的各色围巾布带非常好看,最终采用为上流社会的流行打扮,慢慢地领带成为社会地位的代表符号,开始在男士间成为流行装扮。经过几个世纪的演变发展,随着服装文化的发展,领带也越来越讲究艺术和精细,款式、色彩上的要求更加讲究。[①]

随着西装成为现代社交场合的流行礼服,对领带的佩戴礼仪也逐渐成为现代服饰礼仪中一个比较重要的规范。

领带佩戴规则如下:

1.选择

社交场合选择佩戴的领带,需要考虑这样几个方面:

（1）面料的选择

现在的领带出现在18和19世纪之间,其面料的选择主要防止打结后留下长久的皱纹,并有顺滑平贴的下垂感。一般选用真丝、纯毛面料,这都属于高档面料。还可以选用顺滑的合成纤维面料,正式场合避免采用棉、麻、皮革等其他材料的领带。

（2）色彩图案的选择

领带是搭配西装的饰品,要注意与西装和衬衫的搭配相协调,一般选择与西装相同的色系。一般在较为正式的公务、职场等场合应选用单色的领带,以蓝色、灰色、黑色、棕色、白色等为主。在参加婚嫁宴会等喜庆场合可选紫红色等喜庆明快的颜色,慰问病人、吊唁等场合应选择黑色或素色领带,选择多色和带图案的领带时,色彩不要超过三种,图案应规则,传统的一般选择横条、竖条、斜条、圆点和方格等,适宜参与商业活动等场合。有字符、动物、植物、卡通、建筑和各种较为前卫怪异图案的领带一般不适合出现在正式场合,它们是适合搭配休闲服装的领带。

（3）款式的选择

款式包括领带的长度、宽度和形状等。

领带长度以自然直立时领带最宽部分位于腰带处,尖端正好压在皮带扣处为佳;领带需要盖住所有的衬衫扣子,不能歪斜。若衬衫外穿有马甲或毛衣,应把领带收在它们后面。

领带的宽度需要参考体型、衬衫领子与西装驳头的宽度来做选择,一般以3英寸(1英寸为2.54厘米)为界。矮瘦体型的人领带应选择较窄的领带,不宜超过3英寸;偏胖或高瘦体型的人则适合较宽的领带。衬衫领子到领尖的宽度应与西装驳头的宽度大致

---

① 百度百科:《领带》,https://baike.baidu.com/item/%E9%A2%86%E5%B8%A6/448461?fr=ge_ala。

相同,选择领带的宽度也应大体相当,不能有太大差距。

领带的形状主要有尖角、平头之分。尖角领带的下端为双侧45°箭头形状,属于比较传统、正规的样式,适合正式的社交场合;平头领带的下端为或正或斜的平头,显得更时髦、休闲,多用于非正式场合。[①]

2.结法

领带的结法需要与衬衫的领型相搭配,网络上可以找到一些比较合适的选择:

(1)四手结(单结)

通过四个步骤就能完成打结,故名为四手结。它是最古典的打法,也是最容易打的。领结为细长的类型,适合大部分衬衫领型。

(2)双环结(双单结)

双环结适合细领带,有时尚感,较适合年轻人。它的特色在于第一圈会稍露出于第二圈之外。基本的衬衫都挺适合的,更适合搭配意大利领、窄领衬衫。

(3)温莎结

这是英国温莎公爵带头兴起的最正统的领带结法,适用于宽角领衬衫和英式西装。打结呈正三角形,饱满有力,适合搭配宽领衬衫,适用于出席各种正式场合。但不要使用面料过厚的领带打温莎结,这种结法还会给人脖子短的感觉。

(4)半温莎结(十字结)

半温莎结是温莎结的改良版,打法更为便捷,适合较细的领带以及搭配敞角领、带扣尖领与标准领的衬衫,但同样不适用于质地厚的领带。

(5)车夫结

常见的马车夫结在所有领带的打法中最为简单,流行于18世纪末的英国马夫中,尤其适合厚面料的领带,不会造成领带结过于臃肿累赘,适合标准领、扣式领的衬衫。

(6)老伯蒂结

打结方法比四手结的结构更好看,保留了不对称性,相对温莎结来说没有那么正式,可以形成饱满而个性的结。它适合宽领及标准领衬衫。

领带打结方法很多,不管选用哪一种,打好的结力求做到端正、挺括,外观呈现倒三角形;在结下可挤压出一个小凹坑或浅沟来,增加其美观性;穿立领、软领衬衫不宜打领

---

① 百度百科:《领带》,https://baike.baidu.com/item/%E9%A2%86%E5%B8%A6/448461?fr=ge_ala。

带,拱形领、翼形领衬衫则常与丝巾、领结等搭配使用。

此外,领带还可以选择一定的固定用配饰,如领带夹、领带针和领带棒。

领带配饰中领带夹最为常见。若为方便工作和行动,可以使用领带夹将领带固定于衬衫上,别领带夹时,不该超过领带的 3/4 宽度,一般是夹在第四和第五个衬衫扣子之间,扣上西服上衣的扣子,从外面一般应当看不见领带夹。随着人们社会生活逐渐化繁为简,人们对领带夹的使用逐渐减少。

领带针可用于将领带别在衬衫上,并发挥一定的装饰和造型作用。领带针的一端为图案,应处于领带之外,另一端为细链,则应隐藏在领带的背面,避免外露。使用时,应将其别在衬衫从上往下数第三粒纽扣处的领带正中央,佩戴时可以将领带向上稍稍拱起,让领带看上去造型更加丰满美观。但因其金属针尖会刺破领带,留下破洞,针尖外露也缺乏安全性,故使用较少。

领带棒如今常被设计师用作衬衫领上的别致装饰,往往与扣领衬衫搭配使用,佩戴时穿过衬衫领子上的扣眼和领带,并将领带结固定于衬衫领口处。恰当使用领带棒,会使领带在正式场合显得既飘逸,又减少麻烦。[①]

总之,领带的配饰选择要注意其位置和搭配,由于现代社会习俗的去繁就简趋势,正式场合对它们的选用应该遵循宁缺毋滥的原则。

(三)手表

手表是一种戴在手腕上的小型计时器,又称腕表。19 世纪中期,有人将怀表改装,装上皮带并戴在手腕上使用,之后逐步改进、缩小体形、美化样式,发展成为手表。手表表带的常见材质有皮革、橡胶、尼龙布、不锈钢等。

早期西方男性一般会有所谓的三大配饰:手表、金笔和打火机,在当时的社交场合,它们的品质被认为是男性的身份象征。对于很少有首饰可以佩戴的男性而言,手表堪称男性最重要的首饰。

在社交场合,佩戴手表不单是一种计时工具,还向他人表明本人是一个作风严谨、有时间观念的人。由于很多手表价格昂贵,社交场合中人们所戴手表也往往成为体现其个人身份和财力的象征。

手表的选择应从个人实际出发,价格上量力而行,尽量选择造型庄重保守的圆形、椭圆形、方形、菱形等手表,色彩以简洁为主,尽量单色或双色,与服装搭配协调,不要选择花色烦琐的手表。一般色调以金、银、黑等为主,显得典雅高贵,是社交场合的理想选

---

① 搜狗百科:《领带棒》, Https://baike.sougou.com/v60490211.htm。

择。

  佩戴手表的禁忌：一是不要戴外观破损或做工粗糙的手表，这有损个人形象；二是不要戴计时不准确或不计时的手表，这样没有好的装饰效果，还会给人留下没有时间观念的印象；三是不要戴与身份不符的手表，如时装表、广告表等不适合出现在正式社交场合中；四是不要戴不合时宜的表，如款式过于老旧的怀表和功能过多的表，前者与服装不好搭配，给人迂腐的感觉，后者功能太多，易给人留下不切实际、过于跳脱的印象。

第三章　日常礼仪

日常社交礼仪是指在人们日常生活中与人打交道时使用的礼仪规范。它是人们使用频率最高的一种礼仪规范。俗话说"细节见人品,小事见人心",日常社交礼仪能集中反映出一个人的综合素质,它是人际交往中最基本的行为规范。掌握并遵守相应的交往礼仪,才能在人际交往中表现得体,赢得他人的尊重和喜爱。

第一节　会面礼仪

人与人的交往基本是从面对面交流开始的。会面礼仪就是人们人际交往的起点,是开启一切交流的基础。

人类作为社会性的动物,与他人的交往行为在生活中或多或少都在进行着。一个人要在社会中取得一定的生活地位,必然会与他人以各种形式进行交往。没有交往就难以合作,没有合作就难以生存和发展。现在社会有不少人处于社交恐惧中,面对必不可少的社交活动时惶恐不安,举措失当,使个人的发展进步陷入困境。这其实是一种缺乏日常礼仪常识的表现,不熟悉日常礼仪,就会对社交活动畏首畏尾,不学习和实践,就更缺乏相关知识,这就造成了更走不出去的恶性循环,是一种很不妥当的状态。

其实,人际交往并不难,只要遵循正确的交往礼仪,每个人都可以成为广受欢迎的社交达人,在交往中获得良好的情绪反馈和个人成就感。

一个人对会面礼仪的掌握程度,在很大程度上会决定给他人留下的第一印象,第一印象的好坏又会直接影响交际活动的成功率,会面礼仪的重要性可见一斑。

"百里不同风,十里不同俗。"这说明地域不同导致习俗差异。实际上由于现代社会分工极大地细化,在不同行业和人群之间,也会存在极大的行为语言等方面的差异。因此,会面礼仪的学习和使用,也要根据实际情况有所不同。

现代礼仪中,将会面礼仪分为称呼、介绍、握手、问候及其他致意礼节,下面分别加以介绍。

一、称呼问候礼仪

称呼在这里是一个交际学名词,指的是人们在日常的交往应酬中所采用的彼此之间的称谓语。在人际交往中一定要选择正确适当的称呼,这既是反映了自身的教养和对他人的尊敬,也能反映出双方关系亲密程度和特定的社会风尚,绝对不可疏忽大意,任性而为。

根据社交礼仪尊重为核心的原则,选择正确恰当的称呼,应该注意以下三点:第一要合乎社会惯例常规,第二要照顾个人感受习惯,第三要入乡随俗。①

称呼的使用场合不同,需要注意的细节也不一样。一般可分为生活中的称呼、工作中的称呼、外交中的称呼等,不同场景下的称呼也有不一样的禁忌。

(一)生活中的称呼

选择恰当自然的称呼,可以强化与他人的交往关系,拉进人们之间的距离,为巩固社交关系起到潜移默化的作用。

1. 亲属称谓

中国文化是特别讲究伦理道德的,亲属关系条理分明、尊卑有序,对亲属的分类相当庞杂,派生出的各种称谓也是中华文化的一大特征。加之不同地区有不一样的方言称谓,这就需要掌握其常规叫法与方言特例,避免引起误会。

对比自己辈分低,年龄小的亲属,一般是直呼其名或使用其爱称、小名,也可以在其名字之前加上小字相称,如"婷婷""小亮";但面对辈分高,年纪大的亲属则应采用亲属关系称谓,如"叔""舅""姨""哥""姐"。

亲属关系是其与本人有直接或间接血缘关系,亲属称谓指的是以本人为中心确定亲族成员和本人关系的名称,其常规叫法即在普通话中的称呼,这是约定俗成的,一般有书面语和口语两种称谓。如父亲和爸爸、母亲和妈妈、祖父和爷爷、祖母和奶奶等。对自己亲属的称呼也会因为表示亲近,特意用不标准的称呼,如儿媳对公公、婆婆,女婿对岳父、岳母,都可以用"爸爸、妈妈"来称呼,这是为了表示自己与对方不见外的意思。再如对母亲的兄弟的妻子的正式称谓是"舅母",书面语、口语、各地方言中常用到的称呼则有"舅妈、舅娘、舅姥、舅驰、妗娘、妗妈、妗爹、妗妗儿、妗爸、娘妗子"等,这显示出方言称呼的复杂性。

由于我国实施过较长一段时期的独生子女政策,导致现在不少年轻人的父、祖辈只有父母和(外)祖父母,其他的亲属非常少见,这样很多亲属称呼在生活中用不到,也就对

---

① 金正昆著:《社交礼仪教程》第四版,中国人民大学出版社 2014 年,第 111 页。

这些亲属的称谓比较陌生。要学习中国礼仪,对这些称呼的了解也是其中重要的一个内容。

2. 谦称与敬称

中国传统文化讲究谦恭有礼,面对外人时对自己人的称呼要采用谦抑方式,而对别人则是采用尊崇的称呼。

对外称呼自己的亲属,需要根据不同情况采取谦称。在比较传统的场合,对外人称辈分或年龄高于自己的亲属,一般可在前面加上一个"家"字,如"家严""家慈""家姊";对辈分或年龄低于自己的亲属,则是在称呼前加一个"舍"字,如"舍弟""舍侄"。而对外称呼自己的子女,则在称呼前加"小"或"犬"字,如"小儿""犬子"。

在称呼他人的亲属时,则需要采用敬称。若是长辈,一般在称呼之前加一个"尊"字,如"尊母""尊兄"等,对其平辈或晚辈,则在称呼前加上"贤"字,如"贤妹""贤侄"等。也可以不需分辈分长幼,统一在其亲属的称呼前加上"令"字,如"令堂""令尊""令爱""令郎"。①

中国的传统文化中有不直呼人姓名的习俗。对有身份的人或长辈上级等,生活中的称呼上一般要注意避讳,不要直呼姓名。

有一定身份的古人一般有名和字,称呼对方时要称字,直呼姓名则有责骂意味,如《三国演义》中徐州被曹操进犯,糜竺去孔融处求救,是这样说的:"曹操攻围甚急,望明公垂救",直呼曹操姓名;孔融在回答时提到曹操则是使用称字而不名:"只是曹孟德与我无仇,当先遣人送书解和",表达与曹操无冤无仇的关系;而对尊长、上级则连字也不能直呼,否则便是失礼的行为,据说在失传的《山阳公载记》中记载有马超常称呼刘备的字,惹怒关羽想杀他的情况,裴松之在为《三国志》作注时特意澄清:"臣松之按以为超以穷归备,受其爵位,何容傲慢而呼备字?"说明下级不能当面称呼上级的字。

只有两种情况下才可以直呼别人的名字而不算失礼:一是对自己的晚辈、下级等;二是长辈或者上级在场的时候,称呼地位相近的其他人。如《三国演义》中夏侯惇向曹操叙述同僚提醒时直接说"李典、于禁曾言及此,悔之不及",即直称其姓名而无不敬之意。自己对别人提及自己时,则直接使用姓名而不用字,以示谦恭。

现代社会已经没有多少人给自己取字了,但在社交场合直接称呼他人姓名还是存在一定忌讳。与对方面对面时称呼对方,叫做面称。面称时一般情况或关系很亲密,可用人称代词"你",表示尊敬则用"您"。此外,对待有所成就的年长者可用"您老"或"某

---

① 金正昆著:《社交礼仪教程》第四版,中国人民大学出版社 2014 年,第 112-113 页。

老"。用"某老"的称呼可以有两种方式,一是采用"姓加老"的方式,如"高老",二是双音名字中取名的第一字或姓与中间字加"老",如可以尊称著名作家沈雁冰为"雁老",中国佛教领袖赵朴初先生为"赵朴老"等。①

3.常用称呼

生活中除了亲属我们还会遇到很多不同关系的人,对他们的称呼也要符合常规,并体现自然大方的关系。

一是对亲朋好友的称呼,一般也不直呼其名,有时可去掉姓氏直接呼名,可在名字中单取姓氏或尾字加"阿"或加上同辈亲属称呼,如对"赵友仁"可以直接叫"友仁",也可叫"阿赵""阿仁""仁哥"等,这样既显得亲切友好,又不失敬意。

二是对关系不是那么亲密的同学、同事或熟人,可以在姓前缀以"老""大""小"等作为亲切的称呼,如"老张""大刘""小李"等,或者按照年龄加上对应的类似亲属称谓,如"张丽阿姨""刘叔叔""马大姐""王哥",也可彼此间直接称呼姓名。

三是对待没有很深关系的普通人,比较合适的称呼是"同志",这在国内属于一个通用的称呼,特别是在正式场合采用这一称呼比较稳妥。

若是在比较国际化的对外交往较多的地区,对男性可以用"先生"来称呼,对女性而言,未婚的一般称呼为"小姐",已婚或不明确婚姻关系的可称"女士",丈夫明确的称呼"夫人""太太"均可。这在公司、银行、商场等工作服务场所比较常见。若是知道其职务、职称,也可用职务、职称作为简称,如"吴经理""郑教授"等。

四是称呼还需注意各地不同的习俗,做到入乡随俗。尽量采用对方所能理解并接受的称呼相称,如在山东济南地区,人们喜欢称呼陌生人为"老师儿",这是齐鲁儒家文化熏陶后形成的民俗称谓,并非指称对方的职业。如果去了越南,见人要叫"二哥""二姐",不能称呼"先生""女士",也不能叫"大哥""大姐",这是因为越南深受中国传统故事《武松打虎》的影响,将"老二"认作勇猛忠义的代称。

(二)工作中的称呼

人们在工作岗位上对彼此之间的称呼是有特殊要求的,与日常生活中的称呼不同,总的来说要求称呼能够体现出庄重、正式和规范的意味。对其可以分成以下四种:

1.职务性称呼

在工作中以对方的职务相称,以此表明对其身份的认可和尊重,同时还含有办理工作事务的含义,能够体现出正式规范的要求。此种称呼又可以分成以下三种情况:

---

① 李兴国主编:《社交礼仪》,高等教育出版社2006年,第101页。

（1）仅以职务简称。如"董事长""总经理""主任"。

（2）在职务前加姓氏。如"李编辑""王处长""马秘书"。

（3）在职务前加上姓名，这仅适用在极其正式的场合，如"赵庆文市长"。

2. 职称性称呼

对具有技术职称，尤其是具有高级中级职称的社交对象，在工作中可以直接用他的职称来称呼。以职称相称也有相同的三种情况：

（1）仅以职称简称。如直接用"工程师""教授"。此外在很多地区还可以用相应的职业习惯称呼，如"老师""警官""大夫"。

（2）在职称前加姓氏。如"胡教授""吴律师"等，有时这种称呼也可进行约定俗成的简化，如可将"王工程师"，简称为"王工"。但使用简称应以不发生误会和歧义为限，如不宜将"范研究馆员"简称为"范馆"，"郭律师"简称为"郭律"。

（3）在职称前加上姓名，它也是仅适用于十分正式的场合，如"郭庆林教授""林华研究员""商云导演"等。

3. 学衔性称呼

学衔是高等学校根据教师的学术水平和教学科研工作水平，经评定而授予的学术称号。在工作中以学衔作为称呼，可增加被称呼者的权威性，有助于增强现场的学术气氛。

在工作中称呼学衔也有相同的三种情况：

（1）仅以学衔简称。如"博士"。

（2）在学衔前加姓氏。如"张博士"。

（3）在学衔前加上姓名。如"张潇博士"，此种称呼最为正式。

4. 平级性称呼

在工作岗位上平级同事之间的称呼，一般是直呼姓名，如"张三金""李四萌"。比较熟悉的同事之间，可在姓前缀以"老""大""小"等作称呼，如"老张""大刘""小李"，或者按照年龄加上对应的类似亲属称谓，如"张姨""刘叔""马姐""王哥"。

更加亲近的一种称呼是只称名不叫姓，这通常限于同性之间，若为异性，则显得过于亲密，有追求对方的嫌疑。

5. 组织内称呼

我国的党团组织内，在正式场合通常互相称呼"同志"，一般也分为两种情况：一是姓名加同志，通常是在正式的组织生活或组织会议中，用于表达郑重之意，如"张爱秋同志"。二是名字加同志的称呼，通常用于组织生活会、学习研讨会等场合，表示亲切，如

"爱秋同志"等。

6. 宗教界称呼

对宗教界人士的称呼,要按照其宗教信仰的规定来进行:

(1)基督教通常可以直接以其神职或加姓名相称,如神父、亚当牧师;

(2)伊斯兰教的教职人员按其惯例称阿訇、毛拉等;

(3)道教一般可称为天师、张真人、华卿法师、道长等;

(4)佛教可称方丈、三藏法师、普钦上师、师父等。①

(三)外交中的称呼

由于各国、各民族文化传统不同,风俗习惯各异,在对他人的称呼上差别很大,在涉外交往中如果把对方的称呼搞错了,轻则使人反感,重则引起误会、损害国家形象和利益。

在涉外交往中要仔细研究和使用称呼,这是因为各个国家有不同的国情与民族宗教文化背景,还涉及各自的制度特点,在对人的称呼上就显得比较繁杂,不提前做好功课,就有可能无意中冒犯对方,造成误会和不好的影响。

涉外称呼需要考虑两个原则,一是要掌握社会发展的一般性规律,即当前国际上通行的做法;二是要根据各国社会文化及制度差异去了解其禁忌和习俗,做到有针对性地区分对待。

当前国际社会交往中还是以西方发达国家的欧美文化为主流,因此所谓社会发展的一般性规律即部分发达国家文化中的称呼习惯,这在我国也有一定的使用影响。

1. 通用称呼

对任何成年人,对男性均可称其为先生,女性则可称其为小姐、夫人或女士。其中对于女性的称呼比较复杂:明确已婚者或佩戴结婚戒指者均应称夫人;明确未婚者或不了解其婚姻情况的,都可以称为小姐;对不了解其婚姻情况的还可称其为女士。

上述称呼均可冠以姓名、职务、职称、学衔或军衔等,如爱德华先生、发言人女士、律师小姐、教授先生、少校先生。

2. 商务交往称呼

在商务社交场合中,对交往对象一般应以先生、小姐、女士等进行称呼,而与我国不同的一点是,国际商务交往中一般不称呼交往对象的行政职务,这需要我们多加注意。

此外,夫人这一称呼在商务活动中也是较常使用的。

3. 政务交往称呼

在政务交往中,比较常见的称呼有先生、小姐、女士,此外还可以直接在称呼前加上职务,对官方部长以上的高级官员或主教以上的神职人员还可在最后加上阁下的称呼。这种称呼的组成顺序一般是先称职务,再是先生/女士/小姐等,最后再加上阁下;后两项也可只留其一。例如可称总统先生阁下,大主教阁下或公使女士等。

需要注意的是,在美国、德国、墨西哥等国,一般没有称阁下的习惯。

4. 军界称呼

对军界人士按照惯例可以用军衔相称,称呼军衔而不是称呼职务是国外对军界人士最通用的称呼方法。在对军界人士进行称呼时,一般是用以下四种形式:一是直接用军衔相称,如将军、上校、下士;二是在军衔之后再加上先生,如上尉先生、少校先生;三是在姓名后加军衔,如朱可夫元帅、巴顿将军。

5. 贵族称呼

在一些国家保留了君主制和贵族爵位,对他们的称呼应遵从对方的习惯来进行。一般对君主通常称为陛下,亲王、王子、公主等称殿下,有爵位的贵族称呼其爵位,如公爵、伯爵。通常还可以加上姓名头衔相称,对拥有爵位者在其后还可加上阁下、先生等。如伊丽莎白女王陛下、菲利普亲王殿下、什鲁斯伯里伯爵阁下。

6. 社会主义国家或兄弟党人员

对社会主义国家或兄弟党的人士,均可称呼其为"同志"。如果涉外交往中对方主动称呼我们为"同志",即可以"同志"回称。由于各国政治制度的差异,"同志"这个称呼在涉外交往中一定要慎重使用。[①]

7. 称呼国别差异

当前世界上的政治性大国是我们在涉外交往中需要特别关注的,下面对这些与我国习惯有很大不同的国家在称呼方面的特点做一下简单总结。

(1) 英语系国家

美国和英联邦国家如英国、加拿大等国的官方语言以英语为主,人们的姓名惯例是由名在前姓在后两个部分构成;也有一些三部分构成的,教名在前,自己的名在中间,父亲或丈夫的姓在后,也有的人把母姓、祖先或与家庭关系密切者的姓作为第二个名字。

---

① 金正昆著:《社交礼仪教程》第四版,中国人民大学出版社2014年,第115-116页。

女性结婚后在原来名字后加上夫姓，如美国女政客希拉里，本名希拉里·黛安·罗德姆，罗德姆是其父亲的姓氏，与前总统比尔·克林顿结婚后即冠以夫姓，改称希拉里·黛安·罗德姆·克林顿。

称呼这些国家的人时，一般是称其姓后加先生、夫人、女士、小姐等来称呼，如克林顿先生、克林顿夫人；如果关系比较密切，可以直接称呼对方的名字，不论长幼关系，如约翰、玛丽。但在正式场合，一般是要用其姓名全称加上先生、女士等来相称，如威廉·莎士比亚先生。

（2）俄罗斯

俄罗斯人的名字由三个部分组成，排列顺序通常是名字、父名、姓氏。女性在结婚后，会把最后的姓氏改成夫姓，并将结尾改为娃、娅等。

如国际无产阶级革命导师列宁同志的原名是"弗拉基米尔·伊里奇·乌里扬诺夫"，"列宁"是他参加共产主义运动后被沙俄政府流放西伯利亚期间发表著作所改的笔名（姓），最终以"弗拉基米尔·伊里奇·列宁"作为正式名。

再如"尼娜·伊万诺夫娜·伊万诺娃"，尼娜为本人名，伊万诺夫娜为父名，伊万诺娃（夫）为父姓。假如她与罗果夫结婚，婚后姓改为罗果夫，其全名会改为"尼娜·伊万诺夫娜·罗果娃"。

俄罗斯人姓名也可以把姓放在最前面，特别是在正式文件中，即上述尼娜的姓名可写成伊万诺娃·尼娜·伊万诺夫娜。名字和父名都可缩写，只写第一个字母。

称呼俄罗斯人时一般可以只称姓或只称名，如"伊万诺娃"或"尼娜"。在表示客气和尊敬时，会称呼名字加父名，如对前面所述的尼娜·伊万诺夫娜·伊万诺娃可以尊称为尼娜·伊万诺夫娜。只有在表示对长者特别尊敬时，才可只称父名，如人们常称列宁为"伊里奇"。①

同样的可以在俄罗斯将姓名与先生、女士、小姐连用。

（3）部分欧洲国家

欧洲人姓名结构一般与英美相同，也是名字在前，姓在后。少量情况下，某些人同时有两个名字，书写时需要将这两个名字之间用短横线相连，如《国际歌》作者全名是"欧仁-埃德姆·鲍狄埃"，欧仁、埃德姆是他的名字，鲍狄埃是姓。巴尔扎克的小说《高老头》中的主人公"高老头"是他生活穷困后别人不尊重给他起的"外号"，他的全名是约翰-姚希姆·高里奥，别人尊称他时称呼他为"高里奥先生"。

---

① 金正昆著：《社交礼仪教程》第四版，中国人民大学出版社2014年，第117页。

欧洲妇女的名字,也是婚前用父姓,婚后用夫姓。如著名物理学家居里夫人,原名是玛丽·斯克罗多夫斯卡,嫁给比埃尔·居里后,人们就称她居里夫人。

欧洲人姓名还有一种情况,是在姓名中间加上贵族出身的标志。在法国、西班牙一般是"德",在德国一般是"冯",如法国作家居伊·德·莫泊桑,德国作家约翰·沃尔夫冈·冯·歌德。中间的"德""冯"表示出身贵族,后面才是姓氏。西班牙人的名字还包括母姓,如《堂吉诃德》的作者全名是米盖尔·德·塞万提斯·萨阿韦德拉,"米盖尔"是名,"德"表示贵族出身,"塞万提斯"是父姓,"萨阿韦德拉"是母姓。[①]

对他们进行称呼时,也与对英美人士称呼相似,一般只称父姓(夫姓),后面加上先生、夫人、女士、小姐等。

(四)称呼的禁忌

在人际交往的场合下,有以下几种称呼是一定不能触碰的禁忌,需要加以注意。

1. 错误的称呼

因为不认识而误读是一种态度问题,社交对象姓名中的疑难字应提前做准备,避免读错。一些字在做姓氏时会有一个变音,提前学习就可避免错读误读,如尉(yù)迟、单(shàn)、仇(qiú)、朴(piáo)、缪(miào)、查(zhā)、员(yùn)、任(rén)等;还有一些姓则会有两个读音同时存在,如盖姓有两个读音:gài 和 gě;乐姓在北方一般读作 yuè,南方一般读作 lè;召做汉姓读作 shào、做傣族姓时则读作 zhào 等。后面这种情况,再有名字中用到多音字的,都应提前或当面向对方礼貌询问,以防误读。

再一个错误称呼是弄错了称呼对象的年龄、辈分、婚姻情况等,错将年轻人称呼为大叔、阿姨,未婚女性称为夫人等,都是比较典型的误会,极易引起对方的反感和不快。

2. 陈旧的称呼

一些存在于旧时期的称呼明显时过境迁已经与社会脱节,如果在现代社交场合滥用,会显得不伦不类引起尴尬。如"老爷""大人""长官"等,属于旧时代阶级烙印明显的词汇,不能拿来用到社交场合中。

3. 局限性称呼

有些是在某些区域的方言性称呼,带入其他社交场合易引起误解,也要注意避免。如北京人爱称呼人为"师傅",烟台地区称呼人为"伙计",听在南方人耳中前者变成了"出家人",后者变为了"店员",原本亲切的意味一下变成了不尊重。再如国内对配偶的

---

① 赵敏,赵玉亮:《中外姓氏人名杂说》,《语文知识》2002年第10期,第7-9页。

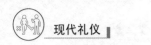

称呼一般叫"爱人",遇到水平较差的翻译给直译成英文"lover",合法婚姻变成了婚外情,这就比较尴尬了。

因此,在社交场合中注意尽量采用通用称呼,不要带入有局限性的称呼。

4. 低级庸俗的称呼

在社交场合中还应避免使用一些带有黑道意味、粗俗低级的称呼,如"哥们儿""姐们儿""老弟""爷们儿""铁子""死党"等,这会显得格调低下,庸俗肉麻。再如用跨行业的称呼来称呼别人,如逢人就叫"老板""老总""boss"等,非但体现不出尊重,还容易给人留下自轻自贱的不良印象。[1]

5. 错位的称呼

社交场合中一定注意分寸,不要使用一些与身份关系不符的称呼。如某些人比较有名,在网络上被人起了外号或绰号,即使有的比较好听,关系一般者也千万不要随意拿来就用。还有对异性的称呼,特别是男性对女性,千万不要自认为关系比较密切就只呼名字不称其姓,这容易引起别人对双方是恋人或配偶的误会。

(五)互致问候

问候的意思是问好、问安,也就是指人们在见面时互相表示关切和致敬的话语。一般人们在打招呼,还会添加几句约定俗成的问候语,这是会面礼仪组成的一部分,不可缺少。

互致问候需要从问候的内容、问候的顺序和问候的态度三个方面加以规范。

1. 问候内容

互致问候的内容在不同的地域、文化、人群中有着巨大差异,有着明显的地域性、群体性和时效性。一般情况下,问候的内容可以分成三大类:单纯的祝颂型、惯用的寒暄型与有实质内容的交谈型。

（1）祝颂型

祝颂型是人们在见面时,互相致以套路化的简单问好和祝颂,内容各处差异不大,也不具有任何实质性内容,其应答也是基本采用相似内容回复。此类问候简单明了,直接按照惯例表达出单纯的问候或祝颂之意,是应用最广的一种问候方式。

如"您好！""张先生,早上好！""老师好！祝您节日愉快！"

（2）寒暄型

寒暄型的问候恰如其字面意义,泛指双方见面时谈一些天气冷暖之类的应酬话,虽

---

[1] 金正昆著:《社交礼仪教程》第四版,中国人民大学出版社 2014 年,第 118-119 页。

有一定的内容,但其内容是按照不同文化、区域等约定俗成的,实际上并不需要认真予以答复。

例如英国是温带海洋性气候,多雨多雾且变化无常,再加上其交谈文化特点比较保守,所以见面谈论天气是一种简单和缓切入谈话的习惯,如:"今天天气不太好,是吧?""就是,看来要下雨了。"

再如我国文化讲究民以食为天,几千年来恶劣的生活环境导致吃饱肚子是头等大事,所以人们见面喜欢询问对方"吃了吗",久而久之也就成为一个固定的寒暄问候语。

此类问候虽有具体内容,但实际不需要根据具体情况给出具体的答复,郑重其事地回答反而容易导致尴尬。

寒暄类型的问候在不同文化和人群间存在比较大的差异性,在跨文化交流中应该注意入乡随俗,避免误会。

比如美国朋友问候:"How are you doing?"(你过得好吗?)被问候的人不要以为对方真在关心你的具体生活,若去倾诉自己遇到的各种烦恼,那就让对方陷入尴尬境地了。

(3)交谈型

一般在有目的的社交场合,如因公务、工作等安排的会面,人们经常选择与之相关的一个话题作为问候语,既问候了对方的同时,也顺利切入要处理的事情中。

例如:"张总,最近还忙吗?那个项目可要加紧点儿喽,现在推进到哪一步了?""李总,您好!项目事关重大,我再忙也得把它摆在第一位啊,您放心!关于项目,我正有些问题要跟您商量一下……"

2. 问候顺序

双方互致问候有个先后次序的问题,这里需要用到"位低者先行"的原则,虽然会面时双方都可以先开口主动问候对方,但是从礼仪角度出发,越是正式场合,位低者越应该主动问候位尊者。

根据这个原则进行问候时,除了明显的职位高低、师生关系、上下级关系外,一般还有以下身份地位的优先关系:长者高于幼者,长辈高于晚辈,女士高于男士,未婚高于已婚,外人高于家人,来宾高于主人,先到来宾高于后来者,残障人士高于健全者等。

需要判断应该采用哪一种身份排序时,应按照身处的社交场合性质来判断,不能随意混淆。例如在政务或工作场合中,职位或上下级关系一般要优先于其他关系;在舞会场合邀请舞伴,则讲究女性优先的原则,不论其他。

如果是一个人与多个人见面,单人方主动问候对方,此时既可按照地位优先的顺序依次问候对方,也可向对方统一问候,不必具体到每个人。如"大家好!""同志们好!"等。

当然,按照礼仪用以律己,而非苛求别人的原则,如果自己是在场身份高者或地位较为尊崇,则可以不必按照位低者先问候的顺序,主动问候对方。

3.问候态度

问候时应做到态度诚恳,热情友好。一般问候语是比较固定的套话,此时要表达的态度是首要内容。因此要做出与表达问候意愿相符的表情和举动,才能使问候起到拉近关系、促进社交的作用。

首先,表情上要做到面带微笑、目视对方。微笑的表现最是自然自信和热情大方,结合问候语,也能最直观地传送真诚和友善的态度。目视对方,会给人以专心致志的感受。唯有如此,才能做到话到、眼到、心到,让对方感受到你的心意。若是问候对方时却左顾右盼、眼神飘忽,则给人留下虚情假意、言不由衷的无礼印象。[1]

其次,举动上应该起身相迎,主动走向被问候的对方,保持问候距离在 1～3 米比较恰当。

总之,在对待问候上应该端正态度,主动问候或及时回应,不要在别人问候自己的时候爱答不理或置若罔闻,这会给别人留下傲慢无礼的坏印象。

二、介绍礼仪

人们在社交场合中的首次会面,一般要进行的一个首要步骤就是介绍。介绍在社交中的含义是沟通使双方相识或发生联系,是人们建立互动关系的一种最基本的常规方式。

正确使用介绍礼仪,可以在社交场合迅速增进彼此间的了解,拉近社交距离,有效增加个人交际范围,消除或减少社交阻力。

社交场合的介绍一般分为三种:自我介绍、他人介绍和集体介绍。

(一)自我介绍

自我介绍就是在需要结识他人的社交场合,根据所处场景与需要,有针对性地将自己的某些情况介绍给他人,以求让别人短时间内对自己有一个初步了解的介绍方式。

需要进行自我介绍的场合多有不同,进行自我介绍的表达方式也不能一概而论。具

---

[1] 金正昆著:《商务礼仪教程》第四版,中国人民大学出版社 2013 年,第 194-195 页。

体来说就是要根据社交礼仪的要求,在自我介绍时要根据相应的时机来决定自我介绍的内容和分寸。这要根据实际情况进行判断,依照相关场合、社交参与者、社交进程等来决定,不能千篇一律生搬硬套。

1. 介绍形式

下面对不同社交需要的自我介绍形式简单做一下概括。

(1) 简单应酬式

一般情况下,在社交场合遇到陌生人,并互相有一般性接触需求,一般情况下没有继续交往需求时,可以做一个简单应酬式的自我介绍。这种自我介绍最为简单,一般只需要报出自己的姓名,方便对方称呼自己即可。例如:"你好,我叫张三。""您好!我是李四。"

(2) 工作公务式

很多时候我们会因为工作需要而与陌生人进行社交活动,这些交际活动是工作内容所需,此时进行的自我介绍就要围绕工作内容来进行,属于因公交际,一般需要介绍三项内容:个人的完整姓名、供职的单位及部门、担负的职务。完整姓名便于对方选择对你合适的称呼;供职所在是点明工作相关性及核实信息,也可根据实际情况不报出具体的工作部门;最后一项是提示对方自己与工作内容的符合度,若职务较低则可以负责的具体工作内容代替。例如:"你好!我叫张三,是河山集团行政总监。""我的名字是李四,在宏发公司行政部门负责固定资产管理。"

(3) 社交沟通式

在社交场合中,如果遇到需要互相了解并继续保持联系的社交对象时,自我介绍的内容就要求比较丰富和全面,一般应有完整姓名、工作情况、籍贯、学历、个人兴趣特长、与交往对象存在的某些关系等,具体内容应根据继续交流沟通的需求来决定。

例如在社交聚会上的自我介绍:"我的名字是李四,在青岛××出版社当编辑。我老家是山西太原市的,听您的口音也是山西人,在这里能遇到老乡,真是相当幸运的事儿,这真是难得的缘分啊。"

(4) 主持礼仪式

在一些讲座、报告、演出、庆典等场合,作为主持人或主办方,对社交对象表示友好和尊敬,属于一种礼仪形式的自我介绍,内容一般包含姓名、单位、职务等,还需要加入一些表达谦恭态度的礼节性用语,表示对社交对象以礼相待的意愿和态度。

例如在企业开业典礼上的自我介绍:"各位来宾,大家好! 我叫何振山,是河山集团的董事长。现在,我谨代表本集团全体员工,对各位百忙之中抽出时间,光临我集团的开业典礼表示由衷的感激,感谢您对我集团的真诚支持,谢谢!"

(5)有问必答式

生活工作中,我们也会遇到一些应试、应聘、应对视察及长辈上级等的社交场合,需要在对方问询后根据提问作答,此时的自我介绍就应根据问题指向做到有问必答,答必有据。例如在求职时,面试官提出要求:"请简单介绍一个你的个人情况。"应聘者可以这样回答:"各位好! 我叫张三,家在青岛市崂山区,汉族,共产党员,现年 24 岁,未婚。2022 年毕业于青岛科技大学电气自动化专业,获得工学学士学位。大四期间在青岛海尔集团实习并获得优秀的评价。本人在校成绩优良,三次获得奖学金,精通专业知识,考取了英语六级证书,精通电脑办公操作,此外还拥有 C1 驾照,并获得过一次青岛市见义勇为奖。"

2.介绍分寸

自我介绍在陈述内容时,还应注意一定的分寸,点到为止、恰到好处。

一是要注意介绍的时长。自我介绍是给别人留下第一印象的重要一环,不可能第一时间让别人全面了解自己,因此在选择好自我介绍内容后,尽量简洁,越短越好,最好将时间控制在一分钟以内。切忌东拉西扯、夸夸其谈,将自我介绍当做尽情展示自己的舞台,这往往会招致别人的反感,过犹不及、适得其反。

二是要注意介绍的时机。也就是说需要考虑什么时间进行自我介绍更合适,一般是看对方有时间、有兴趣和心情,或是应对方需求进行。不要随意开启自我介绍,打扰别人的工作和活动或在对方毫无兴趣或心情不佳时进行,这都是不合时宜的举动,反而破坏了社交目的。

三是要注意介绍的态度。做自我介绍是追求与对方建立良好的沟通和增进相互的了解,态度一定要做到自然真诚,既要保持尊重他人和谦逊的态度,又要充满信心,勇敢展示自己。用一种平等、诚恳的态度做自我介绍,显得自信自尊、落落大方,容易给对方留下良好的第一印象。

实事求是地介绍自己,不过分吹嘘或谦虚,才能保持自然放松的态度,内心平和地展示出自己的诚意,为社交活动建立一个良好的起点。[1]

---

[1] 金正昆著:《社交礼仪教程》第四版,中国人民大学出版社 2014 年,第 120-123 页。

（二）他人介绍

在社交场合中,有时会出现第三者为素不相识的社交双方代做引见和介绍的情况,这种介绍称为他人介绍。

在他人介绍中,为双方做引见和介绍的人是介绍者,社交双方是被介绍者,这种介绍通常是双向进行的,也就是介绍者为被介绍者相互做介绍,也有被介绍者单方向认识了解对方的情况,此时介绍者可只进行单方向介绍即可。

1. 介绍者

在他人介绍关系中,介绍者不是随意决定的,通常需要由以下身份的人来做介绍者:一是发起社交活动的主人,他对被邀请的来宾应该都有所了解,也是最适合进行介绍的第三者。二是社交场合中地位、身份尊崇者,如长辈或负责人;他们的介绍具有一定的权威性,可以获得较好效果。三是专职人员,如家庭聚会的女主人、公务活动中的公关人员、礼宾人员、接待人员、文秘人员,都是做介绍者的优先人选。四是应邀或指定人员;一般是对双方都有所了解,被一方或双方提出要求的人员,或者在社交场合中被指定的人员。

作为介绍者,应该熟悉双方的情况,根据实际选择恰当的介绍内容。在进行介绍前,最好先征求一下双方意见,避免遇到被介绍双方早已相识或关系不睦早有宿怨的意外状况。

2. 介绍时机

为他人做介绍,需要审时度势,第一时间做好介绍准备,以免出现双方面面相觑不知如何开口的尴尬。

合适的时机有以下几种情况:

① 筹集家庭聚会,来宾有互不相识的客人时;

② 工作场合,同时接待互不相识的访客、来宾时;

③ 与家人朋友外出,路遇他们不认识的朋友同事等情况时;

④ 本人陪同一方,遇到一方或双方提前要求代为介绍的对方时;

⑤ 要推荐一方加入某一交际圈时;

⑥ 当场受邀做介绍者时。

3. 介绍顺序

在为多人做介绍时,介绍的先后顺序也是需要注意的重要事项,这是关系社交礼仪的敏感问题。在做介绍时,一定应遵循"位尊者拥有优先知情权"的原则,也就是在介绍

时,先要了解社交双方的身份地位,首先介绍地位稍低的一方,再根据情况选择介绍地位较高的一方。这种将地位低者先介绍给地位高者的"尊者在后"介绍次序,可以方便位尊者优先了解对方的情况,以便见机行事,掌握社交活动的主动权。

4.介绍内容

由于介绍内容是给社交双方留下的第一印象,其重要性可见一斑,因此,作为介绍者为社交双方做引见和介绍时,对介绍内容一定要仔细衡量,力求准确得体。

为他人做介绍的内容如何确定,可以参照下面简单归纳的情景。

(1)标准式

适用于正式场合,以双方的姓名、单位、职务为内容。如:"我来给两位做一下介绍吧。这位是鸿盛公司的审计经理张丽女士,这位是远洋集团的总经理李源先生。"

(2)简介式

适用于一般的社交场合,通常只有双方的姓名甚至姓氏。如:"介绍一下,这位是小张,这位是老李,你们彼此认识一下吧。"

(3)强调式

适用于各种社交场合,在介绍姓名之外,还会强调一位被介绍者与介绍者的特殊关系,来引起另一位被介绍者的重视。如:"这位是李诗韵,这位是河山集团人力资源管理中心的张主任。诗韵是我的侄女,会计专业,今年毕业,请张主任多多关照。"

(4)引荐式

适用于普通社交场合,一般不需要做出任何实质性内容介绍,只需给双方提供一个见面的机会。如:"你们两位都是搞软件开发的,应该有些共同话题可聊,互相认识一下如何?"

(5)推荐式

适用于比较正规的场合,一般是介绍者作为举荐人,有意向另一方做针对性的推荐,在介绍内容方面一般会重点介绍优点,如:"这位是周晓光,这位是陈宇升导演。周晓光是上戏张教授的高足,在校期间出演过十多部话剧,期间饰演了从少年到老年的多种角色,备受师生好评。陈导,您有时间了解一下他的情况吗?"

(6)礼仪式

适用于正式场合的最正规的一种介绍方式,内容上与标准式相似,但是用语更加礼貌和谦逊。如:"孟女士,您好!请允许我向您介绍雅韵日化公司的销售部经理蒋晓春先生。蒋先生,这位就是海桑集团的业务部经理孟兰亭女士。"

5.介绍应对

在介绍者为被介绍双方进行引见时,三方都要注意自己的措辞和态度,也就是对介绍如何进行应对的问题。这要从三方的角度分别说明。

介绍者作为中间人,在进行介绍前尽量应征求一下双方意见,在进行介绍前最好有一定的示意或招呼,以防贸然开口时,被介绍者措手不及,因为没有做好准备而出现应对失措的情况。

被介绍者在社交场合中,接到介绍者问询社交意愿时,一般不应直接回绝或扭捏作态,应该礼貌地表示欣然同意,若不能接受时,应如实给出拒绝理由。

介绍开始前,当介绍者做好介绍准备时,被介绍的双方应该都起身站好,目视对方,面带微笑,神情专注认真。

介绍者为双方介绍完毕,被介绍者双方应该按照礼仪要求做出握手等礼节,并彼此礼貌问候对方,如:"您好! 很高兴认识您!""久仰大名,幸会幸会。"寒暄之后,还可根据社交需求和实际情况,选择是否进一步做自我介绍,加深互相的了解。

需要注意的是,社交礼仪以彼此尊重为核心,在介绍进行时,被介绍的双方都应端正态度,认真对待彼此,切忌出现自高自大或自轻自贱的状态。

(三)集体介绍

集体介绍是指被介绍方的一方或双方不止一人,甚至是有多方参与的介绍场面。这多发生于那些参与者众多的社交场合,或是有多方参与,或是每方人数不止一人,也有二者皆是的情况。这些场合下的介绍有可能是介绍者为一人与多人做介绍,或是为多人与多人做介绍,同样需要注意介绍时机、顺序和内容三方面的问题。

1.介绍时机

需要集体介绍的场合一般有以下几种情况:

① 大型公务活动或社交活动,多方参与且多方有多人;

② 宴请、聚会或庆典仪式等,主办方与来宾均有多人;

③ 会议、演讲、报告等参与者众多;

④ 会见、会谈各方参与者均为多人。

2.介绍顺序

集体介绍的介绍顺序一般原则与前述他人介绍的介绍顺序相同,但若仅按照"尊者在后"原则无法确定顺序时,还应考虑以下新的原则:

（1）少数服从多数原则

当被介绍的双方身份和地位大致相同或难于区分时，应当按照人少一方礼让人多一方的原则进行，也就是先介绍人少的一方，再介绍人多的一方。

（2）单向介绍原则

在演讲、报告、比赛、会议、会见等社交活动场合，一般属于非互动式社交活动，此时只需要将活动主角单向介绍给参与者即可，不需要也不可能将参与者都做介绍。

（3）座次排序原则

若有多方多人参与的介绍时，需要对各方进行一个座次排序，其排序原则是根据以下标准进行，前面的无法判断则依次按后续标准排列：

其一，按照各方负责人身份排序；

其二，按照单位规模排序；

其三，按照单位名称的拼音顺序或英文名称的字母顺序排列；

其四，以抵达先后次序排列；

其五，以座次先后顺序排列；

其六，以距离介绍者由近及远为准。

介绍多人时，若时间不允许可笼统地介绍集体名称而不必具体到每个成员，如"这是我的同事们""这是来自河山集团的各位来宾"。若时间允许，应该按照身份地位先高后低的顺序依次介绍各方的具体成员。

3.介绍内容

集体介绍的介绍内容要求与前述他人介绍一致。

在做他人介绍或集体介绍时，介绍者需要特别注意的是要认真对待介绍内容，避免为了简便和节约时间而直接使用简称，如用简称"消协"，容易分不清具体是"消防协会"还是"消费者协会"。使用简称前，应首先使用一次准确的全称，后续才可以采用简称。

介绍内容还应庄重、正规，不要为了表达亲近或幽默，拿被介绍的人开玩笑，在介绍词中使用不庄重的用语等。①

三、握手礼仪

会面礼仪中，在介绍环节后，会面双方还需要在合适的时间向对方致以表达敬意的致意礼节，这种礼节在现代礼仪中有很多种形式，如点头礼、脱帽礼、举手礼、握手礼、拥

---

① 金正昆著：《社交礼仪教程》第四版，中国人民大学出版社2014年，第123-128页。

抱礼、亲吻礼,根据文化和区域不同,所采用的礼节也有各种差异。不过,在我国和世界上大多数主要国家公认最通行的致意礼节只有一种,那就是握手礼,简称握手。

握手礼仪看似简单,却在多个方面都有一定之规,不可粗心大意贸然行事,以免弄巧成拙、贻笑大方。

握手礼仪要学习行礼时机、伸手次序、握手方式和握手禁忌等方面的知识。

(一)行礼时机

握手礼的行礼时机需要根据现场情况具体决定,不能一概而论。这一般需要看会面双方的关系、现场的氛围、当事人的状态等来综合判断。

1. 需要行礼的时机

① 在社交场合遇到久未谋面的老朋友、熟悉的人等,要与对方握手,用以表达重逢的喜悦之情。意外遇到同学、同事、邻居、长辈等熟人时,应该与对方握手,用以表达问候和喜悦。

② 社交场合中有相识之人道别,应该与对方握手,用以表达惜别之情和离别祝愿。

③ 在主场的社交场合,迎接或送别来宾时,主人(东道主)应该与对方握手,用以表达欢迎或欢送的意愿;宾客应邀参与舞会、宴会等社交活动,到场时应该与主人握手,表达被看重的谢意,在告辞时需要主动与主人握手,表达再会的意思。

④ 社交场合被他人介绍与对方认识时,应该与对方握手,表达乐于认识对方的荣幸态度。

⑤ 向他人表达祝贺、恭喜时,应该与对方握手,用以表达祝福之意;受人祝贺、恭喜时,应该与对方握手,用以表达感谢之情。

⑥ 向对方表示理解、支持、肯定时,应该与对方握手,用以表达全心全意;受到他人鼓励、支持、帮助时,应该与对方握手,用以表达感激之情。对他人遭受挫折不幸时,如患病、失业、失恋、亲友离世等,应该与对方握手,用以表达关切慰问。[①]

⑦ 向他人赠送礼品或颁发奖品时,应该与对方握手,用以表达郑重之意;接受别人赠礼或颁奖时,应该与对方握手,用以表达感谢之意。

2. 不宜行礼的时机

某些情况下并不适合行握手礼,此时一般应改用其他便与对方接受的致意方式,如点头礼、脱帽礼、拱手礼、挥手礼、鞠躬礼。

① 对方不方便握手的情况,如行动不便、手中握持物品、手部负伤、疫情影响,此时

---

① 李兴国主编:《社交礼仪》,高等教育出版社 2006 年,第 105 页。

不宜要求对方握手。

② 对方忙于其他事务时,如打电话、主持、与他人交谈,可在对方注意到自己时改用其他致意方式。

③ 双方距离太远,不便上前行礼时,可改用其他致意方式。

(二)伸手次序

在各种社交场合中,给予对方恰当的尊重才是符合礼仪要求的行为。其中行握手礼时最应注意的就是伸手的次序。因为握手礼需要双方互动,此时应该遵从的原则就是"尊者决定"原则,也就是是否行握手礼,要看身份或地位较高的一方的意愿。

采用这一原则,是因为若是行握手礼就意味着将要开启进一步的交往,将是否需要握手的决定权交给位尊者,一是表达出对他的尊重,二是可以让他来决定后续交往的走向。若是地位比对方稍低的一方主动伸手,位尊者不情愿地回应或不想回应,都会使社交关系受到不好的影响。①

在不同场合的优先次序也不完全相同,还要考虑不同场合的特点而定。

在公务或工作场合,社交活动目的以工作为重,因此看重的是职位和身份。这里就是上级对下级、高职位对低职位、身份高者对身份低者优先伸手。

在休闲、生活社交场合,则不看重职位,而是以亲属辈分、师生关系、性别年龄、婚姻状态等其他次序判断,具体还是要以该场合活动目的倾向来决定。

此外还要注意,在有东道主的场合,主人与来宾之间需要注意这样的伸手次序:宾客到达时理应由主人伸手迎接与来宾握手,而在宾客告辞时则是应该客人主动伸手去握主人的手;前者的含义是主人表示对宾客的迎接,后者则是宾客对主人表达"再会"之意。

再有一个人与多个人依次握手时,对方身份地位尊卑比较明显时要按照其身份地位由高到低进行,若对方较为平等或不易区分时则可采用由近及远的握手顺序。握手应等别人握完再进行,不要出现交叉握手的状况。②

关于遵循行礼次序问题,还要强调一点:礼仪是用来要求规范自己的,不要拿来当法规、道德去要求别人。若是自己处于位尊一方,面对他人主动伸出的手,按照礼仪"尊人"的核心要求,不要拘泥于前述原则,积极配合对方,这样既给了对方体面,也展示了自己的修养风度,避免对社交关系造成损坏。

---

① 金正昆著:《社交礼仪教程》第四版,中国人民大学出版社 2014 年,第 130 页。

② 李兴国主编:《社交礼仪》,高等教育出版社 2006 年,第 107 页。

（二）握手方式

握手是一种互动形式的礼节,还需要注意一些仪式上的规范。

1. 距离

合适的握手距离应该是相向行至距离对方一米左右,站定后上身略向前倾,双方伸出右手相握。

2. 姿势

若身份不是太悬殊,握手时最好是双方都站起身来进行。握手应用右手进行,因为在大多国家和文化里都是以左手为卑、右手为尊,用右手是礼貌的表示,只有在伤残等特殊情况下才会用左手行礼。

伸出手臂一般与地面呈45°夹角,四指并拢,拇指张开后与对方握住,相握时双方手臂基本呈现垂直角度。

一般都是右手单手与对方相握,常用的方式是手掌竖直的"平等式握手"。若要表现自己的谦虚谨慎,也可掌心向上伸出,称为"友善式握手"。但切忌主动掌心向下与人握手,这称为"控制式握手",会给人自我为中心、自高自大的感受。

还有一种握手姿势是双手相握,即右手握住对方后,再用左手握住对方的右手背,双手抱握住对方的右手,称为"手套式握手",多用于对亲朋至交,表达情谊深厚之感。这种方式不适用于交情不深或异性社交对象,否则有讨好或骚扰对方的嫌疑。

双手握手时,左手还有握住对方手腕、手臂或搭上肩头的情况,这些方式均是非常亲密的握手姿势,需要谨慎使用。

3. 过程

握手时还需要考虑完成整个握手礼的过程:握住后一般应稍微晃动几次,同时口中问候对方,稍事寒暄。过程中还需注意以下三点:

一是持续时间:时长控制在3秒以内。过短会给人敷衍了事、心怀戒备之感,过长则显得虚情假意,特别是面对异性,还会有不怀好意的嫌疑。

二是握手力度:为表示热情友好,握手要有一定力度,大致以两公斤左右为宜。力度太小给人多疑敷衍的感受,太大则给人自负挑衅的感受。

三是神态表情:与人行握手礼时要面带微笑,注视对方,使握手过程自然友好。

（三）握手禁忌

1. 拒绝握手

对待他人首先伸出的手,不论其是否遵循了握手礼的伸手次序,都要看作他主动友

好问候的举动,应该立即伸手相握,不要挑剔或拒绝对方,否则就是自己的失礼行为。

2. 左手握手

一般不要用左手握手,这是因为在一般文化中人们认为双手中左卑右尊,特别是在中东和许多东南亚国家,左手是专门清洁身体的,被视为不洁净的手,一定要避免使用左手握手。

3. 交叉握手

再多人同时握手时,注意不要出现交叉握手的情况,应该礼让别人,依序进行。特别是与基督教徒交往,若出现交叉握手,在他们看来如同十字架形状,是不吉利的预兆,需要特别注意。

4. 戴手套握手

不要戴着手套与他人握手,这被认为是不尊重他人的表现。这种情况也有例外,那就是女性在穿晚礼服、婚礼服等场合所戴的套装薄纱手套不必摘除,其他状况无论男女均不应戴手套握手。

5. 不专注握手

在握手时不要东张西望,或面无表情一声不吭,也不能另一只手抓拿东西不放或插到衣兜里,这都显得对握手对象的敷衍和不看重。

6. 指尖握手

握手时只递给对方一截指尖,仿佛迫于无奈,在国外被称为"死鱼式握手",是一大忌;也不要只握住对方的指尖,仿佛要与对方保持距离,这都是很失礼的握手行为。

7. 过度握手

握手太用力、时间太长,拉住对方的手后抖个不停,或喋喋不休长篇大论或点头哈腰过分热情等,都是过度握手的行为,让对方口上不说却心生厌烦。

8. 侮辱性握手

不管是心理问题还是无意举动,在与别人握手后,立即掏出手帕纸巾擦拭手掌,仿佛嫌弃对方肮脏或是带有致病源一般,都是对对方的当众侮辱,千万不要这样去做。[①]

四、其他致意礼仪

现代致意礼节还有很多其他形式,在不同地区或国家可能会被采用,我们也应做一

---

① 金正昆著:《社交礼仪教程》第四版,中国人民大学出版社 2014 年,第 133 页。

定的了解。

1. 点头礼

点头礼是一种不算太正式,容易实施的简易礼节,一般用于同辈或同级别熟人间,在不便交谈或同一场合多次遇到或遇到多人无法一一问候的情况下使用。行礼时头上应不戴帽子,目视对方,微笑着轻点一下头做出致意的状态即可。注意不要反复点头,幅度也不宜过大。

2. 脱帽礼

脱帽礼源于西方战士所戴头盔,在他们处于安全所在时脱下头盔减轻负担,因其意味着没有敌人,衍生出表示友好的含义,逐渐形成表达敬意的礼仪。现代社会因为戴帽子的人大幅度减少,对此礼节要求不再那么严格了。

一般在进入室内或娱乐场所、向人致意、举行庄重仪式等场合,都应自觉摘下帽子表示礼貌。在一般社交场合也有例外,那就是女性可以不行脱帽礼。

3. 举手礼

举手礼源于西方中世纪,据说是欧洲骑士在路上交会时,为让对方看清自己的脸以表示尊敬,会用右手掀起头盔的面甲,后演变为举手礼,现在一般为军队所采用,在我国主要是军礼之一。

我国举手礼军礼的口令是"敬礼",行礼时上身挺直,右手取捷径迅速抬起,五指并拢伸直,中指微接帽檐右角前约 2 厘米处(戴无檐帽或者不戴军帽时微接太阳穴,与眉同高),手心向下,微向外张(约 20°),手腕不得弯曲,右大臂略平,与两肩略成一线,同时注视受礼者。一般是用于军人向他人致敬或参加升旗仪式、纪念典礼等的致敬环节的礼节。[1]

普通人的举手礼一般是挥手致意礼,用于向较远处的熟人打招呼。做法是右手臂向前上方伸直,掌心向前,四指并拢,拇指自然张开,左右轻轻摆动一两下。注意手掌不要上下摆动,或手背向着对方。

4. 注目礼

注目礼一般是指目光注视对方的见面礼节,主要也是军礼之一,行礼时身体直立,眼睛注视目标。

注目礼的具体做法是:立正站立,抬头挺胸,双手自然下垂,表情严肃庄重,注目行

---

[1] 豆丁网资源:《军事训练教程》,https://www.docin.com/p-108784458.html

礼对象。

普通人也可以使用注目礼，一般应用于升旗仪式、游行检阅、剪彩揭幕等典礼场合，是用以表示关切、庄重的致意礼节。

5. 拱手礼

拱手礼，又称为作揖，是我国的传统礼节，古今均常用，多用于祝贺，恭喜，拜年等喜庆场合。行礼时，双手相叠合于胸前或偏上，形成一个拱形。当代一般右手握拳在内，左手在外抱住；若为丧事行拱手礼，则正好相反。

需要注意的是拱手礼与抱拳礼类似，要把它们区分开。

抱拳礼是习武之人的礼节，行礼时并步站立，右手握拳，左手四指并拢伸直成掌，拇指屈拢，掌心按贴在右手拳面上，双臂圆曲，肘尖略下垂，目视受礼者。抱拳在中国古代作为一种见面的礼节，犹如现在的握手，一般都伴有"久仰""幸会"等敬辞。

6. 鞠躬礼

鞠躬礼是源于我国，在东亚儒家文化圈国家普遍使用的一种传统礼节，源自古代祭天仪式，后演绎成为日常礼节。姿势为弯腰、低头，是向人致意，表示尊敬、谢意、缅怀、致歉等方面的郑重礼节，一般用于下级对上级或同级之间、学生向老师、晚辈向长辈、服务人员向宾客表达由衷的敬意，或是用于领奖、演讲、演员谢幕等表示感谢，或是对纪念碑、逝者等表达缅怀尊敬的礼节。

适用场合：既适用于庄严肃穆、喜庆欢乐的仪式场合，也适用于普通的社交和商务活动场合。

① 三鞠躬：应当先脱下帽子、围巾，身体肃立，目视受礼者；男士双手下垂贴于两侧裤线处、女士双手下垂搭放腹前，身体上部向前下弯约 90°，然后恢复原样，如此三次。

主要用于婚礼、面见尊长恩人、参加追悼会或赔礼道歉等场合。用在婚礼上，用以拜天地、拜父母和拜对方；用在面见尊长、恩人时用来表达特别敬重感谢；用在参加追悼会时表达敬畏天地、哀悼死者和抚慰家属含意；另外在赔礼道歉时为表示特别愧疚也可破例使用，但需注意不要让对方误解诚意。

② 深鞠躬：动作与三鞠躬基本相同，但只做一次，一般身体上部向前下弯约 45° 或 90°；在我国前者常用于向纪念碑、英雄雕像等缅怀致敬，后者通常用于致歉。

③ 社交鞠躬：首先面向受礼者，距离两三步远立正站好，上身向前倾 15° 以上（最高一般到 60°，视对受礼者的尊敬程度而定），同时发出"您好""早上好""欢迎光临"等问候语；一般是用于初次会面的致意礼节。

目前世界上日本人是最讲究鞠躬礼的,与他们交际时应特别注意这一点。

7. 合十礼

合十礼,又称"合掌礼",原是印度古国的文化礼仪之一,后为各国佛教徒沿用为日常普通礼节。行礼时,双掌合于胸前,十指并拢向上,指尖与鼻尖基本相齐,微微欠身低头以示虔诚和尊敬。

遇到不同身份的人,行此礼的姿势也有所不同。可分为三类:

跪合十:佛教徒拜佛祖或高僧时的一种礼节,姿势为右腿跪地,合掌于两眉间,微俯首以表恭敬虔诚;

蹲合十:某些国家的人拜见父母、师长时的礼节,姿势为身体下蹲,合十掌尖举至眉间、拇指尖靠近鼻尖,以示尊敬;

站合十:某些国家的平民、平级人员之间相拜,或公务人员拜见上级时的一种礼节,姿势为端正站立,将合十的掌尖置于胸部或口部,以示敬意。

因佛教基本不行握手礼,在我国一般是对僧人行站合十礼。

8. 拥抱礼

拥抱礼是在欧美流行的一种见面和道别的礼节。随着欧美文化的流行,现代很多国家的上层社会中,也有自发推广行拥抱礼的趋势。

在国际会面迎送中的正规拥抱礼,要求是两人面对面站立,举起右手臂搭在对方左手臂后,左手臂环扶对方右后腰侧,并头部相贴,各自向对方左侧、右侧再左侧拥抱三次。

我国在日常社会交往中一般不采用拥抱礼节。

9. 亲吻礼

亲吻礼也是广泛流行于西方的一种会面礼节,通常与拥抱礼同时使用。行礼方式是以唇部碰触对方的面部,根据双方关系差异,可以选择不同的亲吻部位:长辈吻晚辈的额头,晚辈吻长辈的下颌或面颊,同辈间同性贴面颊,异性吻面颊。

欧美人流行使用亲吻礼,如法国男子亲吻时常行两次,即左、右脸颊各吻一次;比利时人则比较热烈,往往反复多次。

现代许多国家的迎宾场合,宾主往往连续行以握手、拥抱、左右吻面或贴面的系列性礼节,以示敬意。

10. 吻手礼

吻手礼是源于维京人的一种风俗,主要在欧洲大陆上层社会流行。欧洲吻手礼的受礼者只能是女士,而且应是已婚妇女。行吻手礼是表示对女士们的敬意或感谢。

行礼过程是男性行至已婚女性面前，先垂首立正致意，然后用右手或双手捧起女士的右手，俯首微闭嘴唇象征性地轻吻一下其手指或手背。行吻手礼时，若女方身份地位较高，男性要屈一膝半跪，再握住其手行吻手礼。这种礼节在我国日常中并不被人们所采用。①

<h1 style="text-align:center">第二节　名片礼仪</h1>

名片起源于中国，是方便与人联系所用的长方形硬纸片，一般在上面印有联系电话、姓名、职务、住址等，是一种非常经济实用的介绍行媒介。它最早产生于春秋时期，有文物证明的是在西汉出现的名为"谒"的名片，至东汉又有名称叫做"名刺"。据《释名·释书契》记载："谒，诣告也。书其姓名于上以告所至诣者也。"在汉墓出土的谒或名刺，是木简形制，长22.5厘米，宽7厘米。上有执名刺者名字，还有籍贯，与现今的名片大抵相似。后代逐步演化，名称有唐宋的"名纸""门状"、元的"拜帖"、明清的"名帖""片子"等，直到清朝固定名称为"名片"，其内容也逐渐丰富，并随着与国外通商而在世界上得到推广普及。②

在现代社会的人际交往中，名片的作用一直是很稳定的，并没有因为新的通信手段的盛行而受到多少冲击。由于它的形制规范，内容简洁实用，易于传递使用，在社交活动中始终是一个重要的媒介工具，对其使用的礼仪研究也需要认真学习和掌握。

社交活动中，名片起到了"介绍信"和"联络资讯集合体"的作用，方便用来向新认识的社交对象推介自我，便捷地搭建联络通道，因此要重视使用名片的规范和礼仪，最大限度地利用好名片。

一、名片的形制

名片的设计有多种选择，制作自己的名片首先要确定其形制。

1. 造型构成

名片的造型构成分为规格、材质、图案、文字、字体、饰框底纹与版式等。

名片的规格就是它的形状和大小，一般采用长方形。中式标准名片的规格是9厘米×5.4厘米，即长9厘米，宽5.4厘米的标准大小，这符合长宽黄金比例，看起来最为美观；美式标准名片规格是9厘米×5厘米，采用的是16∶9的白金视觉比例，这一比例现在也

---

① 金正昆著：《社交礼仪教程》第四版，中国人民大学出版社2014年，第133-136页。
② 百度百科：《名片》，https://baike.baidu.com/item/%E5%90%8D%E7%89%87/888813?fr=ge_ala。

大规模应用在显示器上；欧式标准名片规格则是 8.5 厘米 × 5.4 厘米，这是采用了 16∶10 的白银视觉比例，各种银行卡和部分显示器都是用这一比例；还有窄式标准名片，规格是 9 厘米 × 4.5 厘米，属于时尚类名片。

此外名片规格形制还有折叠式的折卡，适用于内容较多的名片，其标准尺寸为中式 9 厘米 ×（4 厘米 + 5.5 厘米），西式 9 厘米 ×（5.5 厘米 + 5.5 厘米），括号内为折叠两面的宽度；加长型的标准尺寸为中式（4 厘米 + 9 厘米）× 5.4 厘米，西式（4 厘米 + 9 厘米）× 5 厘米。标准尺寸适合公司员工使用，加长型通常是集团公司领导人使用。

制作名片的尺寸宜小不宜大，若是超过标准尺寸，那么基本不能被放入标准的名片夹内，不便被接受者保存。

名片适宜使用的材质是纸张，最常用的是铜版纸，平整且白度高，印出的画面图形有立体感。蛋壳纹纸又称为绅士纸，原产日本，既有铜版纸的优点，还有花纹纸的质感，与我国唐代发明的水纹纸一样作为高档名片用纸，可按需选择，量力而行。

此外还有各种其他特殊纸张或金箔、金属、磨砂、水晶等材质，有些人用以印制彰显身份的特殊名片，这种名片一般不适合在社交场合使用。

名片上的图案需要谨慎选择，除了纸张本身的纹路，还可以添加一部分象征性或装饰性的图案，一般的选择是企业相关的标志、蓝图、方位、主导产品简介等，但不宜太多。尤其注意不要在名片上印一些漫画、人物、动植物等其他图案。

应使用规范的文字系统，如在国内就应采用简体汉字，而不宜使用繁体字。尽量避免在一张名片上使用多种文字，也不要将多种文字交错印在同一面上。只有那些需要在外资企业、境外以及某些少数民族聚居区使用的名片，才可酌情使用规范的外文或少数民族文字，并将两种文字分别印制在名片的两面。

此外名片上的文字所选择的字体，一般使用印刷字体为佳。选择标准为清晰易辨识，美观大方；若非职业相关，尽量不要采用行书、草书、篆书等艺术字体。

饰框、底纹是平面设计的构成要素；名片的饰框和底纹在名片设计中并不是要素性的材料，大多是以装饰性为目的，主要起到美化版面、衬托主题的作用。一般情况下，名片会选用庄重朴素的单色，常见的有白色、米白色、浅蓝色、浅灰色、淡黄色等，除了纸张本身的纹路，添加的饰框和底纹应不突出和过强地刺激视线，以柔和线条为佳，在色彩应用上要以不影响文字效果为原则，达到诱导视线移到内部主题的目的。

名片本身形状是长方形，其版式可分为横式和竖式两种。其中，竖版式是中国古代传统，具有一种古朴美，但选择在现代使用可能会影响阅读便利性，若与其他横版式的名片一起收藏于名片夹中，不利于接受者的查阅。若以两种文字印制同一张名片，还要避

免两面采用横竖两种不同版式的情况。

2. 内容构成

名片中的文字应该以简明扼要为主,并根据名片的具体用途而选择不同的内容。

通常生活中使用的名片可以分成两大类,第一类是个人使用的名片,一般分为对应在应酬场合、社交场合和公务场合使用等;第二类是专用于工作单位的名片。

(1)个人名片

个人使用的名片即为个人名片,应根据其用途来选择文字内容。

用于应酬的名片,其内容一般只有名字,最多再添加上籍贯,只需要向他人说明自己的最简信息即可。

用于社交场合的名片能起到介绍信的作用,其内容应该包括自我介绍加联络方式,即个人姓名加上住址、邮编及其他联系方式。现代社会的个人交际有时比较讲究避免打扰,所以具体联系方式可根据个人偏好来选择。

最常用到的是公务式名片,通常用于正式的业务沟通场合。其标准内容应该有所属单位、本人称呼和联络方式等三项。

所属单位一般由企业标志、单位名称、所在部门三个部分构成,也可精简为只印上所属单位名称。

本人称呼一般由姓名职位及学术头衔构成,也可只保留姓名。在名片上自己职务和头衔那一栏一定不要夸大捏造,若有多个职位和身份,应根据不同的社交对象选择一个头衔,以有针对性地赠送不同的名片。

联系方式传统上应由单位地址、办公电话、邮政编码三部分构成,缺一不可。其余手机号码、传真号码、电子邮箱等其他联络方式则应根据自己需求酌情添加。

名片背面可以保留空白或印上标志性、装饰性图案,也可以印制与自己工作相关的内容,如单位经营范围、业务范畴。

(2)单位名片

一些企业会制作专门用于推介自己企业的名片,也称为企业名片。其内容通常是由企业标志、企业全称及企业联系方式组成。

二、名片的使用

人们在交往中经常使用的一种介绍方式就是互赠名片,在使用名片时有许多讲究,称为名片礼仪。

1. 名片用途

名片可以代替便函,除传递个人信息外还可用以对他人表示祝贺、感谢、介绍、辞行、慰问等礼节。这种用法在国外较为常见,一般流行在名片左下角用小写字母写上相应含义的法文缩写,例如:n.b. 表示"提请注意",p.f. 表示"敬贺",p.r. 表示"谨谢",p.p. 表示"介绍",p.p.c. 表示"辞行",p.c. 表示"谨唁"等。

2. 名片交换

名片的功效要想发挥出来,需要注意使用递交的时机,并使之得体且符合规范。

一般情况,如果遇到社交对象,遇到以下情况应该主动递交名片:希望认识对方、表示重视对方、被介绍给对方、对方提议交换名片、对方向自己索要名片、初次登门拜访对方、通知对方自己信息变更、打算获取对方名片等。

有些情况则不必向对方递交自己的名片:无社交交集、不想认识对方、不想与对方深交、对方对自己不感兴趣、与对方往来频繁、双方身份地位等差距悬殊。

要与对方交换名片,可以采用以下两种方法:

一是主动递上自己的名片。要郑重其事走到对方面前,用右手或双手拇指与食指握住名片,将正面朝向对方递上自己的名片。同时应该轻微鞠躬,并加以问候话语,如:"请您指教""希望常与您联系""我是张三,认识您很高兴"等。按照礼仪规范,对方一般会与你交换名片。

社交场合应主动向尊长递交名片,递给多人的话要注意按照尊卑次序依次进行,不要"跳跃式"发送,也不要随意滥发。

二是委婉索要对方名片。一般情况不要强索对方的名片,要么主动递上自己的名片并口头提议互相交换,要么委婉询问对方:"张老,不知以后该如何向您请教?"或"认识您很高兴。以后该怎么跟您联系?"这些话就是在询问对方,能否给自己一张名片。

当他人要递交名片给自己时,应立即起身做好准备,面带微笑目视对方,双手或右手接过名片,同时点头表示感谢或回应对方的问候;接到之后应该用半分钟左右的时间认真阅读一遍,以示重视。

收好对方的名片后,应当场交换自己的名片给对方,若没有带名片或不想给对方时,可委婉地说明,如"不好意思,我的名片忘记带了"或"真是抱歉,带的名片较少,已经用完了"等。这种说法也可用在婉拒对方索取名片上,若不是拒绝对方,后面应该再加上这样一句:"改日一定补上",并且诚信守诺予以实施。

3. 名片存放

在与他人交换名片时,如何存放名片也是一个需要考虑的礼仪问题。

参加相应社交场合时,随身携带的名片应该放在专用的名片包、名片夹中,或者整齐存放在上衣口袋里。在自己的办公场所抽屉和公文包里,也应该事先准备好相应种类的名片,以备应对不同的来访客人。这样在需要递交名片时就会有条不紊,稳重大方。

接到别人递送的名片,在当即看过之后,应该郑重稳妥地放入自己的名片包、名片夹或上衣口袋内,千万不要随手乱塞乱放或交给别人,这都是非常失礼的行为。

对自己收到的各类名片,在交际活动后应立即整理归类,便于今后查找和使用。最好按照其一定的类别,如行业种类、工作性质、与自己关系等制作相应的索引,方便对名片的利用。①

三、数字名片

数字名片,它是运用现代数字信息技术、数字多媒体合成技术,用文字、图片、视频、声音等信息整合方式介绍政府、企业、单位及个人的"多媒体名片",是当今数字信息时代背景下产生的一种新生事物,包括手机名片、U盘名片、二维码名片等。

1. 手机名片

随着个人智能手机的普及,各种利用手机功能开发的新软件层出不穷,并逐渐在现代社会人士的工作生活中获得认同和推广。手机名片就是安装在手机上的一个名片软件,人们通过这个软件可以把过去的纸质名片上的内容整理存储到手机上,名片信息可以编辑修改、随时更新,名片交换快捷,不用人工输入,自动储存名片并关联手机通讯录自动更新名片信息,是一种全新的通信工具。②

不同的手机名片软件细节各有差异,但基本有以下功能:

① 手机名片一般集局域网络管理、短信管理、移动互联网管理于一体,实现多项数据在手机与网络上存储的同步和更新,保障信息数据安全,同时满足不同时间、不同环境提取信息的需求;

② 数据交换智能化,通过移动名片交换号,手机名片智能化地为名片交换双方的移动通讯簿添加对方最新的联系方式;

③ 智能化查找功能,可以用具体姓名等信息准确查找,也可根据姓氏、行业、地区、职务、分组、号码等进行模糊查找或多条件组合查找,便于管理和使用名片信息。

---

① 金正昆著:《社交礼仪教程》第四版,中国人民大学出版社 2014 年,第 144-146 页。
② 百度百科:《名片》,https://baike.baidu.com/item/%E5%90%8D%E7%89%87/888813?fr=ge_ala。

2. U 盘名片

在计算机普及后的一段时间,曾经流行过一段电子光盘名片。电子名片是一种图文、声像并茂的多媒体"光盘名片",把企事业单位的文字、图片、视频、声音等多媒体宣传资料整合刻录到名片形状和大小的光盘上,不仅可以单纯作为普通纸质名片使用,还可以当作宣传画册使用,是名片和企业宣传画册的结合体。但因需要电脑光驱的支持且制作工艺复杂成本较高,随着互联网的兴盛和光盘使用的逐渐减少而式微,逐渐退出名片市场。

U 盘名片是将电子光盘名片的文件存储在 U 盘中,优势是容量大,应用范围比传统纸质名片和印刷画册更广泛、便捷、直观,适用于政府招商引资、推介会、促销会、企业宣传等。随着 U 盘取代了光盘的地位,电子光盘名片已基本转换成 U 盘名片。

3. 二维码名片

二维码名片上没有常见的职位头衔、电话号码、信箱、地址等信息,只在右下方有一个二维码,使用手机扫描,便可解析整张名片的文本信息,包括姓名、职位、电话、地址等内容,这些信息便于存入手机,还能作为邮件直接发送。

优势:二维码名片只需用手机扫描名片上的条码,便能快速、准确地将名片资料录入手机,可保存或发送,省去了烦琐的文字录入过程。应用在商务交流中,更能体现企业的实力和对客户的尊重,更利于沟通实效,长远发展更有助于实现移动商务。[①]

第三节　馈赠礼仪

我们国人讲究"礼尚往来",这个"礼"很多时候指的是互相馈赠的礼物。

馈赠本义是以食物送人或把财物无代价地送给别人,也指赠送的东西、礼品。在社交活动中是指人们为了表达个人的敬意或亲切之情,将某种物品不求报偿地送给他人的行为。

馈赠行为在人们的社交活动中非常普遍,它不仅是一种礼节形式,更体现了人们相互之间以诚相待、珍惜情谊的情感。馈赠的礼品以表达感情为主,经济实用价值为辅,讲究的是"礼轻情意重",馈赠双方都感到满意,由此营造的交际关系得到巩固和加强,则馈赠礼节就是成功的。

---

① 百度百科:《名片》,https://baike.baidu.com/item/%E5%90%8D%E7%89%87/888813?fr=ge_ala。

一、馈赠原则

馈赠行为关系到赠送和接受双方,只有遵守馈赠礼仪的原则,才可以达到馈赠的预期目的。

1. 以接受方为主原则

馈赠行为以接受方满意为主要目的,要让接受方产生愉悦、幸福的感受,这就需要考虑接受方的具体情况来选择合适的礼物,避免导致南辕北辙、事与愿违的后果。

首先,选择礼物应该考虑对方的生活和工作实际,选择符合对方一定实际需求的礼物,或者能够满足对方兴趣爱好者为佳。简单来说就是要投其所好,如同古语所说:"宝剑卖与烈士,红粉赠与佳人"。

2. 针对性原则

礼物的纪念价值应该高于其使用价值。普通人之间的馈赠,目的是让对方记住自己,强化巩固相互关系。那么馈赠的礼物就应该以纪念意义为主,而非越贵重越好。根据接受者的特点,尽量用心和时间去选择那些具有独创性、时尚性的礼物,才能做到为接受方考虑的原则。例如对一个年轻姑娘来说,赠送一只价值百元的独特毛绒玩偶,远比价值千元的保健茶要合适得多。

一般而言,馈赠礼物不提倡选择贵重的珠宝、商品或大额现金等,一是容易让受赠者内心不安,陷入进退两难的境地,二是容易把人际关系金钱化、庸俗化。

3. 避免禁忌原则

馈赠要考虑礼物禁忌。送什么礼物虽然是馈赠者的自由,但是若触犯了一些禁忌,则馈赠就容易变成伤害和侮辱,适得其反。[①]

违法物品绝对不能当做礼物,如国家保护动物及其制品、涉密资料、黄赌毒相关物品,任何时候都不能拿来送人,否则就是害人害己。不健康的物品也不要当做礼物,如槟榔。

还要考虑宗教和个人方面的因素,比如不能给佛教徒赠送肉制品,不能给穆斯林送烟、酒和猪肉制品,不能给残障人士送其无法使用的用品,也不要给环保爱心人士送毛皮制品等。还有些是含义和语言方面的禁忌,如不要给欧洲、拉丁美洲人送菊花、不要给国内老人送时钟、给恋人送伞、给南方生意人送茉莉花等,这些有一定含义或谐音的礼物容易被人误解成讽刺和诅咒。

---

① 李兴国主编:《社交礼仪》,高等教育出版社 2006 年,第 119 页。

此外,对我国公职公务人员,国家和单位有相关收受礼物的法规政策,违反相关规定赠送礼物,则是陷对方于不义,不仅是自己不懂礼节,还会给对方带来危害。

4. 不用废旧原则

废旧物品不要当做礼物馈赠他人。一般情况下,除了有价值的文物、古董,废旧物品不应作为馈赠的礼物。自己用了一半的用品、过时淘汰的电器、别人送给自己的礼物等不适合再作为礼物送人,这对受赠者而言是一种看不起人的行为。

这种情况甚至可以上升到国家层面,如 2023 年 2 月 6 日,土耳其南部靠近叙利亚边境地区连续发生 7.8 级和 7.5 级强烈地震,损失惨重。震后各国发起捐赠,美国、韩国的捐赠物资送到土耳其,却引起当地人民的强烈不满和谴责,原来美国捐助了大量二手比基尼、超短裙、高跟鞋等,韩国捐助物资里面有 10% 是脏衣服……这些捐赠不是礼物,而是侮辱。

还有一点就是不要拿广告用品当做礼物送人。有一些物品上印有广告推销用语或广告标志,对接受者而言,这是拿自己当免费的宣传员、搞推销的行为。

二、馈赠方式

馈赠礼物的方式需要注意礼物的赠送礼节、赠送时机、受赠礼节等方面的规范。

1. 赠送礼节

首先,要注意包装。对馈赠礼物而言,精美的包装包含了馈赠方的诚意和情感,是不能忽视的部分。精美而独特的包装能够为礼物增辉,使受礼者印象深刻,难以忘怀。西方有一句名言:"赠送礼品的方式比礼品本身更重要。"

对礼物进行包装,才能使馈赠显得正式和隆重,这在国际交往中尤其需要注意。

国内一些不合时宜的传统观念,如"酒香不怕巷子深",过分谦虚、反对表现,在对物品包装上也有体现:我国早期茶叶采用大纸袋包装,价格卖不上去。日本人购入茶叶进行精美包装,如 50 克普通包装的"煎茶"售价 100 日元,改用精美包装后售价升为 350 日元,扣除包装成本后利润翻了一倍。这说明好的包装可以极大提升礼物的价值。

包装礼物最好亲自动手,要反对华而不实,更要尽量做到提升档次、赏心悦目。包装在个人能够接受的前提下尽量选择好的材料,按照礼物特色搭配其包装风格,避免粗陋的包装给礼物带来的"贬值"伤害。

其次,要有礼物说明。赠送礼物时,最好对礼物加以适当的说明,介绍馈赠的目的如生日贺礼等,切勿过分谦虚自我贬低,说出"不是什么好东西,实在拿不出手"之类的话,而应真诚相告:"我跑了好几家店铺为你精心挑选的礼物,希望你喜欢。"

对一些比较特殊的礼物,最好加以适当说明,如:"这是我去西藏珠穆朗玛峰自驾游,亲自找到的菊石化石,特地带回来送你的。""这个电子宠物非常好玩,具体是这样操作的……"

若是请别人转交或邮寄礼物给对方,一定要随包装附上贺词或说明名片等。

再次,应摆正赠送礼物的姿态。馈赠他人礼物是一件很正常的事情,应该自然大方,举止得体。不要鬼鬼祟祟、避人耳目,仿佛在做什么违背道德或法规的事情。携带好礼物与对方见面时,应郑重说明送礼的缘由,同时双手将礼物递给对方,在对方接手后再松手,不要直接放到地上等待对方自己来拿,也不能悄悄塞在角落里而不说明。

当一次性向多人赠送礼物时,一般要按照先长辈后晚辈、先女性后男性、先上级后下级等顺序进行,身份相仿时可以按照由近及远的次序进行。

2. 赠送时机

馈赠礼物是为了表达情意增进友谊的社交活动,选择的时机也很重要。社会习俗一般有一些专门适合馈赠的时机,选择这些相应合适的时间赠送礼物,可以有效增加对方的好感和接受程度,获得良好的社交成效。

(1)节日和纪念日

国内外都有各自的民俗和文化节庆日及一些纪念日,在这些特殊日子里,大多是有互相馈赠礼物需求的。如我国有传统节日春节、元宵节、端午节、七夕节、中秋节、重阳节等,国外也有情人节、母亲节、复活节、圣诞节、新年等习俗节日与宗教节日,许多节日也随着文化交流传入我国。人们在这些节日里走亲访友,选择此时赠送礼物就显得合情合理、顺应时节。我国的重大纪念日有"国际妇女节""国际劳动节""国际儿童节""建党节""建军节""教师节""国庆节"等,既可向对应团体的朋友表示祝贺和感激,也是人们与其他亲友相聚和馈赠礼物以示友好祝愿的好时机。

(2)喜庆之日

俗话说"人逢喜事精神爽",在一些结婚、乔迁、升迁、生日等喜庆的日子里,人们会心情愉悦,也愿意接受他人的祝福与贺礼。

(3)做客与送别

到别人家里拜访或受邀做客,可以选择一些清新脱俗的礼物表示感谢。亲友因各种原因需要离开,临别送行之时,可以选择一些有意义的礼物留作纪念,用以表达惜别珍重之情。

（4）探视病人

对他人病痛进行探视,应携带合适的礼物,表达抚慰和祝愿早日康复之意。

（5）丧葬祭奠

对逝去之人表示哀悼,同时赠送相应的礼物,既有纪念之意,也有抚慰家属的作用。

（6）开业庆典

对友人和相关的企业举行开业庆典的邀请,可以选送一些花篮、匾额、招财摆件、宝鼎雕件等以示祝贺。

（7）酬谢他人

对帮助过自己的人,在事后可以选择相应礼物赠送,作为对他们帮助自己解决困厄、热心帮扶的谢意。

其他还有一些表白、致歉、婉拒等场合,也可以按照社会惯例赠送相应礼物来表达心意。

3. 受赠礼节

接受他人馈赠礼物时,也应遵守一些约定俗成的礼节,才可以正确参与社交活动中的互动,表达出正确的情感反馈。

（1）欣然接受

对他人提出馈赠礼物的行为,需要郑重对待,立即起身并表情庄重或微笑面对,只要礼物不是违法违规,应欣然接受。此时不要表现得见猎心喜、心急火燎地抢先询问或抢先伸手,这样会有失身份和风度修养。

（2）郑重对待

接受礼物时应双手相接,若礼物外附贺卡、名片文字说明或只是礼单时,应认真阅读一遍,以示郑重之意。接到的礼物应妥善存放,不要随手处置,乱塞乱放。

在对方送礼同时表达问候时,应大方认真地予以应和,此时若有条件应与对方握手致谢,不要摆出理所当然的态度或反复谢绝、虚假推让。

（3）顺应习俗

随着国际交往日益频繁,许多时候会遇到遵循不同习俗的馈赠者,此时应按照对方的习惯对待礼物。

我国传统习惯是收到礼物需要在客人走后再拆开才是符合礼仪的做法。如果对方是比较传统的国人,那就表达感谢后妥善放置,不要当面拆开礼物,以免尴尬。

欧美人士和一些接受国外习俗的人士则习惯当面拆开礼物包装,用以表示对礼物的重视。因此对待有这种习惯的馈赠者,若现场条件允许,应在接受礼物后尽量当面拆开包装,并立即用语言和行动表达欣赏和谢意,如:"这个礼物太棒了,我很喜欢""你真是了解我的喜好啊,太感谢了"等。如接到了鲜花,应在闻香观赏后,插入花瓶摆放好;接到帽子、丝巾等,则可以马上佩戴并表示对其造型花色等的欣赏。不要当面对所赠礼物挑剔批评,败坏他人兴致。

(4)拒绝得当

有些礼物含义不适宜或价值与双方关系不符,又或者违反相关规定等,就需要拒绝接受对方的礼物。此时应用妥善得体的方式加以拒绝,做到既接受对方的好意,又不伤及对方的自尊,保持社交关系不受拒绝的影响。具体方法可以参照以下三点进行:

第一种,直言相告方式。对一些有明确正当拒绝理由的情况,应先道谢,然后坦诚相告拒绝的理由,这样既不伤及对方颜面,也可顺利退还馈赠。这种情况一般在工作、公务交往中比较常见。如要拒绝他人馈赠的贵重财物时,可以坦诚说明:"您的好意我心领了。但我们单位有明确规定,接受您赠送的这个礼物,属于严重违反工作条例,是要调离工作岗位的,恕我不能接受。再次感谢您的好意。"

第二种,婉言推却方式。有些时候遇到不适合接受礼物的情况,直言相告会伤及对方颜面或自尊,可以采用委婉迂回的语言进行暗示。如对表白者赠送的礼物,可以婉言:"感谢您的心意,可我男朋友刚给我买过了,我现在真的用不上了,谢谢啊。"

第三种,延后处理方式。有些时候馈赠者是在众多其他宾客面前送出的礼物,当面回绝容易使他尴尬,此时应先收下礼物,但不要拆开其包装,等待拜会结束,立即找合适的时机单独退还礼物,并说明缘由。需要注意的是,一定不要拆开或使用礼物,并在尽量短的时间内送还。

对于有违规违法嫌疑的馈赠,最好保存相应证据,在拒绝后应把具体收礼退礼的过程向组织或上级汇报,退不回去的礼物应依法上交。[①]

(5)礼尚往来

接受他人馈赠,应该尽快回赠礼物,做到有来有往,有助于强化社交关系。回赠礼物需要考虑选择恰当的回赠时间,一般可在客人临走前进行,避免接受礼物时立即回赠,容易当场引起尴尬。也可后面找时机回访对方,或邀约对方参与一些聚会、游玩等活动,都可以增进双方的友谊。

---

① 金正昆著:《社交礼仪教程》第四版,中国人民大学出版社2014年,第188页。

三、礼物含义

社交活动中馈赠的礼物,有些在不同文化习俗中还具有物品之外的含义,需要在馈赠活动中了解和关注。

（一）鲜花

鲜花作为一种美观和散发香气的礼物,自古以来就受到人们的青睐,多有借花表意的馈赠习俗。俗语有云,赠人玫瑰,手有余香——可见鲜花作为一种常见的事物,是一种具有广泛群众基础的馈赠礼物。现代很多国家都选择一种国民广泛喜爱的鲜花作为国花,了解这些,与相应国家的社交对象交往时可以投其所好赠送鲜花,可以起到事半功倍的功效。

1.包装形式

鲜花作为礼物,首先要讲究其包装形式。不同包装的鲜花,其作用和适用场合也有不同。

（1）花束

将鲜花用包装纸、丝带等按照相应的组合包装到一起,形成一个束把形状的造型,称为花束。一般采用透明塑料袋、印花包装纸等材料作为包装盒装饰材料,无需其他容器,因此携带方便,普遍应用在各种社交场合中,如迎宾、婚庆、探视、哀悼。

常见花束有用于迎来送往和庆典活动中的礼仪花束、西方专为新娘婚服搭配的新娘花束(捧花)两种。其造型一般是扇形、锥形、放射形、半球形、球形、倒垂形等,属于便携式插花的一种。

（2）插花

将花枝插在专用的花插底座上,或者其他瓶、盘、盆等容器中,根据构思插成一定的造型,借以表达一种主题或装饰作用。插花可以用来装饰家居环境,有很强的艺术气息。既可以将插花制作作为社交活动进行,也可以将成品作为礼物赠送亲友。

（3）花篮

用精美的篮子装上鲜花,摆出一定的造型,多用于作为祝贺的礼物,如开业典礼,也可用于吊丧、祭奠活动。

（4）盆花

盆花是养殖在花盆里的鲜花植株,用于赏玩其枝叶花果等。盆花一般被用来馈赠爱花人士、老人等,通过培育呵护鲜花的过程,增添和满足他们的爱好乐趣。

（5）花环

将鲜花花枝编扎成环形，可以戴在头顶、脖项、腕踝等处，或执于手中，可以用于表演舞蹈、迎送宾客或赠送嘉宾等。

（6）花圈

花圈一般是指带有支架、用鲜花或者纸花等扎成的圆盘状或环形的祭奠物品，用来献给死者表示哀悼与纪念。[①]

2. 鲜花花语

一般情况下，赠送鲜花，需要了解其表达的含义，这被称作花语，是用花来表达某种感情与愿望，是在一定历史条件下约定俗成、被相关人群公认的信息交流形式。在使用鲜花作为馈赠礼物时，花语无声却胜于有声，比起语言表达，它的含义和情感更加鲜明热烈。

花语的形成有其文化内涵和习俗传承，据说起源于古希腊，其来源主要与季节、人格、宗教、观赏、色彩、典故等相关。在人们羞于在大庭广众下表达爱意的年代，恋人间赠送鲜花作为爱情的信使，是大众对花语广泛接受的一个契机。

如今随着中国与世界各国文化交流的进行，很多花语也被大众接受，并成为现代礼仪的组成部分。对广泛流传的花语应做一定的了解，在礼仪中遵守其表达，不能自己"创造"或篡改使用。

中国古人喜欢在作品中写花，以香花美人比喻君子。因此很多鲜花都有深厚的文化底蕴，具有鲜明的花语。

以下列举几种国内的花语：

玫瑰：表示爱情、敬意、纯洁、幸福等。玫瑰原产于中国，是用蔷薇花培育而成，已有2 000多年的栽培史。宋代词人赵必在《贺新郎》中写道"随意种、荼薇踯躅"，"荼薇"即是一种带纽扣眼的浓香玫瑰。现在广泛作为表示爱情的礼物，深受年轻人的青睐。

萱草：表示忘忧、深厚母爱等。它是中国的母亲花，一般用于母亲节赠礼。

牡丹：表示富贵、吉祥、圆满、繁荣等。适合送给女性，代表着称赞对方优雅高贵的气质。

莲花：表示清廉、幸福、富贵、纯净等。在《爱莲说》里周敦颐赞美了莲花中通外直、出淤泥而不染、濯清涟而不妖的品质，赠送莲花代表称赞廉洁纯净的君子象征。

梅花：表示傲骨、高洁、坚强等。花中四君子之一，恶劣环境下凌寒开放，毛主席的

① 金正昆著：《社交礼仪教程》第四版，中国人民大学出版社2014年，第191页。

《卜算子·咏梅》这样写道:"风雨送春归,飞雪迎春到。已是悬崖百丈冰,犹有花枝俏。俏也不争春,只把春来报。待到山花烂漫时,她在丛中笑。"可以说把梅花的高洁和奉献淋漓尽致展现了出来。梅花是给文人墨客的上好馈赠,表达了对他们品行的称赞。

兰花:表示高洁、典雅、爱国、坚贞不渝等。花中四君子之一,孔子以"芝兰生于幽谷,不以无人而不芳;君子修道立德,不为困穷而改节"称赞其品格,屈原用兰花表达不与小人同流合污,世人皆浊我独清的气节。同样是馈赠文人墨客的礼物。

竹子:表示谦虚、顽强、高风亮节等。花中四君子之一,"虚心有节",郑板桥说它"咬定青山不放松,立根原在破岩中。千磨万击还坚劲,任尔东西南北风",称赞了竹子坚韧的品格。作为礼物的一般是富贵竹、文竹、龟背竹等,表达祝愿吉祥富贵、永恒、长寿等祝福。

菊花:表示超然、长寿、友情、伤感等。花中四君子之一,秋季开放,古人把它看做不老草。屈原在《离骚》中写道:"朝饮木兰之坠露兮,夕餐秋菊之落英",表达人格品性的高洁;陶渊明"采菊东篱下,悠然见南山",以菊花代表隐士;李清照用"人比黄花瘦"表达伤感。主要用于重阳节赠礼,表达长寿、高雅等含义,也是馈赠文人墨客的佳品。

国外传来的很多花语也需要我们去了解,以免造成误会。

玫瑰:表示爱情和美貌等。

百合:表示心想事成、祝福和高贵等。

菊花:洁净、爱情、友情等。

风信子:胜利、竞技、热情等。

郁金香:爱情、荣誉、祝福等。

康乃馨:对母亲的爱、真情等。

鸢尾花:好消息、想念、信仰者的幸福等。

花语内容繁多,这里只是简单列举部分以作示例。

3. 送花禁忌

在花语中,应注意赠送的禁忌知识,避免出现表错情会错意的情况。

中国讲究花团簇锦,鲜花越多越好。但是作为礼物,鲜花的数量也有一定含义,不能轻忽。

中国和日本送花讲究双数,取好事成双之意,但要避开 4 这个谐音不好的数字;在丧葬礼仪上则应取单数,避免"祸不单行"。还有男性给女性送花,若是关系普通则需注意不能送双数的花朵,也不要送玫瑰、百合,那一般是表示"成双成对",要追求对方。而送

恋人黄玫瑰,却是表示一般的友谊或歉意。西方国家则讲究送人单数花朵,但要避开 13 这个代表不吉利的数字。

中国人将丧事称作"白事",平时的社交馈赠中忌讳赠送整束白色的花朵。

在日本探视病人不能送盆花,因其有"扎根"含义,既与"卧床不起"是同音词,又有"久病成根"的含义。

一般情况下也不能给病人送香味浓烈和过于鲜艳的花朵,对病人而言一是容易影响呼吸,二是刺激神经产生烦躁。

因为谐音关系,粤语地区不能送剑兰(见难)、茉莉花(没利)等。

日本人发音中 4、6、9 三个数字近似"死""无赖""劳苦",因此忌讳赠送相关数目的鲜花。基督教中犹大是耶稣的第十三门徒,因此信仰基督教者忌讳 13 这个数字。[1]

罂粟花、紫色曼陀罗、彼岸花、荼蘼花、月桂花、黄色郁金香等在国外被视为死亡之花,代表了死亡、终结、黑暗等寓意,此外还需要注意:黄色菊花在欧洲部分地区、拉丁美洲等广泛代表死亡,剑兰被称为拉丁美洲的死亡花,白玫瑰在威尔士用于少女的坟墓,长春花是意大利的死亡之花,印度康乃馨在墨西哥被称为"死者之花",荷花在日本专为葬礼使用。

在社交活动中如果要给跨国或跨地区友人赠送鲜花,一定提前查找相关资料做好功课,以防出现社交事故。

(二)涉外馈赠

涉外交往中馈赠一般具有的共性是:礼物特色要鲜明,不要过于贵重;礼物说明要准确,不要过分谦虚;礼物包装要精美,不要标明价格;受礼言行要自然,应该当面打开。

除了鲜花,平时我们可以广泛选择各种物品作为馈赠礼物,但是也有不少物品带有一些不同文化含义,不能作为通用的礼物。下面简单做一些举例:

1. 文化象征差异

同样的事物在不同文化中会有不一样的寓意。如我国把蝙蝠作为"福"的象征,常有以蝙蝠为主角的礼品,如《五福图》、蝙蝠玉饰;但是在西方文化中,蝙蝠寓意"叛徒""吸血鬼",是一种不祥的征兆。还有在我国被认为是厄运代表的猫头鹰,在日本反而是表示富裕长寿的老人,乌鸦也被认为是吉祥的至尊神鸟等。据说有留学日本的年轻人不了解我国传统文化,回国时买了精美的猫头鹰挂钟作为礼物送给自己的爷爷,结果差点儿被打出家门。

---

① 李兴国主编:《社交礼仪》,高等教育出版社 2006 年,第 121 页。

2. 谐音忌讳

在语言中有很多与谐音相关的禁忌,这也体现在赠礼的忌讳上。

如前文所述赠送鲜花中的忌讳送剑兰、茉莉,还有日本忌讳4、6、9数字等。此外,不能给年老多病者或长辈送钟表,不能给比赛运动员送书等。

3. 各国忌讳

不同文化和习俗在不同国家地区造就了不同的禁忌,因此在对外赠礼时应该首先了解其禁忌传统,避免"触雷"。不同国家各有需要注意的事项,不能一概而论。

例如我国比较忌讳送人绿色帽子和乌龟工艺品,因为这两者在传统文化中常用来表示配偶有婚外不当行为的情况。

澳大利亚忌讳用兔子图案做礼物。因为澳大利亚一直遭受外来野兔泛滥成灾的困扰,兔子在他们国家是一个不受欢迎的对象。

英国忌讳山羊和孔雀。前者长有胡须的形象常表示"不正经的男人",后者则代表灾祸,还用以讽刺华而不实的炫耀。白色大象在英语里表示大而无用的"废物",也是不受欢迎的礼物。

法国人忌讳黄色的花,认为那是葬礼使用的,此外还认为仙鹤代表了愚蠢和淫荡,这一点和我国传统习俗正相反。

印度信仰印度教的人把牛视为神圣的动物,不允许赠送使用牛皮制作的皮鞋、皮包等。

4. 信函致谢

涉外馈赠和交往中需要了解他国的礼仪规范,其中有一项就是在某些社交场合中接受别人的赠礼,有用信函形式进行致谢的习惯,在这些情况下,我们应该按照他们的习惯进行致谢,促进双方的关系发展。

需要信函致谢的情况一般有如下八种:

① 当被邀请作为贵宾参加宴会后,应致函感谢。

② 拜访时被留宿,只要不是经常见面的人,事后一定要及时致函感谢。

③ 生病时接到别人探视所送的礼物,痊愈后应立即致函感谢。

④ 对发来贺卡及贺礼的都必须致函答谢。

⑤ 对吊唁函或亲笔附言的明信片,均应致函答谢。

⑥ 对赠送结婚礼物的人,需要在三个月内致函答谢,回复越及时越好。

⑦ 客人离去后女主人收到其赠送或邮寄的礼物,一定要致函答谢。

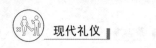

⑧ 作为客户受到销售方款待时,不论公私,均需及时致函感谢。①

第四节　婚庆礼仪

中国有个成语,叫"成家立业"。这里的"成家",就是指男女结婚组建家庭,这是人生中的一大喜事,关系到夫妻双方后半生的幸福,其仪式一般都是隆重而喜庆的。婚礼是我国自古流传的"九礼"中的第二礼,对我国婚姻民俗文化的影响至今未息。

时代在发展,喜事新办、中西结合的婚庆仪式也早已普及,现在不少年轻人开始将"追寻文化根源、重视传统民俗"作为新的风尚,重新重视起中国的传统婚礼,也希望更多了解正规的婚庆礼仪。本节就简单介绍出席婚礼的礼节问题。

一、及时回复

收到婚礼邀请,应及时做出回复,以便主人方面做好准备。参加婚礼的人员一般应不携带小孩,若请柬注明邀请"全家"时,才可携带未婚子女参与。如自己亲友中有其他未被邀约人员想参加婚礼,需提前与主人沟通。

二、准备贺礼

结婚作为新人的人生大喜事,参与的宾客应该送上合适的礼物,以作庆贺。作为结婚贺礼的礼物应精心选择,也可按照一般习俗只送上红包礼金。若因各种意外或实际原因不能参加对方的婚礼,应及时联系说明情况,并送上相应的贺礼。

礼金送多送少是个人意愿,但是其数额一般应按照当地习俗进行,并视关系亲密程度而有所不同。

虽然婚礼送上礼金祝贺是我国的传统习俗,但是也要注意一些不健康的倾向:一是互相攀比节节上升的礼金数额,二是为了敛财广撒请柬,举办超出正常规模的婚礼。这两种倾向都违背了习近平总书记提出的"杜绝铺张浪费"倡议,是容易破坏人际关系、影响社会稳定的不健康现象,需要新时代的年轻人提高觉悟、主动抵制。

三、参加婚庆

1. 服饰礼仪

参加婚礼的服饰选择应该干净整洁,庄重大方,颜色上避免黑色。女性要注意服饰不要太过艳丽,避免喧宾夺主,影响了新娘的重要地位。

---

① 李兴国主编:《社交礼仪》,高等教育出版社 2006 年,第 125 页。

2. 言谈礼仪

在婚礼上与他人交谈,一定注意要紧扣婚礼主题,不要谈及其他私事或工作事宜,甚至将婚礼当做自己扩大交际圈的社交机会;这是破坏婚礼氛围、惹人不快的失礼行为。

3. 主动介绍自己

婚礼上应主动向新人介绍自己及家人,不要计较新人对自己重视程度不够、交谈过少等情况。因为新人的主要精力应该在婚礼进程上,待客上有所疏漏也是很正常的,千万不要心怀芥蒂甚至恶言相向。

4. 告退时机

婚礼是一个非常自由的庆典活动,送上贺礼与祝福后可随时离开。除非新人正在身边且有空闲,一般可以悄悄离开,不必向新人当面辞行。[①]

5. 文明观礼

新人采用传统婚礼,有闹洞房环节。应注意闹洞房是为了增添喜庆气氛而设,一定要做到文明观礼,适可而止。要旗帜鲜明地反对过分挑战公序良俗的闹洞房恶行,特别是对一些借着"新婚三天没大小"的习俗去搞无下限的"恶俗婚闹",甚至触碰法律法规底线的行为,需要正义发声、勇敢制止。

第五节　丧葬礼仪

丧葬礼仪是世界各民族传承下来的一种特殊文化,各个地区差距很大,甚至相邻村落,其礼法和过程也不尽相同。

中国传统葬礼的主色调为白色和黄色,有"白事"之称,是"九礼"中的第五礼"丧礼"。由于各地信仰不同造成丧葬仪式的繁杂性,具体过程需要随俗而定,在此不做规范和介绍,本节只探讨出席丧礼的礼仪。

一、接到报丧通知

有人去世后,会由其家属将报丧通知给亲友及相关人员,邀请出席告别仪式。

若接到亲友的报丧通知后,应及时打电话或通过其他形式向逝者亲属表示慰问和哀悼。要用真诚的语言表达意外和追思等,不要在电话里带头哭泣,给逝者亲属增加悲伤和压力。

---

① 李兴国主编:《社交礼仪》,高等教育出版社 2006 年,第 130 页。

接到的如果是书面通知，则需要先确定是否出席告别仪式。若是关系一般的亲友，可以决定不参加告别仪式，但应准备相应的花圈、挽联等，请朋友代送花圈和挽联以作悼念。挽联应立意积极，与时代精神合拍，写作要有针对性、真实性，一般分上下联，表示逝者的生平、成绩和美德，以及他的死亡对后人的影响等。上联常用"悼念×××""沉痛悼念×××"，或"某某某千古"；下联常用"×××敬挽""×××泣挽""×××拜挽"等。

若与逝者关系密切、来往较多，又或曾受过逝者帮助的人，按照礼仪要求，应该出席告别仪式。[1]

二、出席服饰

出席逝者的告别仪式应注意选择合适的服饰。一般情况下黑色衣裤是最为大众认可的选择，也可选择颜色深暗、样式庄重的其他礼服。

参加丧礼时佩戴首饰、饰品应简洁素雅，不要选择夸张艳丽的配饰，女性不要化浓妆，在服饰装扮上应该朴素淡雅，庄重大方。到达现场，一般应在胸前佩戴上小白花，以示哀思。

三、出席礼仪

作为亲友参加告别仪式，应该主动问候逝者亲属。问候过程应庄重有序，语调轻柔、表情肃穆。仪式现场不宜与他人喧哗谈笑，遇到朋友时应轻声问候或悄然致意，不要破坏告别仪式的肃穆氛围。

若是作为单位派出参与的人员，应依序参与签名、敬献花圈、默哀等环节，签名时注意后面要签署上单位的名称。

告别仪式开始时，会演奏哀乐，参与人员应按照礼宾顺序，在主办人员的引导安排下依次进入遗体告别大厅，向逝者行三鞠躬礼致哀，然后逆时针方向绕水晶棺瞻仰遗容，做最后的遗体告别。

告别仪式后，应依次与逝者遗属握手，根据关系选择说一些"节哀顺变""珍重"等抚慰的话语，若关系比较疏远也可只握手不说话。

四、丧后礼仪

如果是亲人去世，作为亲属应为逝者服丧，通常是在手臂上佩戴黑纱。按照"男左女右"的习俗，通常是男性戴左臂，女性戴右臂。直系亲属还应该在一段时间内穿颜色

---

[1] 李兴国主编：《社交礼仪》，高等教育出版社2006年，第135页。

暗淡的素服,尽量避免参与公共社交及娱乐活动,以表悼念之情。

作为逝者亲属的亲友,在丧后一段时间内,最好经常探望他们,多带他们参与一些有益的活动,避免提及逝者相关的事情,以减少对他们的刺激,帮助他们尽快摆脱伤痛。

"逝者长已矣,生者如斯夫",我们作为现代人,对生老病死的自然规律也有了更深的认识,应做好心理建设,早日从丧失亲人的哀恸中解脱出来,恢复正常的社会生活,这才是对逝者最好的纪念。

第六节 公共礼仪

公共礼仪是指人们在公共场合需要遵守的约定俗成的行为规范,是社交礼仪的重要组成部分。如何遵守公共礼仪,是个人礼仪修养的真实体现,也是评判个人文明素质的主要标准。

这里的公共场合,是指处在人群经常聚集、供公众使用或服务于人民大众的活动场所时产生的场合,一般表现为两人以上的非私有场所空间;如街道、公园、商场、图书馆、娱乐场所、车站、银行、交通工具、公共厕所、学校教室、学生宿舍。

人们在社会交往和公共生活中,需要按照"遵守社会公德"与"尊重礼让他人"两个基本原则进行,才能保证社会秩序和谐稳定,维持良好人际关系,促进社会正常有序发展。

社会公德简称"公德",是指存在于国家、组织、民族、集体等社会群体之间的最起码的道德,是社会成员为了保障群体利益而约定俗成的简单行为规范,一般指关系公共生活的公共秩序、文明礼貌、清洁卫生以及其他常见社会生活的行为规范。本质上是在历史和社会实践活动中沉淀和积累形成的社会性道德准则、文化观念和思想传统。[①]

在现代中国,遵守社会公德包括讲文明礼貌、助人为乐、爱护公物、保护环境和遵纪守法五个方面。

人们在公共场合进行社会活动时,不可避免地会与他人活动内容或空间有交集,遵循尊重礼让他人原则,就是要在这些场合约束自己的言谈举止,尽量考虑为他人提供便利,以免因为自己的行为影响、干扰或妨害到他人的社会活动。

一、旅游礼仪

旅游活动是出于休闲、娱乐、度假、探亲访友、商务、访问、健康医疗或宗教等目的,

---

① 百度百科:《社会公德》,https://baike.baidu.com/item/%E7%A4%BE%E4%BC%9A%E5%85%AC%E5%BE%B7?fromModule=lemma_search-box。

离开自己生活的地方,到一个目的地进行短暂生活的一个过程。

遵守旅游礼仪就是遵守旅游公德。旅游公德是在旅游中应遵守的社会公德,是根据社会公德的五个方面具体化和细节化的内容。

1. 讲文明礼貌

在外出时,要注意言谈举止,秉持"与人为善"的行事准则,自觉杜绝说脏话、随意贬低、欺负他人的恶习,避免冲突,营造和谐的社会氛围。

2. 助人为乐

旅游中遇到有人需要帮助时,应见义勇为、与人为善,在保证自身安全的前提下提供力所能及的帮助和救济。

3. 爱护公物

旅游资源是属于全体人类的公共资源,应严格遵守景区管理规定或保护好大自然的和谐,千万不要为满足私欲加以损毁。

4. 保护环境

垃圾不乱扔,正确分类投放至对应垃圾桶内,不要随地吐痰便溺、抛掷垃圾,不要随意在山林野外进行野炊或使用火种祭祀等,不要任意污染水源、攀折花木、破坏植被、随意捕捉猎杀野生动物等。

5. 遵纪守法

自觉用法纪来指导和约束自己的行为,自觉履行法纪规定的义务,敢于并善于运用法律武器同各种违法乱纪现象作斗争,并能正确运用法纪手段保护自己的合法权益不受侵犯。到陌生的景点、城市、乡村旅游,不妨碍他人的正常活动,同时也保障自己的合法权益。[①]

二、观赛礼仪

各种体育比赛的观众在观看比赛时,应该注意遵守观赛礼仪,以保证赛事的正常有序进行,满足广大观众享受比赛带来乐趣和刺激的需求。

(一)入场及退场礼仪

1. 入场

有规模、有级别的正规体育比赛,都会在体育场馆举行,观众人数众多,规模宏大,

---

① 百度百科:《社会公德》,https://baike.baidu.com/item/%E7%A4%BE%E4%BC%9A%E5%85%AC%E5%BE%B7?fromModule=lemma_search-box。

大量聚集的人群会带来一定的危险性,因此一定要遵守赛场方面的安排,听从指挥,避免出现拥挤踩踏事故。

入场尽量不要迟到,最好是提前或准时入场,主动出示票证请工作人员检验,主动配合安检工作。

进场后应按照票号对号入座。如果迟到了,比赛已经开场,不要随意走动影响比赛和其他观众,应就地入座,待中间休息时再寻找自己的座位。

进入比赛场地后,应关闭随身携带的手机。

2. 退场

不要随便中途退场,若有要事处理,可以在比赛休息期间悄悄离开赛场。

比赛结束时,应有序离场,不要推挤人群,以免造成混乱和危险。

(二)文明观赛

注重个人形象,衣着整洁,举止文明,室内观看比赛时不戴帽,不把衣物垫在座位上。爱护公共设施,不蹬踏座椅,不乱涂写刻画。

举行升旗仪式时,观众应当面向国旗,肃立致敬,不能嬉笑打闹或随意走动。对于升其他国家的国旗,也应当按照平等尊重的原则,给予应有的礼遇。

注意观赛行为文明,不抽烟,不吃带响声的食品;不要有大声喧哗、起哄、吹口哨、怪声尖叫、喝倒彩、扔东西等举动。比赛过程中不要使用闪光灯,以免影响运动员发挥。例如 2008 年北京奥运会上,射箭选手张娟娟在比赛关键时刻被对面的韩国观众用闪光灯照射眼睛,导致一箭射出七环,差点与冠军失之交臂。

应热情为双方运动员加油,礼貌对待对方运动队、运动员;不嘲讽、辱骂裁判员、运动员、教练员,不做有损国格、人格之事。[1]

根据赛事性质,遵守其观赛原则。如观看足球比赛可以采取喊口号、吹口哨、拉横幅、起人浪、唱战歌等形式助威,而观看击剑比赛时则要保持安静,以防干扰运动员思考和听裁判口令,只有等到灯亮时才可以鼓掌喝彩等。

三、舞会礼仪

舞会是西方一种正式的跳舞的社交性聚会,是进行有效人际交往特别是异性之间交往的一种轻松、愉快的良好形式。舞会参与者需检点个人的行为举止和临场表现,时时处处遵守舞会的礼仪规范,通过展示良好的形象来联络老朋友、结识新朋友,进一步扩大

---

① 刘英:《大型体育赛事组织礼仪研究》,湖南师范大学硕士论文,2011 年。

自己的社交圈。

（一）舞会准备

舞会的准备分两个方面，一是组织舞会，二是参加舞会。

1. 组织舞会

组织舞会应该先根据目的确定好主题、参与者和时间，例如单位组织联欢舞会，参与者为本单位职工及亲友，时间安排在周六晚上，时长为两小时等。

其次选择合适的舞会场地，需要考虑包括参与人数、交通及消防安全等问题，一般可以选择本单位内部的场地或专门的营业性舞厅场馆等。

舞会应该选好主持人，要求是能够调节气氛、把控全场，根据舞会性质确定曲目，如交谊舞、探戈、华尔兹等不同的舞会内容需要搭配相应的舞曲，还要考虑曲目的大众化程度，不要选择过于生僻的舞曲。

最后，在舞会前应尽早向参与嘉宾发送邀请，以书面邀请函最为正规。组织方应搭配好男女比例，保证基本相当。已婚者则应同时向夫妇双方发出邀请，避免引起误会、制造家庭矛盾。

2. 参加舞会

受邀参加舞会时，应进行必要的、合乎情理的仪表修饰。

（1）仪容修饰

舞会参与者应沐浴清洁，根据舞会性质打理合适的发型。男士应提前处理干净胡须，最好是全部剃掉；女士若选择穿露出上臂服装时应剃掉腋毛。此外注意清洁口腔，不要出现口臭问题，不要食用带刺激性气味的食物。伤病患者应自觉谢绝邀请，并说明情况，避免疾病传染他人或外伤有碍观瞻。

（2）适度化妆

参加舞会的人应根据个人情况适度化妆。男士的化妆比较简单，重点是美发、护肤和祛味。女士化妆比较重要，主要集中在使用各种化妆品修饰容貌和打理发型。若无特别说明，如假面舞会，舞会妆容应该保持自然大方的风格。又因为舞会大都是在晚间举办，灯照的光线比较容易模糊，所以一般舞会妆应该较平常妆容更为浓烈，在灯光下可以起到补偿作用。

（3）服装选择

正常舞会着装讲究整洁、美观和大方即可。若舞会比较高档，带有涉外或商务性质，则应该穿正式的晚礼服等正装。选择舞会服装,还应遵循前面章节关于服饰的搭配原则,避免紧、露、透等。具体着装还应看举办者是否有相应要求,若有则需认真遵循。正式舞会不允许戴帽子、墨镜等饰品,较为正式的民间舞会一般不允许穿外套、军装、制服等其他服装。

（4）准时到达

接到舞会邀请,决定参加后,应注意遵守预定的时间,守时守约是社交活动中的首要礼仪,一定要提前一点或准时到达。

（二）舞场表现

参加舞会时,要时刻约束自己的表现,注意邀请舞伴、处理邀请、风度及离开等方面的问题。

1.邀请舞伴

舞会一般需要与他人共舞,因此邀请他人就是参与者需要认真对待的首要事情。舞会开始后,若有一起前来的舞伴,男士应该首先邀请她共舞第一曲,还可在舞会结束曲时再共舞第二次。按照惯例,在舞会上邀请的舞伴应该只共舞一支曲子,就替换为其他舞伴,这样做的目的是在舞会上扩大交际范围。按照正常的舞会礼仪,邀人共舞要关注以下几个方面:

① 邀请舞伴时,最好是邀请异性,而且讲究男士主动邀请女士,但女士可以选择拒绝。若是反过来,女士邀请男士,则男士不能拒绝。

一般情况下,女士是不用主动邀请男士的,但也有一些特殊情况,如需邀请尊长或贵宾共舞时,作为女性则可以这样表达邀请:"先生,请您赏光。"或是"我能有幸请您共舞吗?"

邀请舞伴时应礼貌大方,态度自然,千万不要勉强对方,被拒绝时也不要尴尬或出言不逊,而应礼貌回应。

不过,若是自己来到被邀者面前时,已有别人提前发出了邀请,则应保持礼让的风度,按照先来后到的顺序等待下一次的机会,而不能为了所谓面子而争相邀请,让大家陷入尴尬。

② 邀请舞伴的办法一是直接自己主动上前邀请,如果女士有家人同行,还应先向女方的家人点头致意,征得他们的同意后,再礼貌询问被邀者:"小姐（女士）您好!是否有幸能邀您共舞一曲?"有时还要向陪同女士的男伴征求意见:"先生,我可以请这位小姐共舞吗?"

二是在感觉不方便直接邀请或把握不大时,还可请与双方都相熟的人士代为引荐,可有效避免尴尬,并且提高成功率。[1]

③ 男士要提高邀请成功率,还应考虑在选择共舞对象时,参照以下标准:邀请对象应该是年龄相仿之人、身高相当之人、气质相似之人、舞技相近之人、无人邀请之人、未带舞伴之人、希望结识之人或打算联络之人。

此外,若在舞会上有人遇上不礼貌的异性纠缠不休难以摆脱时,应该适时伸出援手,主动邀请被纠缠者,这也是一种比较绅士的做法。

④ 通常比较正式的交际舞会,邀请舞伴按照舞会礼仪是有一定顺序的,参与者除了应与一同受邀的同伴(没有同伴时可以酌情自择舞伴)一起跳开始曲与结束曲外,还必须按照舞会礼仪的默认顺序去邀请其他一些舞伴。具体来说按照男士主动邀请的顺序应该如下安排:

从主人这一方面来说,男主人先与女主人跳完第一只舞曲后,在第二支舞曲开始时,就应当邀请男主宾的女伴跳舞,男主宾则应主动邀请女主人共舞。

之后的舞曲循环,男主人还需按照礼宾尊卑序列依次邀请排在后面男宾的女伴,其男宾也应同时回请女主人共舞。

从来宾方面来说,若自己的女伴被男主人邀请时应回请女主人共舞,其余时间可以去邀请这样一些女士跳舞:被他人介绍相识的女士、与自己有旧交的女士、坐在自己身旁的女士。同样的,若前述女士被男宾相邀时,其男伴也最好同时回请该男宾的女伴共同跳上一曲。[2]

2. 处理邀请

因为女性在舞会上一般是被动等待邀请的,所以会有处理邀请的选择。要委婉地处理比较复杂情况下的邀请,遵照舞会礼仪的原则进行即可。

例如同时接到两位男士发出的邀请时,应该考虑需要照顾到双方的面子,就不应轻易答应任何一方的邀请,而应拒绝双方的邀请,比如可以这样委婉地表达:"不好意思,我有些头晕,可能需要先休息一会儿。"

要是两位男士是有先后顺序发出邀请的,则应该按照"先来后到"的顺序接受先到者的邀请,同时也要照顾到后来者:"很抱歉,您能等我下一支曲子吗?"在这一曲跳罢,应尽量兑现承诺,等待对方的再次邀约。

---

[1] 金正昆著:《社交礼仪教程》第四版,中国人民大学出版社 2014 年,第 269-270 页。
[2] 封筱梅:《交谊舞会礼仪》,《公共关系》2007 年第 6 期,第 60 页。

另外要注意,在正式的舞会上,结伴同行的双方应该同跳第一支舞曲,后面的曲子应该尽量有意识地交换舞伴,从而扩大社交面,以结识更多朋友。

作为社交活动的舞会,其目的是通过跳舞交友、会友,其社交属性是最重要的一点,因此轻易不要拒绝对方的邀请。若是女士对个别前来邀请的男士实在观感不佳,想要予以拒绝,一定要注意礼貌和分寸,需要委婉地表达出来,可以找"累了"或"不太舒服"等借口。

3. 绅士风度

在舞会上最能体现男士的绅士风度。因为舞会一般是与异性共舞,在比较密切的接触中行为上要保持对舞伴的尊重,如在跳华尔兹时,保持适当的距离,用左手轻扶舞伴背后腰部略上方,右手伸展托住舞伴的右掌,照顾好舞伴的感受,特别是旋转时,一定要做到姿态稳固,舞步协调,带动舞伴平稳旋转,尽力展示华尔兹的优美舞姿。若因为舞步原因导致女士出现晕眩不适等,男士一定要及时发现,并将她礼貌地护送回座位。若正常跳完一整支舞曲,应该将舞伴护送回原座位,并在道谢致意后,等待下一只舞曲时再邀请他人。[①]

4. 离开舞会

参加舞会是参与一种交友性质的社交活动,若是朋友召集的私人舞会,一般人数较少,提前离开不太礼貌,为表达对朋友的支持和尊重,一般应该坚持到舞会结束再离开。其他类型的舞会,一般对宾客的时间要求不是特别严格,可以不辞而行。若有事在身,则可在跳过两三支曲子之后,向正与之谈话的他人或尊贵的客人道别即可;若主人刚好在附近,则应向他表示感谢后再道别。

四、交通礼仪

在人的社会活动中,满足基本需求的"衣食住行"占据了重要的一部分。其中的"行",基本可以归结为交通出行。这涉及走路和乘坐交通工具等不同的情况,但大多是在公共场合中进行,需要遵守相应的交通礼仪,下面将分开一一加以介绍。

(一)行路礼仪

行路是行走在公共场合,应遵守基本的行路礼仪规范。

1. 基本原则

自律——行路是个人行为,一般也没有人会去干涉,因此个人在行路时的行为就需

---

① 百度百科:《舞会》,https://baike.baidu.com/item/%E8%88%9E%E4%BC%9A/4676801?fr=ge_ala

要自我控制和约束,按照古人慎独的标准来要求自己,也就是自律。这包括保护环境卫生、不损坏公物、不在公共场合做出低俗行为等。

礼让——行在路上,总有与他人在同一空间共行的时候。此时应按照社会公德要求,做到友好互助、礼让三先。对他人遇到的危险和困难,在力所能及的范围内要及时伸出援手,对别人的无意触碰或冒犯应宽宏大量、礼貌应对,不要不依不饶甚至主动寻衅滋事。

距离——人际关系中有四个用距离远近来划分的社交空间,一种比较粗略的划分方式是:距离0.5米以内为亲密空间,这一距离为私人距离,是有亲密关系的亲友之间的互动距离;距离在0.5～1.5米之间为社交空间,这一距离为社交距离,是一般熟人交谈或交际应酬的社交距离;距离在1.5～3米之间为礼交空间,这一距离为保持礼貌和敬重的距离,经常用于谈判、招聘等交流场合,是与较陌生对象的礼貌社交距离;距离在3米之外为公共空间,这一距离即为行路时与陌生人之间的公共距离。保持距离既是表示对陌生人的尊重,也能避免给他人造成压迫感。

2. 具体场景

行路礼仪的具体内容还要看具体情况而定。

普通行走——个人或与他人一起在外行走时,一是应该遵守交通规则,如走路靠右侧、不抢行车道等,二是尽量避免并排堵路式的行走,在某些国家应避免同性之间并肩行走(易被认为是同性恋),一般应排成前后队列,且尊长在前。

国内多人并排行走情况的,一般是参观、调查或陪伴散步等,此时要注意将上位让给尊长或女性,一般是讲究以右为尊,以远离机动车道为上;并排超过三人的,以中间位置为尊。

上下台阶——台阶、楼梯都是一级一级供人上下的建筑物,因其具有一定的落差,跑跳嬉闹等容易引起跌倒滚落等安全事故,应遵循安全稳重的行走方法。此外还应注意四点礼仪:一是多人应成纵列靠右行走,为对面的人让出行走通道;二是带路时应走在前面做出引导,与尊长、女性同下较陡的台阶时,也应主动走在前面,做出保护的姿态并做好准备;三是不要在台阶、楼梯上停留或交谈,以防阻碍他人行走;四是虽然上台阶讲究女士优先,但若遇女性穿短裙时男性应主动走到前面。

乘坐电梯——乘坐封闭型电梯间的时候,有两点需要注意的地方:一是安全乘坐,不要强行扒门、随意拥挤,也不要在乘坐时跳动打闹。若电梯超载,最后进入的人应主动退出;二是讲究顺序,进入时按照先来后到的次序进入,在同一楼层出来时应按照距离电梯门近者先出的顺序,与尊长、女性同行时则应注意,有人管理的电梯应后进后出做出礼让,无人管理的电梯则应先进后出,便于控制选择电梯楼层和开关电梯门。

房间走廊——在建筑物内行走时,应注意脚步轻缓,不要发出较大噪声。出入房间时应用手开关房门,不要用肩膀、后背或臀部顶开房门,开门进出后应主动关门。在房门处遇到相对而行的人时要尊长先行,其他情况一般应先出后进。与尊长、女性同行,则应主动开关门,请对方先行。走廊上应靠右侧缓行,避免惊扰他人。[①]

人群之中——在相对拥挤的地方,无法保持公共距离,此时应该注意保证自身及财物安全情况下避免做出各种引起慌乱的行为,防止出现拥挤踩踏事故。尽量减少无故逗留时间,尽力避让他人,避免出现阻碍他人的行为,如手舞足蹈、背着大包随意转身,尽量避免发出噪声,如高声喊叫、大声接打电话。

(二)行车礼仪

现在国内汽车的普及程度极大提高,驾乘汽车,已经成为当前国内一个比较普遍的交通行为,学习涉及行车方面的现代礼仪也成为交通礼仪的一个重要组成方面。

1. 正确取得驾驶资格

《中华人民共和国道路交通安全法》明确规定:

"第十九条 驾驶机动车,应当依法取得机动车驾驶证。

申请机动车驾驶证,应当符合国务院公安部门规定的驾驶许可条件;经考试合格后,由公安机关交通管理部门发给相应类别的机动车驾驶证。

第二十一条 驾驶人驾驶机动车上道路行驶前,应当对机动车的安全技术性能进行认真检查;不得驾驶安全设施不全或者机件不符合技术标准等具有安全隐患的机动车。"[②]

因此,首先要学习交通法规和驾乘技能知识,才可以通过考试,同时还应具有足够的车辆知识,保证通过维护和检查以使车辆的性能符合上路标准。

2. 严格遵守交通法规

了解交通法规的具体内容,坚决执行法规的要求,才能杜绝安全隐患,做到安全行车。

3. 采取正确驾驶方式

驾驶机动车辆,自己与他人的生命安全都掌握在自己的手中,因此要始终牢记安全

---

① 金正昆著:《社交礼仪教程》第四版,中国人民大学出版社 2014 年,第 66-68 页。

② 《全国人民代表大会常务委员会关于修改〈中华人民共和国道路交通安全法〉的决定》,《中华人民共和国全国人民代表大会常务委员会公报》2011 年第 4 期,第 417-431 页。

第一的原则,采用正确的驾驶方式。

态度上从严要求自己,坚决杜绝酒驾、药驾、疲劳驾驶等,状态不佳时宁可请代驾或乘坐公共交通工具,也不要逞强或存侥幸心理从而危险驾驶。

技术上从严要求自己,掌握各种复杂路况的驾驶技巧,遇到没有把握的路段不要盲目自信逞强通过,宁等三分、不抢一秒。

品德上从严要求自己,不要发"路怒症"、开斗气车,应严于律己、宽以待人、礼让三先,即先让、先慢、先停。严格按照交规礼让车辆和行人,不要随意变道、鸣笛和插车等,避免妨碍他人。

4.规范文明停放车辆

外出停车明确停车场位置和收费标准,遵照指引排队驶入,在停车场区域寻找合适空位,减速慢行,谨慎鸣笛,关注来往车辆和路况;遵守规定整齐停放,自觉爱护公共设施,避免发生碰撞,保持停车场内环境卫生清洁,垃圾分类入桶。主动留下移车电话,为自己和他人提供便利,诚信缴纳停车费用,有序离场。

(三)乘坐车辆

汽车作为重要的交通工具,经常被用于接送嘉宾,此时就要考虑乘坐车辆的礼仪要求,涉及乘坐基本礼仪和座位排序两大方面。

1.乘坐基本礼仪

汽车作为迎送嘉宾的载具时,一是注意道路交通安全,二是要做到让嘉宾满意。

将车开到客人面前后,主人一方需要做到以下礼仪要求:

① 主人首先应打开行李仓,将嘉宾的行李安排好,然后请嘉宾上车。

此时,主人应主动帮忙,站在车门后部,用一只手打开上车一侧的车门,并用另一只手遮挡车门框的上沿延请嘉宾上车,防止嘉宾磕碰到。若对方是佛教徒或有特殊信仰的人,则不要遮挡其头顶。

嘉宾坐好后,必要时提醒嘉宾系上安全带,再关闭车门。关门前应观察是否会夹到人或衣物,不要使劲摔门,应比较轻缓地关车门。

若嘉宾上车后挡住了主人入座的位置,应从车后绕到另一侧开门上车,不要从嘉宾座位前挤过去。嘉宾坐到了不是预留给他的座位,不要提醒他换座,以免导致对方尴尬。

下车时主人应先开门下车,然后打开车门遮挡上门框,引请嘉宾下车。

② 作为宾客一方时,上下车时应遵从主人安排,不要任意抢占座位,或对主人安排的座位提出异议。

衣着较为时尚的女性上下车时应注意仪态,尽量谢绝别人为自己开门或做好遮挡,以避免不慎走光。

车辆可以看成是一个比较小的公共场合,应注意卫生和行为举止,不要吸烟、随意吃喝、在车内车外乱扔垃圾等,更不要宽衣解带、脱鞋除袜,或是踩踏座位椅背等。

乘坐车辆还要注意交通安全,避免打扰到司机,分散其注意力,人为制造安全隐患。也不能做出将身体部位伸出车窗,或在行驶中打开车门等危险行为。

③ 如果女性穿短裙乘坐车辆,上下车时应采用背入正出方式,即上车时先背对车内坐到座位上,再将并拢的双腿收入车中,下车时则先面向车门将双腿并拢伸出,落地后再起身离开座位。这样是为了防止走光,且动作优雅大方。[①]

2. 座位排序

在比较正规的社交场合,乘坐车辆讲究分清主次关系,以防不慎做出失礼行为,引致他人不满。这关系座位次序和上下车次序两个方面。

(1)座位次序需具体分析

一般的五座轿车或 SUV 等车型,有主副驾驶座位和后排的三个座位,可以是主人亲自驾驶或有专职司机两种情况。

不论道路左行还是右行,主人作为驾驶员亲自驾车,则副驾驶座位为尊,且以右为尊,两侧高于中间。此时座位的尊卑次序从高到低是副驾驶 > 后排右 > 后排左 > 后排中。

有专职司机时,则后排座位为尊,且以右为尊,两侧高于中间。此时座位的尊卑次序从高到低是后排右 > 后排左 > 后排中 > 副驾驶。

四座的吉普车则无论驾驶者为谁,均以副驾驶为尊,后排以右为尊。

三排七座商务车辆与五座类似,但后两排以第三排为尊,均以右为尊。

多排座大中型车辆以前排为尊,以右为尊,自右向左呈降序排列。

但是,座次最应考虑的一点是:尊长上车后落座位置并不是绝对固定的,应该是他坐到哪里,哪里就是上座,千万不要认为自己知识渊博而去纠正对方。

(2)上下车次序

上车一般是按照地位由高到低顺序进行的,下车则顺序相反。

专职司机驾驶时,主宾(尊长)在右侧上车落座后,主人(或次尊者)应从车后绕至左侧开门上车。

主人驾驶时,主宾(尊长)在副驾驶落座,主人绕至对侧驾驶位上车,后排的三位乘

---

① 金正昆著:《社交礼仪教程》第四版,中国人民大学出版社 2014 年,第 76 页。

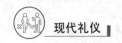

客按照地位中、低、高的顺序由右侧上车,依次落座。

但要注意的是,大中型多座车辆的前后座次尊卑与小车不同,乘坐次序不再是尊长、女性先行,而是身份较低的人先上车到后面落座,最后才是最重要的嘉宾上车,再由工作人员关闭车门。

若是乘坐的是观光旅游车辆,一般第一排最右侧座位是给导游预留的,则主宾应在司机后面落座。

大部分国外地区以靠窗为上,靠过道为下,这在接待涉外人员时应予以考虑。

总之,乘坐车辆的上下车次序遵照三个原则:一是尊位视驾驶员身份而定。二是上下车次序尊者先行(多座大中型车除外)。三是入座以尊长心意为准。

第四章　语言礼仪

作为传情达意的媒介,语言是人类社会最重要的思维工具和交际工具,是组成社会不可缺少的因素,是人与人之间互相联系的纽带。没有语言,社会就会解体而不复存在。

雨果说:"语言就是力量。"高尔基认为:"作为一种感人的力量,语言的美产生于言辞的准确、明晰和动听。"

在现代社会,一个人的语言运用能力,常会对他社会地位的变化起到重要的推动作用。在激烈竞争的社会环境中,拥有出色的语言表达能力,才可以打动对方,赢得他人的赞赏和认可,结交更多地朋友和伙伴,获得前进的助力。

相反,一个人如果不会正确使用语言,不能遵守语言礼仪去表达,很可能口无遮拦,随口一说,就让别人牢记于心,记恨一生。俗话说,"良言一句三冬暖,恶语伤人六月寒"。有时说错了话,比做错了事的后果还要严重。

学习语言礼仪,就是要避免口不择言、恶语伤人的情况,让语言成为人生的助推器,而不是前进路上的绊脚石。

在语言交往中,需要遵守现代礼仪规范中的一个重要原则:"3A 原则"。

这是三个英文单词的首字母,即"Accept(接受)""Attach(重视)""Agree(赞同)"。"3A 原则"的含义是在交往中,需要用自身的言行去接受对方、重视对方和赞同对方。接受对方是指在交往中应求同存异、容纳对方,不要苛责和排斥对方。重视对方是指要让对方感受到自己的尊重,对方在自己心目中有十分重要的地位。赞同对方是指善于发现对方的优点和彼此间的共同之处并及时加以肯定,要既不自高自大,也不曲意逢迎。①

第一节　交谈礼仪

现代社会,人们更加注重有效语言交流的重要性。人际交往活动,往往始于相互的交谈。交谈需要掌握其礼仪,学会在交谈中尊重对方的艺术,就能做到与社交对象相谈甚欢、一见如故,可以有效利用谈话拉近彼此距离,迅速增进了解,打开交往合作的大门。

---

① 百度百科:《3A 原则》, https://baike.baidu.com/item/3A%E5%8E%9F%E5%88%99/4341630.

交谈礼仪主要注重交谈氛围、交谈忌讳、交谈表达三个方面,在相关内容上做好准备,即可有效提升谈话质量和交流效能。

一、交谈氛围

所谓的交谈氛围,是指围绕或归属于交谈内容的有特色的高度个体化的气氛和情调。良好的交谈氛围可以让双方减轻戒备心理,关注谈话内容,因此营造良好的谈话氛围是交谈礼仪首先要实现的第一种效果。

(一)交谈态度

营造交谈氛围的方法就在谈话态度上。可以说,在社交活动中,态度决定一切。

1. 坦率真诚为基调

参与社交活动,首先要摆正态度。古语云:诚于中而行于外,一个人如果内心真诚,能在其外表中看出来。为达到社交目的,必须有诚恳而坦率的态度。只有用坦荡而真诚的态度为双方的交谈打下基调,谈话的氛围才能轻松愉悦,才容易赢取对方的信任和好感,话语才容易被别人接受。因此,坦率真诚是良好交谈氛围的基础,不可言过其实、夸夸而谈,或心怀鬼胎,主动使用虚假信息去欺骗别人,最终结果只能是伤害双方的关系,断送掉相交与合作的前景。

2. 平等尊重为保障

交谈礼仪必然要遵从礼仪的核心标准:尊重他人。交谈时应该适度谦恭,将自己与对方摆放到一个平等的位置。在真诚的态度基础上,还应该摆正心态,不要因为与对方的学历、阅历、经济状况等的差距就油然而生一种优越感,不自觉地拿腔作调、袒露出盛气凌人的姿态;或者相反,自觉矮人一头,进而低三下四、阿谀奉承对方,这都会让谈话氛围变味,进而影响社交的进行。有了尊重他人和自尊自强的心态,才会做到在交谈中不卑不亢,既不会去争强好胜、强词夺理,也不会去卑躬屈膝、曲意逢迎。

3. 仪表姿态为形式

良好交谈氛围的营造还应使用各种礼仪形式为手段来具体实现。

要展示坦率真诚的态度,外观上要做到精神饱满、神情专注、正视对方。交谈中若是有哈欠困顿、表情轻忽、摆弄物品、目光躲闪等行为,必然是直接表明了自己缺乏真诚的态度,破坏良好的谈话氛围。

要展示尊重对方的心态,要做到表情自然、和颜悦色;同时根据双方熟悉程度选择合适的距离,空间距离越近,心理距离则越近;关系不够密切,就要保持距离。

一般而言,亲密距离在 15 厘米至 45 厘米,方便双方有身体接触的互动,称为亲密空间;交谈距离为 46 厘米至 76 厘米,方便双方握手及友好交流,称为个人空间;社交距离为 1.2 米至 2.1 米,是保持社交活动中可近可远的空间距离,若是对应招聘、谈判对象等,也可延长到 1.2 米至 3.6 米,称为礼交空间;公共场合中陌生人之间或面向大众讲话时的距离是公共距离,一般在 3.6 米至 6 米,称为公共空间。①

开始谈话前应有适度寒暄问候。初次见面,可以互相做一下简单介绍,拉近距离;熟人朋友则可问候一下近况等。通过寒暄问候,可以使谈话氛围变得融洽,便于转向正题。但也要避免废话连篇,过度寒暄,既浪费时间,也疲惫精神,会影响到正常的谈话交流。

4. 幽默风趣为调剂

林语堂是中国现代文学史上最早使用"幽默"一词的人,是由英文单词"Humour"音译而来,他在《论幽默》一文中认为,"最上乘的幽默,自然是表示'心灵的光辉与智慧的丰富'"的语言形式。《牛津英语词典》中对幽默这样解释:"行为、谈吐、文章足以使人逗乐、发笑或消遣的特点,欣赏和表达这些特点的能力。"幽默常会给人带来欢乐,其特点主要表现为机智、自嘲,调侃、风趣等。

在社交活动中,在讲究使用文明用语、敬语谦语时,不应忘记幽默地表达,这是能够巧妙化解冲突或尴尬的手段,能够极大增添一个人的魅力。

作家王蒙说:"从容才能幽默,平等才能幽默,游刃有余才能幽默,聪明透彻才能幽默。"幽默是以悠然超脱或达观知命的态度来待人处事,幽默使人超脱,使人忘我。适时使用幽默可以有效缓解尴尬、摆脱交谈窘境,塑造愉悦活泼的谈话氛围。

巧妙运用幽默,需要随机而变,且不伤及他人颜面。例如美国前总统里根有一次在白宫钢琴演奏会上发表讲话时,妻子南希连人带椅摔倒在地毯上。里根看到妻子没有受伤,便幽默化解道:"亲爱的,我告诉过你,只有在我没有获得掌声的时候,你才应该这样表演的。"现场听众立即送上热烈的掌声。②

使用幽默不是为了显示自己的机智,要注意分寸,不可粗俗和冒犯他人,不可触及公众都尊崇的庄严事物。如我们的民族、信仰、国家、党组织和人民军队等,都是不可用来当幽默题材或对象的庄严事物。如果连国家最神圣的事物都能开玩笑或玩幽默,那就是在破坏国家的基石,后果是相当可怕的。

总之,幽默可以作为谈话的调剂,但只能作为真诚态度和交谈礼仪的补充,不可对

① 王飞:《商务礼仪——人际交往的空间距离效应》,《杭州金融研修学院学报》2007 年第 9 期,第 77-78 页。
② 无名:《美国总统的情商》,《管理与财富》2006 年第 4 期,第 27-29 页。

其形成依赖。

（二）话题选择

话题就是交谈的中心内容，若是选择了双方都感兴趣的话题，也就容易实现有效的互动，进而产生共鸣、达成共识，交谈有了一个好的开头，就预示着本次社交活动已经成功了一半。

1. 察言观色、随机应变

不同的交往对象有不同的社会背景和经历，也会有不同的性格特点与爱好倾向等。在交谈前可以根据双方年龄、职业性格等情况选择一个随机主题，然后围绕这个中心展开话题。在交谈中随时观察对方，根据情况调整内容。

例如在一些公共社交场合，可以与对方就当前天气变化延伸到衣着服饰选择、保暖保健、疾病预防等展开话题，也可根据对方兴趣谈论电影文学或体育赛事等轻松的话题。

总之，要多关注对方的表情和语调，找到对方感兴趣的方向，及时调整自己的谈话内容、选择合适的语言风格，做到投其所好，随机应变。察言观色、随机应变是一种灵活的谈话方式，可以有效避免交谈双方各说各话，尴尬收场。

要做到察言观色、随机应变，就要关注谈话方式，及时调整交谈节奏。交谈是双方共同参与的，应该做一个主动的参与者，最主要是应看到倾听的价值和作用。

心理学研究表明：人们喜欢倾听者胜于善说者。倾听要视觉、听觉并用，看着对方的眼睛和脸部，观察对方的表情、眼神及身体姿态、手势等，揣摩其感受，才可以及时了解对方的兴趣和倾向，有效调整交谈的话题。

如果对方不善言谈，则应选择好跟进技巧，如使用友好的开场白，使用友好的表情姿态，挑选好的话题内容，赞许对方的观点等，如询问"后来又怎样了？""接下来发生什么事了？"，以有效鼓励对方交谈的欲望，促进良好的谈话氛围。

2. 事先既定、共同商定

在比较正式的交谈场合，一般需要提前商定交谈的主题与内容。比如一些求取帮助、征求建议、探讨问题等为目的的社交活动，要交谈的主题已经固定，此时应预先与对方联系，通过电话、邮件或其他方式告知对方，并与对方共同商定要交谈的主题，获得对方的认可。

还有一些是聚会、自由交流等社交场合，也可以事先联系，选择双方都擅长和有兴趣的话题作为交谈主题，比如医生之间确定祛病健身的话题，教师之间探讨教学学术的话题等。但这种情况还要以人为本加以区分：有的人喜欢展示自我，与他人分享自己的专业知识,也有的人却有职业疲劳,工作之余不想听到与自己职业相关的事情。这些就需要我们提前做好调查,针对后者再商定一些自己擅长且对方感兴趣的话题。

但必须注意,不要摆出好为人师的姿态,以己之长嘲人之短,将交谈变成一言堂,或给人傲慢爱装的感受,也就失去交谈交流的本质。

二、交谈忌讳

交谈作为一种社交活动,最终目的还是通过交流,增进相互了解,促进双方的社交关系的建立和发展。即使是营造了好的交谈氛围,在交谈中若是不注意规避一些交谈的忌讳,也会导致为山九仞,功亏一篑,轻则交谈陷入尴尬,重则不欢而散,甚至反目成仇、老死不相往来。

(一)话题禁忌

选择话题时一定注意交谈双方的情况和时机,不要轻易触碰一些话题禁忌。

1. 个人隐私相关

国内交谈传统常有嘘寒问暖、事无巨细的特点,常被调侃为"查户口式"交谈,以至于现在网上经常看到"不想被七大姑八大姨催婚""赚钱不多过年不愿串亲戚"等话题。其实这就是谈话触及个人隐私导致引人反感的问题。个人隐私一般包括个人年龄、婚姻、履历、收入、家庭状况等,现代礼仪规范中,这些都是在与他人交往中需要避忌的话题。

2. 冒犯宗教政治

交谈一般应该避免谈论涉及冒犯个人宗教信仰、政治主张及私人生活习惯等的问题。目前世界上存在的合法宗教很多,根据其传统和信仰会有各种不同的禁忌。比如伊斯兰教有对猪、烟酒等事物的禁忌,在与穆斯林交谈时应避免相关话题。个人政治主张和一些生活习惯也会存在一些底线性质的禁忌,贸然开启相关话题,很容易由于存在严重分歧而使社交关系直接破裂,需要高度重视。

3. 对方生理缺陷

一般情况,交谈中应避免涉及对方存在的生理缺陷,即使是出于关心和好意,因为这很容易引起对方的消极情绪,如痛苦、自卑等,进而可能导致产生愤怒、对抗等应激反应,对社交关系有害无益。

4. 庸俗八卦消息

社交活动性质的交谈应避免谈论一些丑闻、名人八卦等内容,或者毫无根据的小道消息、纠纷决策等,因为这既显得庸俗无聊,又毫无价值。

5. 对方反感话题

交谈内容应该避开会引起对方不快和反感的内容,例如一些不好的疫病死亡等事件、对方失恋、失业、炒股失利、身材变胖等。

交谈中若不小心涉及了对方反感的内容,应立即向对方真诚道歉,请求原谅。

(二)用语禁忌

美国心理学家威廉•詹姆斯说:"人性的根源深处,强烈渴求着他人的欣赏。"心理学上有一个赞美效应,它指出人们更容易接受和相信对自己的赞美,而对批评则更加抗拒和不信任。要想获得好的交谈效果,就应该注意交谈中要避免采用对方讨厌的方式去表达。

一般情况下,用语方面需要考虑以下六个方面的禁忌:

1. 抬杠

抬杠就是喜欢与别人争辩,不关注事实观点,喜欢抓别人语言的漏洞来反驳。网上有一个新名词形容这种人:杠精。这种人为了显示自己的存在感,自己比别人高明,自认为一贯正确,习惯得理不让人、无理搅三分,若出现在交谈场合中,会让人大倒胃口,避而远之。反之,我们应该在交谈中学会倾听,允许各抒己见,自由探讨,才能维护好谈话的进行,提升交谈的效能。

2. 否定

有的人喜欢否定他人,不管别人说了或做了什么,总是习惯脱口而出:"你错了""这不对",交谈中以评判家自居,任意裁定别人对错,对交谈伤害极大,堪称话题终结者。

交谈礼仪中要遵守一条重要原则是:不得纠正。也就是说,在社交活动中,对社交对象的所作所为,应求大同存小异,对其无关宏旨,不违背法律法规及社会公序良俗、没有羞辱国格人格及涉及人身安全的,没有必要去判断是非曲直,更没有必要去当面否定。这是礼仪"尊重他人"核心中宽容待人的原则。

3. 粗话

粗话就是粗俗不文的话,特指带黄色、猥亵意味的詈词。有些人没有学会把文明用语看成做人标准,反而认为随口骂人、满口黄腔是有个性、男子汉的表现,殊不知这种习惯不但会让人身心不适、退避三舍,还直接展示了自己没有品位、不尊重他人的低劣品行。

4.怪话

所谓怪话,也就是言谈中表现愤世嫉俗、阴阳怪气,对社会和他人冷嘲热讽、怨天尤人,叙事颠倒黑白、耸人听闻、尖酸刻薄等话语。喜欢说怪话的人很容易给人留下自私自利、三观扭曲的印象,让人避之唯恐不及。

5.气话

气话也就是说一些闹意气、泄私愤、图报复的话,牢骚满腹、指桑骂槐,肆意发泄坏情绪。交谈中若常说气话,既会阻碍交流沟通,还易伤害和得罪他人。

6.黑话

黑话是指流传于黑社会中的、表意隐晦的话语。[①] 有些人在文学作品或现实中接触到一些黑话,就用在各种场合,自以为显得高深莫测有背景后台,实际却是不伦不类、匪气十足,只会对社交关系造成损害。

三、文明用语

交谈礼仪中的文明用语是指用语准确符合表达规范的、符合文明礼貌要求的语言。

1. 用语准确

语言是传情达意的交际工具,因此其准确性是放在第一位的。只有使用准确的语言,才能将自己的诉求传达给对方,而不至于造成误会和曲解。要做到准确用语,需要做到以下几点:

(1)准确发音

其一是指发音要标准,不要用错字读错音。

这又分为语言水平不足的错别字与方言影响造成不规范两种情况。这需要通过加强学习和训练普通话的方法来加以纠正。

其二是指发音要清晰,不要含糊吞音。

有些人面对他人讲话时有畏怯心理,说起话来吞吞吐吐、含含糊糊,或声音越说越小,最后发音几乎吞到肚子里。

其三是音量要适中。

既不要高声大嗓震耳欲聋,也不要声如蚊蝇若有似无。这都是不礼貌的讲话方式,需要注意避免。

---

① 李兴国主编:《社交礼仪》,高等教育出版社 2006 年,第 158-159 页。

（2）避免杂糅

与人交流时非必要情况要避免将两种以上语言杂糅在一起使用。这里的杂糅是指在用语中夹杂外语词汇，或某些词句使用不规范的网络用语等，如"这结果真 nice""你这个背包好卡哇伊""你见过那个场景吗，真是绝绝子啊"。

（3）语速适度

讲话时需要控制速度，最好保持匀速，不急不缓，让人易听易记。可以自己训练测试，一般情况下，温和的语速讲话是 120～200 字／分钟，过慢会让人走神、不耐烦，过快则让人容易听不清又记不住。

（4）语气谦和

交谈语气应表现平等待人、亲切谦和，不要居高临下、盛气凌人，随意指摘如同训话，也不要过分谦卑、曲意逢迎。

（5）要言不烦

说话要做到简明扼要，不烦琐。不要长篇大论任意发挥、废话连篇不着边际，一般场合的交谈时间应该控制在半小时内，最长不要超过一小时。每次自己的发言应以三分钟为上限，这样一是避免过长交谈使人疲惫、稀释交谈中包含的信息和情感，二是节省时间，平等交流，为今后的交流留下良好印象。

2. 用语礼貌

在用语中多使用礼貌性的语言，是表达尊重的最好方式，很容易带给对方好感，较快拉近彼此距离。恰当地使用敬语和谦语，能够表现出个人修养和风度，给人留下美好的印象。

面对社交对象，不论亲疏，都应礼貌对待。总有人觉得对人说话讲礼貌是低人一等，喜欢用"熟不拘礼"来掩饰，标榜自己是"刀子嘴豆腐心"，其实就是缺少教养，没有尊重他人的心态。

即使是熟人，也可能被一句不恰当的话语伤害到。例如有人想要请客，对被邀请对象这样说："我明天中午在××饭店请人吃饭，你到时候也来吃点儿吧。"本意是邀请，听在熟人耳中却是施舍，这就是用语不礼貌，好心办坏事的例子。

实际生活中要做到用语礼貌的习惯，需要将那些常识性的礼貌用语记在心中，并加以灵活运用。

① 在用语中加上表示尊敬的词，如"请""您"。例如"您好""请进""请慢走"。其

中"您"本意是用来对尊长使用,用在社交对象身上即表示将对方放在重要的位置,简单直接地体现出尊重的意思。由于南北方言的差异性,在这一点上某些南方人没有使用"您"字的习惯,与人交流中尤其需要注意。

② 使用表示谦恭、敬重和友好含义的语句。在不同场合进行问候、感谢、请托、道歉、道别及相应回复时都有标准的礼貌用语,应善加使用。如:"您好""谢谢""打扰了""对不起""请原谅""再见""不客气""没关系""请多指教"。

③ 多用委婉商量语气的用语。用语中常选择肯定或否定的语气,会有一种自以为是的"权威"感受,让人感受到被贬低和压制,易激起对方的反感。要用比较委婉和商量的语气,这样把对方摆在平等的位置上,容易达成共识。如"可以帮我接一纸杯水吗?我修车一手油,弄脏饮水机就不好了"①。

此外,一些比较书面的礼貌用语还有:初次相见用"久仰",久别重逢用"久违",探视别人用"拜访",主动道别用"告辞",中途退场用"失陪",请人帮助用"劳驾",托人办事用"拜托",求人谅解用"海涵",感谢送别用"请留步",请人批评用"请指教",邀人指点用"请赐教",欢迎宾客用"欢迎光临",等待客人用"恭候大驾"等。

3. 体态语言

体态语言又叫"人体示意语言""身体言语表现""态势语""动作语言"等,是人际交往中一种传情达意的方式。体态语言无处不存,无时不在,几乎所有的人都自觉与不自觉地运用着它。在交际中常见的体态语言主要有情态语言、身势语言、空间语言。

(1)情态语言

情态语言是指人脸上各部位动作构成的表情语言,如目光语言、微笑语言。带有温和有礼的注视和微笑,配合有声语言,可以直观地表达出友好和善意。

(2)身势语言

身势语言又叫动作语言,指人们身体各部位作出表现某种具体含义的动作符号。在人际交往中,最常用且较为典型的身势语言是手势语和姿态语。手势语是通过手和手指活动来传递信息;姿态语是指通过坐、立等姿势的变化表达语言信息的"体语"。

(3)空间语言

空间语言指的是用社会场合中人与人身体之间所保持的距离间隔表达的含义。空间距离是无声的,但它对人际交往具有潜在的影响和作用,有时甚至决定人际交往的成

---

① 李兴国主编:《社交礼仪》,高等教育出版社2006年,第161页。

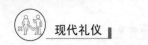

败。人们会不自觉地用空间语言来表明对他人的态度和与他人的关系①,分为前面所述的亲密空间、个人空间、礼交空间、公共空间四种。

体态语言会根据个人的态度而不自觉地展示出来,并被对方直观感受,因此要真正做到真诚和尊重,让自己的体态语言与社交活动相匹配。同时要注意仔细判断对方的体态语言,及时了解对方的真实情绪状态,可以及早了解其话语中的弦外之音和话外之意,防止误判。

4. 善用倾听

在交谈中有一个特别应该掌握的技巧,就是倾听。人的本性是更关注自己的话题和兴趣,倾听他人的谈论,他就会感受到被重视,也就更愿意与你交流,这是成功交谈的诀窍。因此,要做一个善于谈话的人,就应该做一个会倾听的人。

倾听可以增进相互理解,迅速增进双方的关系,避免不必要的纠纷,提高社交效率。下面是如何做好倾听的几个方法:

① 应尽量在一个安静优雅的地方进行交谈。谈话的环境很重要,外界的干扰和噪声越少,越容易获得好的倾听效果。

② 求同存异,从双方都认可的事情谈起。调整好心态,不要有"为什么要我迁就他而不是相反"的心理障碍,不要抱持某些先入为主的偏见,也不要轻易论断,要让交谈氛围使对方感到轻松自在。

社交谈话应该避免冲突,对与己无关的分歧可默不作声,与己有关的意见仔细倾听,要强调双方都认可的观点,强调谈话的目标相同,差异只是方法而非目的。通过迂回策略将双方拉到同一条战线上,对方往往会自动放弃错误的观点。

奥佛斯基在《影响人类的行为》一书中说:"一个否定的反应,是最不容易突破的障碍。当一个人说'不'时,他所有人格尊严,都要求他坚持到底。"因此,否定对方的观点、直接争论不仅有伤和气,还会让对方更加坚持己见。

③ 集中对交谈内容的关注度,不要做无关的事情。人的思绪速度一般是超过讲话速度两倍的,有更多时间去思考,因此容易出现思维分散的问题。因此要关注对方话语内容,及时思考提炼其主要观点,不要纠缠细节,或任由思维天马行空自由发散。

④ 要让别人对你感兴趣,首先要对他感兴趣。多去问与他相关的事情,鼓励他谈论他自己的成就。要记住一点,在与你谈话的人对他自己、他的需要、他的问题,比对你及你的问题要感兴趣一百倍。在合适的时间恰当地提出问题,比如:"我可能有些没有听懂,

---

① 肖克芬:《简谈体态语言》,《光明日报》2007-04-21,第6版。

能否讲具体一点？""还有哪些方面需要考虑的呢？"，可以引导对方交谈，控制谈话节奏。

一般而言，任何人都会对有礼貌倾听自己讲话的人有认同感，产生感激和尊重之意，进而也对对方产生兴趣，可以有效深化交谈内容。

5.善用赞美

赞美是一种通过语言或行为，真诚表达对别人优点长处的肯定和喜爱的行为，是同批评、反对、厌恶相对立的处事态度和行为。

人性本身具有渴望别人肯定和赞美的欲望和需求。赞美别人，就是对别人的尊重，是最能收获友好反馈的行为。"赠人玫瑰，手有余香"，赞美别人的人，肯定了对方的价值，会对赞美对象起到促进作用，能够创造生命的奇迹；同时自己也会收获美好的心情，更加自在充实。美国作家马克•吐温说："一句赞美的话能当我十天的口粮。"由此可见赞美别人的重要作用。

① 赞美不是曲意逢迎和讨好别人。赞美是出于真诚无私地肯定别人价值的动机，是为了激发他人干劲和动力的行为，一定要符合现实。超出限度夸张的赞美，就成了拍马屁。

② 要做到赞美别人，需要自己有宽广的胸怀和勇气自信。不计较个人恩怨，善于发现别人的优点并及时予以肯定，用别人的优点来鞭策和鼓励自己，这才是赞美者需要具备的素质。

③ 虚心请教是成功的赞美。对别人明显的优势直接恭维和赞美经常不被对方看重，因为他在这一点上可能已经收获太多肯定了。而你主动请教其擅长的领域，则会让他获得另一种形式的看重和肯定，属于成功的赞美行为。

④ 注意赞美的忌讳。一忌太夸张，过犹不及，容易让人感觉虚浮和矫揉造作；二忌陈词滥调，选择套话赞美，如"闻名不如见面，见面胜似闻名"等，让人感觉油滑世故；三忌冲撞别人的缺陷，如对脱发领导赞美"聪明绝顶"，收获的很可能是一腔怒火；四忌不懂装懂，说外行话，给人感受就是拍马屁还拍在马蹄子上，暴露自己的愚蠢无知。

作为文化传统就比较内向的中国人，我们应该认识到，善用赞美不只是表达对他人的肯定，还是交际处世、事业成功的关键。

第二节　通信礼仪

人不仅具有自然属性，更重要的是具有社会属性。马克思主义的一个著名命题是：

"人的本质在其现实性上是一切社会关系的总和。"这一论断可在两层意义上理解：一是每个人维持自身生存生活的本质因素都必须通过社会中的他人来实现；二是人类本身相互之间结成的这种社会关系构成了人类社会整体。[①]

人类之间的相互联系是实现其社会属性的关键因素。这种联系方式大部分可以归结到社交活动上。其中，在有一定距离的人们之间进行联系的方式就是通信。

自古以来人们就很重视通信联系的使用，并随着时代发展不断推陈出新，发展更加完备的通信方式。

杜甫曾感叹："烽火连三月，家书抵万金"，秦观则低吟"驿寄梅花、鱼传尺素，砌成此恨无重数"——语言文字促成了最早的通信方式：通信。同时，长达几千年的通信历史，也形成了完备的通信礼仪。

而随着科技的发展，更加便捷的通信方式不断出现，其更新换代速度也在加快，交替占据通信联络方式的主体地位，如电报、有线电话、传真、电子邮箱、手机、各种即时通信软件。这些通信方式的出现，让早期的通信礼仪不断向现代通讯礼仪发展，它们的共同特点在于，都是用来规范人际交往中远程联系媒介的使用操作方式的社交礼仪。

现在，作为历史最久的通信方式，写信的方式还留存在现代人的生活中，但已经逐渐沦为比较边缘的存在。

19世纪30年代发明了电报，但因成本高、传送量低的劣势而迅速被后续出现的有线电话和传真取代。

随着互联网技术的发展和计算机网络的普及，电子邮箱几乎取代了实体邮箱的地位，进一步打击了邮递通信的地位。

同一时期出现和发展的手机更是随着无线通信技术的发展，几乎覆盖了地球上所有的城镇乡村，迅速从早期的声音、文字通信阶段发展到各种即时通信软件，并将更加先进的视频通话技术带入普通人的生活。

虽然通信方式发展变化日新月异，但是其遵循的通信礼仪却始终坚持同一个基本原则即"保持联络"。在人际交往中，要尽可能与社交对象保持各种形式的有效联络，以便进一步加深交往沟通，巩固和促进彼此间的社交关系。

下面我们从通信（包括电子邮件和传真）、电话、即时通信三个方面对通信礼仪加以讲解。

---

① 鲁贵宝：《习近平关于担当作为的重要论述：逻辑生成、精神实质及价值意义》，《安庆师范大学学报（社会科学版）》2021年第2期，第1-6页。

一、通信礼仪

书信作为人类社会中最古老的一种通信方式,其设施遍布全球,至今还存在于普通人的生活中。不过因其较落后的传递形式和效率,书信基本已经从有效沟通的通信方式中退出,除了军队等不允许随意使用手机通信的特殊机构和一些比较偏远落后的地区之外,一般只保留在各种重视仪式性的通信需求中,如日常使用的感谢信、致歉信、向政府部门反映问题的群众来信等;工作和政务活动中的公文来往、介绍信、慰问信、节日祝福等。应该说,越是在使用这种仪式性信件时,对礼仪要求也就越加严格。

此外,书信因其在保密通信、互通情报、传递情感等方面存在其他通信方式难以比拟的特殊作用,还远不到退出通信方式行列的地步。因此,对这种我们现在接触机会较少的通信形式,就更应该多做学习和了解。

(一)书信格式

书信格式是指书信写作时应遵守的写作法则和文字布局。作为历史悠久的成熟通信方式,其格式必然有着成熟完备的规定。要正确使用书信,用以表达完整的情感,就一定要遵守其礼仪规范。当前国内信件已基本采用横版书写方式,下面介绍也以横版书信为例。

1. 信文

信文就是书信的内容,一般由六个部分构成,分别是称谓语、问候语、正文、祝颂语、署名、日期。

(1)称谓语

在信件开头,要先把收信人的称谓语(也称为起首语,是对收信人的具体称呼)顶格写在第一行,后面加冒号,然后分行。

称谓语在书信中一般应该使用较为完备的敬辞加具体头衔,对尊长一般不要用完整名字,如"亲爱的赵老师""尊敬的市长办公室领导""尊敬的各位业主"。给亲人一般比较随意,可只用关系称谓,如"爸爸妈妈""姑妈""哥哥"。

(2)问候语

问候语要写在称谓语的下一行,前方空两格,一般情况下自成一段,应简洁得体。如比较通用的是:"您好!""久未见面,甚是想念。""新年好!"

在过去,我国民间对书信的问候语有比较固定的书面用语,现在一般只流行于部分国学文人之间:"见字如晤,展信舒颜。""顷奉惠函,谨悉一切。"

（3）正文

书信的正文一般又可分为连接语、主体文、总括语三个部分。每一部分的开头都应另起一行,空两格落笔。

连接语适用于说明写信缘由的,应交代清楚是通知信息还是回复来信等。

主体文是针对写信的目的缩写内容,一般情况每一段文字只讲一件事情,多件事情要放在不同分段中。

总括语在正文结束之后,一般用于概括全文内容,加深收信人的印象,之后再加上有针对性的结尾礼貌用语,如"如蒙赐复,不胜感谢""专此敬复,不尽欲言""言不尽思,再祈珍重""纸短情长,不尽依依"。

（4）祝颂语

祝颂语是表示致敬或祝贺一类的话,如"此致""祝""敬颂"。它可以紧接着正文写,也可以单独占一行,前面空两格书写。后面另起一行,再顶格写上与"此致""祝""敬颂"相配套的"敬礼""健康""商祺"一类表示祝愿的话语。

（5）署名

署名就是在信文末尾右下角位置写上发信人的姓名。在署名的前面一般还要加上合适的自我称谓,如"您的学生""好友""弟""妹"。[①]

（6）日期

发信的日期可写在署名的后边,也可另起一行,与署名对齐书写。

此外,有些书信还可添加附问语和补述语。

附问语是指发信人附带问候收信人身边的亲友或为身边亲友代为问候收信人及其亲友的话语,一般位置放在正文总括语之前或署名日期之后均可。

补述语是指书信内容之外再补充的附言,与正文内容联系不大的内容。一般要在前面加上"又及:"或者"又启:"为开头,放在署名日期后自成一段,内容越简练越好。如"又及:所需材料已快递寄出"。

2.封文

封文就是信封上正面所写的文字,按照标准一般分为五部分。

---

① 张颖:《浅谈关于书信体应用文的写法指导——以统编版语文四年级上册习作七为例》,《散文百家》 2019 年第 6 期,第 72 页。

（1）收信人邮编

在信封左上角一般印刷有六个方格，用以填写收件人的邮政编码。这是分发信件的主要识别部分，不可缺失。

（2）收信人地址

通常在邮编号码下方顶格书写收件人地址，按照由省、市、县，一直到区、街和门牌号码顺序书写。如果是寄送到农村，还要写上乡名和村名。为避免无法投递，地址书写字迹要工整，地名要详细。

（3）收信人称谓

通常在信封正中位置书写收信人的称谓，可以是姓名全称，后面加邮递人员对收信人的称呼和专用的启封词，如"张三　先生　启（或收）"，其中后两部分也可省略不写。

（4）发信人信息

通常在信封右下方书写，这一部分用于收信人直接了解发信人资讯，同时也作为无法投递信件时的退回地址。一般包括发信人详细地址加发信人姓名，后面还可以添加一个表示敬意的缄封词，如"山东省青岛市市南区××街道××路××号1单元101李四缄（或谨缄）"。

（5）发信人邮编

发信人的邮政编码应该写在信封的右下角，一般没有印刷的方格。

若是所写书信不是通过邮局寄送，而是请托他人代为转交，此时的信封不需要书写邮编及双方的地址，但一般应在信封左上方写上"面交""烦交""敬烦　代交"等托带字样，在信封右下方写上发信人姓名，后面也可添加"托"或"拜托"及托交时间等。

要使用标准规格的信封，不要用废旧纸张制作或使用旧信封等。

（二）注意事项

使用书信进行通信还需要关注一些注意事项，包括写信、发信和收信三个方面。

1. 写信

书信的书写应该用毛笔或钢笔、中性笔、圆珠笔等书写，不可用铅笔，应该选择黑色、蓝黑色等较为郑重的墨水颜色，一定不要使用红色书写，那在以往是用来代表绝交信。

书信应选择正规的信纸或稿纸书写。

书信内容应该按照写信人及收信人的实际情况选择合适的问候语及行文风格，要像

单方面谈话那样把事情说清楚。根据写信目的简明扼要开门见山地写,动笔前自己要想清楚。用语要文明礼貌,善于使用问候、敬语,注意表达对收信人的尊重,能清楚传达出真挚的情意。

因为通信时是没有反馈说明机会的,不要为了卖弄文采或故弄玄虚,采用文白混杂的语言,又或咬文嚼字、堆砌辞藻,要说明的事情反而搞得云山雾罩,让人不知所云。即使是指出对方错误方面的书信,也应做到以理服人,诚恳规劝,而不要采用教育、训斥的态度,盛气凌人,惹人反感。

书写时还应注意工工整整,字迹清晰。最好采用行书、楷书等字体,不建议采用草书等难以辨认的字体,若是字写得不够工整,信末还应加一句表示歉意的话,如"草草不恭,敬希原宥"。

总之,写信需要注意的就是选用正规墨水、信纸,内容清楚完整,用语简洁礼貌,字迹工整清晰。

2.发信

书信封装需要正确折叠,不能使折叠后的信笺过大或过小,在收信人裁剪开封时过大容易损坏信纸,过小则容易从信封内滑落。

一般采用的信纸折叠方法有四种:一是纵向三等分折叠,再横折,使两端一高一低,表示谦恭含义;二是折叠信笺时将收信人姓名外露,表示亲切;三是信笺先纵向对折,再将折线处向内卷折1～2厘米,最后再横向对折,这种折法多用于公函,称为"公函折叠法";四是将信笺先横向折叠两次,在按照信封大小纵向折叠一次,是比较随意的一种折叠方法。①

其他还有一些比较艺术的如心型、箭头型,可以用来表达示爱、归心似箭等含义,这里不再赘述。

折叠好装入信封时应将信笺推到尽头,为封口处留下1厘米左右宽度,便于收信人拆封。

若需随信发送一些其他附件,需要按照邮政规定的大小重量进行,避免过于膨胀或撑破信封。信内需要对附件加以说明,方便收信人查证回复。

根据邮递要求付足邮资,避免欠资或使用到付。

邮寄信件一定要封口,请托代送的则应视情况而定,自行斟酌。有人为表示与代交者关系密切选择不封口,但也有代交者觉得封口才是对自己的尊重,避免了偷窥嫌疑。

① 赵有峰:《书信的折叠方式与性格》,《心理世界》2001年第1期,第62-64页。

3. 收信

接收信件应注意以下事项：

（1）遵守法律

我国现行宪法规定："中华人民共和国公民的通信自由和通信秘密受法律保护。"也就是说，任何扣留、私拆、偷阅他人信件的行为都是违法行为。千万不要跟人开玩笑或觉得关系亲密就截取私阅他人信件，这是绝对不可碰触的法律底线。

（2）拆阅保存

拆开信封时最好使用一定的工具，不要把信封破坏得犬牙差互、开膛破肚。未经发信人允许，不要随意将其信件内容公开，这是很失礼的行为。有纪念意义或其他原因需要保存的信件应整理成册，分类保管。信件内容是比较隐私的，不再需要的信件应焚毁或碎纸破坏性处理，不要随意当垃圾丢弃或当废纸卖掉。

（3）回应来信

接到信件后应及时回复，有来无回或延期回复都是严重违反了通信礼仪的做法。对来信中的问题等需要一一对应地予以回应，若需延后回答或不能回复的，应在回信中说明原因并明确回复日期或明确表态不做回复。[①]

总之，收信礼仪一是遵守法律，二是不要随意处置，三是一定及时回应，才是符合通信礼仪的做法。

（三）电子邮件礼仪

随着互联网技术的发展，20 世纪 70 年代发明的电子邮件逐渐成为取代实体书信的一种新型的通信方式，迅速成为职场及上网人士的标配。

电子邮件的地址是网络标识组合，构成方式为"用户标识符 + @ + 域名"，其中的 @ 是"at"符号，表示"在"的意思。它是整个网络中直接面向人与人之间信息交流的系统，它的数据发送方和接收方都是人，极大地满足了大量存在的人与人之间的通信需求。电子邮件可以传输文字、图像、声音等多种形式的信息，没有地域限制，可以轻松实现快速送达，从使用体验上轻松压过了实体书信。

1. 电子邮件的优点

传播速度快；非常便捷；成本低廉；广泛的交流对象；信息多样化；便于检索；比较安全。

---

① 金正昆著：《社交礼仪教程》第四版，中国人民大学出版社 2014 年，第 175-176 页。

2.电子邮件使用礼仪

电子邮件的内容与实体书信内容类似,因此在格式上可以直接借鉴实体书信的文体与需要注意的礼仪。

电子邮件不需要通过邮递系统人为投递,所以没有封装和拆封的问题。在发送电子邮件上的便捷性,要求我们遵守网络使用礼仪要求。

（1）采用真名

网络上人们可以选择各种显示的昵称,像"飞在风口的猪""彩色食人花"等。但是在使用电子邮件时,第一个应该遵循的礼仪就是在显示名称位置采用真名,如姓名或单位加姓名。

（2）合适的标题

电子邮件发送接收会显示邮件标题。应该用不到 20 个字总结邮件的核心内容,如:"××公司对××项目竞标方案"。

（3）格式简单大方

邮件格式要让位于内容,不要采用各种颜色和效果装饰,最好采用同一种颜色、大小和字体,只用分段、缩进和加粗来排版。

（4）尽快回复接收到的邮件

电子邮件比实体书信更加快速便捷,这就要求对接收到的邮件,只要不是标明"无须回复"的,都要尽快回复,这代表了个人的能力、效率和重视。最好每天早上开机先查看昨天至今接收到的邮件,晚上下班前再次查看有没有新接收的邮件。[①]

（四）传真礼仪

传真是一种通过扫描将文字、图表、相片等记录在纸面上的静止图像变成电信号,经通信线路(一般是电话线路)传送到目的地,在接收端转换获得与发送原稿相似记录副本的通信方式。

传真自 1843 年发明之后经过较长时间的缓慢发展,直到 1972 年世界各国相继允许在公用电话交换网上开放传真业务后,才获得较快发展,随着传真机标准化的进程和技术的成熟,成为发展最快的一种非话业务。现在传真已经与计算机网络技术相结合,发展成为网络传真系统,因其使用固定传真号码作为账号,且有传送信息过程不易造假的

---

① 百度百科:《电子邮件》,https://baike.baidu.com/item/%E7%94%B5%E5%AD%90%E9 82%AE%
E4%BB% B6/111106?fr=ge_ala。

特点,与电子合同、传统合同具有相等的法律效力,广泛应用于企事业单位。

虽然传真的载体是通信媒介,但在其内容上则基本与信函要求一致,没有新的规范去约束它。

使用传真的礼仪主要有三点:

1. 遵纪守法

按照国家规定,任何单位或个人在使用自备的传真设备时,均须严格按照电信部门的有关要求,认真履行必要的使用手续,否则即为非法之举。

安装、使用传真设备,必须配备有电信部门正式颁发的批文和进网许可证,若安装、使用自国外直接带入的传真设备,必须首先前往国家指定部门进行登记和检测,然后方可到电信部门办理使用手续。

2. 规范使用

传真有自己专门的号码作为账号,一般应该将其作为重要内容印制在商务名片上。

传真的发送需要专人操作,传真原件应保证清晰,以免因传输过程干扰造成失真后无法辨认。

传真机设置在自动接收状态,接收操作是自动进行的,因此传真设备应有专人负责。

3. 及时回复

接发传真是为了快速办理信息的传送业务,因此看中的是其时效性。收到他人传真时,应第一时间告知对方,并及时办理或转交。

随着网络通信方式的多样化和更快发展,传真业务现今在国内企业应用中已逐渐萎缩,很多新企业并没有办理开通使用传真机的服务。[①]

二、电话礼仪

现代社会电话的使用已经成为一般人日常生活不可或缺的重要组成,即使其他即时通信在现代通信中所占比重逐步提升,电话依然占据了通信方式的重要位置,对电话礼仪的学习依然是通信礼仪中重要一环。

现在电话分为有线电话和移动电话(手机、通话手表等)两大类,后者随着社会发展逐渐成为电话使用的主要工具。使用电话不要只是会用,应更多关注使用电话的礼仪,目的是在通话过程中给对方留下文明礼貌、有修养风度的印象,为社交活动双方的关系

---

① 百度百科:《传真》,https://baike.baidu.com/item/%E4%BC%A0%E7%9C%9F/97950?fr=ge_ala。

进展增添助力。

（一）电话通话

1. 拨打电话

拨打电话是有打电话的需求时主动联系对方的行为，占据主动地位，因此在拨打电话时应注意做好以下四点，才是符合电话礼仪的行为：

（1）控制好通话的时间

因为打电话一般对接听一方是一种预料外的情况，因此在确有通话需要时，还需考虑对方的情况，选择合适的拨打时间。

一般工作相关的电话应在对方上班时间拨打，私人电话也应避开用餐、休息时间。若与节假日内活动安排无关，也应避开节假日打电话，以免打扰对方的休假。

最佳的拨打电话时间是与对方已有约定或对方比较方便的时间。若因事态紧急一定要在对方不便之时拨打电话，应立即致歉并说明原因。

应站在对方的立场思考问题，切勿以己度人，比如自己喜欢熬夜，就在半夜十一二点给别人打电话，或没有考虑时差问题，在别人休息睡眠的时间拨打电话。

打电话的通话时间也应有度，以短为佳。一般情况有个"三分钟原则"，即通话时长不宜超过三分钟。[1]

通话时应关注对方的反应，比如开始应先询问对方："请问您现在方便通话吗？"若需说明的事项比较占用时间，也应该先询问对方的意见，并在结束时再次略表歉意等。

（2）控制好通话的内容

打电话前应明确本次通话的内容，若感觉比较繁杂时，最好事先列出一份通话内容清单，可以避免颠三倒四、丢三落四的尴尬。而且提前准备，还可以使通话内容做到精简明确，节约时间，也是遵守"三分钟原则"的一个良好保障。

端正态度，用语文明。打电话时的姿态、心情等都会影响到语调，会让人在声音中听出来说话人此时的形态。因此一定要将通话当作面谈一样对待，不可轻忽。

要声音清晰、音量高低适中。注意音量宁低勿高，特别是在公共场合，更要避免大声通话、扰乱环境秩序。

注意音量的反馈，若对方音量较低，先检查自己电话的音量设置，若不是电话问题，则很可能是自己音量过高所导致，应提示对方并注意放低自己的音量，若反而提高音量，

---

① 金正昆著：《社交礼仪教程》第四版，中国人民大学出版社 2014 年，第 161 页。

易使对方误以为通话声音太大而更放低音量。

通话中若因线路故障突然中断，应立即再次拨打并说明情况，即使主要内容已经说完也不要直接中止，放任不管。

通话结束时，按习惯应该由主叫方主动提出通话内容完结，并由地位较为尊崇的领导、长者、女性一方主动挂断，应该避免当断不断、反复拉扯。挂断电话要有礼貌，说一些"打扰您了""谢谢指教"之类表示结束的话语，不要突然中止、贸然挂断。

此外，若电话需要转接，应对转接人员问候致谢，说些"麻烦您了""劳驾""谢谢"之类的词语。若需对方回复电话时，应主动留下电话号码。

2. 接听电话

在电话通话过程中，作为接听一方的受话人处于被动状态，也应该注意接听电话方面的礼仪。

（1）接听打给自己的电话

听到电话铃声，应该及时接听。一般是在铃响三声内接听，以两声为佳。接听是否及时，反映了一个人待人接物的态度，应予以重视。

电话一响就接听，会显得比较冒失，打电话一方也会感觉有些出乎预料、措手不及，响了三声以后或更久才接听，容易显得妄自尊大，没有礼貌。

因特殊原因没有及时接听电话，应第一时间向对方说明并致歉。

接听电话时应做到首先自报家门。因为打电话是看不到接听方的，接听时先自报家门，可以让拨打电话的人验证一下，以防拨错号码或找错了人。自报家门可以按照实际情况，采用自报姓名、报单位部门名称或仅自报电话号码等方式进行，如"您好，我是张三。""您好，这里是××公司销售处。请问您找谁？""这是87654321电话，请问您找谁？"。不要接通电话后一声不吭，等待对方发问；这会让对方误以为电话有线路故障或心生反感。

通话时应与面谈一样礼貌对待，不要心不在焉或直接将电话放置一边不管不顾。若实在不方便接听，应简短说明，有可能的话还应另约时间，自己再主动打过去，不要责怪对方不该在此时打电话等。

应分清电话主次关系，若接听过程有其他电话打入，应先向对方说明原因并请其稍候，然后再及时接听后打来的电话，并按照两个电话的主次关系，对较次要的电话对象简单说明情况，请其稍候或过段时间再打过来，然后再继续接打主要的电话。

通话终止时应向对方道别，若为线路故障暂时中断，应耐心等待对方再次拨入。若

对方长时间未重拨电话,也可拨打回去。

对待误拨电话应该耐心说明或提供帮助,不要恶言相向或直接挂断。

（2）防范电信诈骗

应在手机上安装国家反诈中心APP,北京反电信网络诈骗专用号码96110于2019年11月8日正式启用,如遇到此号码打来的电话,说明你或家人正在遭遇电信诈骗,请务必接听,若发现犯罪线索,也可拨打此号码举报。

对接到陌生人电话,提出各种理由要求给钱或要验证码、银行卡号的,基本可以判定就是诈骗分子,千万不要抱着侥幸心理,总以为自己不会是上钩的那个人。

（3）代接或转接电话

有些时候,我们也会遇到代替他人接听电话或需要转接给他人的电话,这时需要注意代接或转接电话礼仪,做好以下四个方面:

一是对方打有线电话要找的人不是自己,不要言语粗鲁直接抱怨或直接拒绝对方代找旁人的请求,而应礼貌回应,要找的人在附近就立即通知,若人不在,也可委婉探求对方电话目的,并认真记录以便转告,可以避免耽误事情并获得对方好感。

二是若经询问对方需要转达留言时,一定要问明并记录时间、打电话人具体信息、通话要点、具体内容,还应包括是否需要回电话、回电话的时间等,对方讲述中还应重复一遍,防止出现错误。不到万不得已,不要再让他人转告电话内容,既容易发生内容错漏,也容易耽误事情。

三是要尊重隐私,不要充满好奇,询问一些如打电话人与代转人之间关系之类的隐私问题,也不要在帮助找人时大喊大叫,搞得四邻不安,如大喊:"张三,你女朋友来电话找你——"①

四是对别人遗漏在位置上的手机来电尽量不要代为接听。若同一来电连续多次响起,可能是有紧急事务,此时方可代为接听,并在接通第一时间说明代接原因,如:"您好,张三去会议室参加一个重要会议了,我是他的同事李四,有什么事情需要我转告吗?"因为手机是个人私有物品,打电话的人会默认接听者为本人,所以一定要及时说明情况,千万不要听对方说了一通后才告知属于代接,更不要冒充机主接打电话。

3.电话录音

在手机还没有普及时,电话还有一个重要功能,就是录音电话。一般情况需要机主提前制作一个留言,告知来电者机主的信息(单位姓名或号码等)、问候语、致歉语、道别

---

① 金正昆著:《社交礼仪教程》第四版,中国人民大学出版社2014年,第165页。

语、留言原因及对来电人的请求等。如："您好！这里是 87654321。对不起，主人现在外出未归，请在听到提示音后留言，主人回来将立即与您联系，感谢您的来电，再见！"

此外，若为私人住宅电话，最好不要暴露过多个人信息，只以电话号码代替，以防泄露隐私出现安全问题。

需要注意的是，尽量少使用录音电话，要及时处理电话录音并予以必要的回复，也不能否认听过录下的电话留言，避免给人留下言而无信的社会形象。

手机技术发展使得在打电话时进行录音非常便捷。一些重要来电或须留存证据的通话应及时打开电话录音功能。电话录音可以作为法律证据，但若是涉及隐私的问题通常不会采用，只在实在没有其他证据时才能使用。此外还要注意电话录音属于隐私性内容，未经双方许可或法律允许不能公开或扩散。

4. 使用手机

使用手机应注意两个方面的问题：

（1）使用规则

因为手机会随身携带出入公共场合，应注意设置其铃声与提示方式，尽量做到不要扰民。特别是在影院、会议、参观等公共场合，需要将手机调至静音状态或关机。

手机作为现代社会方便联络的工具，应保持其有效性，及时充值和充电，避免出现欠费停机或长时间关机现象，以此保证联络畅通。

若出现更改号码等情况，须及时通过短信等形式告知交往对象，及时更新到名片、电子邮箱等其他媒介中。

正确使用手机短信，不要滥发短信，此外对接到强迫转发短信的，诸如"不转不是中国人""不转发就会被诅咒"等垃圾信息，一定要有科学对待的态度，不要转发再去助纣为虐。

不要在与他人相处时毫无顾忌地当面或当众拨打或接听手机，或在要求保持安静的公共场合大声使用手机与人交谈等。也不可在与他人交往时只低头玩手机，或随意用手机对他人拍照、录像等。

（2）安全使用

使用手机需要注意两方面的问题：

一是注意人身或环境安全。如不能在乘坐飞机或在加油站加油、特殊病房、驾驶车辆时随意使用手机，这会威胁公众或个人的人身安全。

二是注意保护信息安全问题。手机在现代社会已经成为个人的第二张身份证，一定

注意保护信息安全,不要随意安装不明来源的软件,或在不正规场所维修。

（3）放置到位

作为便携的智能通信设备,手机可以轻易实现打电话、拍照、录音录像、定位等诸多功能,这在很多社交场合都属于不能被接受的行为。

为了避免误会,在较为正式的场合和一些特定区域,应该特别注意手机的放置,不能时刻握持于手中,一般应放置在随身携带的公文包或上衣口袋内,或摆放在某些不起眼的位置,如桌上手边位置。

在一些特定场合,如考场、重要会议、某些特殊环境,还须提前关机或锁定,交给相关人员暂为保管。①

（二）电话使用禁忌

1. 忌没有礼貌粗暴对待

如语言粗俗,不用问候语,挂断时用力摔话筒,或在别人说话中途突然挂断。

2. 忌干扰别人通话

在别人通话时故意旁听,或室内有人通话时闯入而不主动退出都是失礼行为。如果有急事必须找正在打电话的人,可写在便条上放其面前后退出即可。

3. 忌在有文字或图示标志禁用手机的场所使用手机

如乘坐飞机或加油站加油的时候,均需使用飞行模式或避免接打电话。驾驶车辆时尽量避免接打电话分神,若必须接打电话,则应使用蓝牙耳机等设备,或在合适位置停车后再接打电话。

4. 忌随意使用泄露国家机密

手机通信的安全性比不上有线电话,不要在通话中随意泄露涉及国家安全的机密信息。此外还应避免在军事设施、重要建筑等附近使用手机拍照录像等,否则容易触犯法律,造成严重后果。

三、即时通信礼仪

即时通信又叫实时通信,是互联网上最为流行的一种通信方式,作为实时通信系统,允许两人或多人使用网络实时传递文字讯息、文件、语音或视频交流。

中国互联网络信息中心发布第51次《中国互联网络发展状况统计报告》显示,截至

---

① 金正昆著:《社交礼仪教程》第四版,中国人民大学出版社 2014 年,第 168 页。

2022年12月,我国网民数量10.67亿,手机网民达到10.65亿,占比高达99.8%。其中即时通信用户规模是10.27亿人,使用率升至97.7%。可以说,即时通信方式已经深入社会生活的各个层面,是现代人一个重要的通信联络方式。

国内目前常见的即时通信方式主要是各种即时网络聊天软件和网络会议等其他一些形式的软件。从1996年最早的ICQ出现在互联网,至今已经过去接近30年了。经过这么多年对此类软件的使用,在用户群中已经形成了一定的规范,自由和自律是其最重要的特点。按照积习成俗的原则,通过自觉自律,营造和谐上网环境为核心的即时通信礼仪也顺理成章地出现和完善了。下面我们从通用礼仪及注意事项两个角度归纳一下:

1. 通用礼仪

在网络上请求添加好友时,应明确表明个人身份信息,或说明是从哪个途径搜索到对方的。若对方不予回复,不要重复申请添加。

发送信息同样需考虑对方的情况,选择合适的联络时间。一般在22点至清晨7点之间不宜发信息,若因较急迫的原因发送需适当表达歉意,而且在此时段不要苛求对方能及时回复。

作为接收方应及时回复他人,若间隔几个小时,应在方便的时候向对方解释说明原因并表达歉意,不要对延误回复只字不提。

即时通信对话一般只适用于普通事项沟通,如闲暇聊天、互致问候;对重要事项最好通过发送文件、电子邮件、打电话等其他方式进行沟通,且形式上也比即时通信更加郑重。

尽量发送文字信息,适当使用网络表情符号,避免随意发送语音。一是文字及表情符号阅读速度快,一般是语音的两倍以上,传送信息直观明了,节省时间;二是对方可能处于不方便接听语音的环境,贸然发送语音只方便了自己,没有多为对方考虑。要发送语音最好提前文字询问对方是否方便。

结束对话需要有明确表示,如使用再见语句或相应表情符号,不要聊到半截就消失不再回复。即使对方发的内容你完全没有兴趣,也要适当地、礼貌地回复;不要故意不理别人,可以通过减少回复的积极程度表示出你不太想聊的意愿,给对方留台阶。

及时回复是对方的礼貌而非义务,不能苛求他人及时回复。

使用规范的网络用语,聊天内容健康文明,不发广告、强迫转发信息,不造谣传谣和发送涉黄涉暴等非法信息;不要在网络上传送涉密信息。网络不是法外之地,网络通信也并非多么安全,一定要有安全防范意识。

2. 注意事项

（1）单方面发送语音与接听语音

使用发送语音方式传递信息一般适用于非工作场合或非正式的工作内容,社交对象为熟人或朋友的情况。

在使用发送语音聊天前,应先用文字形式询问对方方便与否。发送语音时,要确保周围环境不要太喧闹嘈杂,以免发送的语音难以辨别。语音不宜过长,一般不要超过30秒。因为对方若中途未听清就只能再从头听,浪费了别人的时间。

若自己普通话不标准,口音较重时,应慎发语音,以免产生歧义耽误事情。

接听语音时要注意周围环境是否合适,避免打扰他人。

（2）不适用发送语音的情况

若即时通信是用于工作场合或正式工作内容,社交对象为合作伙伴或上级领导等,若非领导或对方要求,应尽量不用语音。这是因为:发文字有时间整理思路、调整措辞,不会有口误情况;语音通常效率低下。

（3）用于工作的即时通信一般是文字形式,其内容与写信或当面交谈都有差别

在说明一件事情时,编辑发送的文字最好不要超过三条:在第一条一般是写明个人信息,并说明要汇报什么事;在第二条讲述主要事情;第三条用于结尾,可用"希望尽快得到回复,谢谢"等措辞,也可将后两条合并为一条。

若对方未及时回复,通常不要催促;一段时间仍未回复,事情紧急再用短信、电话等其他方式询问。

即时通信方式因其快捷简便,可以精准联系社交对象而深受现代人欢迎,这从其高企的普及率就可以看出。我们在享受它们带来便利的同时,一定要遵守其礼仪规范,共同创造一个安全和谐的网络环境。

第三节 拒绝礼仪

很多人在社会交往中经常感叹:"不会拒绝别人,真是太痛苦了！"很多情况下,对他人的请求或安排,我们本不想接受,却碍于情面或其他原因不知该怎么开口拒绝才好,结果导致自己陷入麻烦不能自拔。不懂如何使用拒绝礼仪,会让我们的生活疲惫不堪,备尝后悔的痛苦。

因此,学习拒绝的艺术,用符合礼仪的方式摆脱这一困境,是本节带给我们的主要

内容。

一、选择拒绝的状况

生活中会遇到各种各样的情况,对于别人的请求或安排,如何判断那些应该拒绝的状况?首先我们应该关注的是事情本身的性质,凡是符合以下情况的请托,应该选择拒绝的态度:

① 涉嫌违法犯罪或有极大风险的要求。如据社会新闻报道,有一些出入境的人碍于情面接受了"恋人""朋友""熟人"等的请托,帮忙携带箱包或"土特产",结果在安检处被检出内藏毒品,导致自己成了贩毒分子,受到法律的严惩。

② 违背纪律、社会公德的要求。

③ 违背自己价值观、做人原则的要求。

④ 超出自己能力范围的要求。

⑤ 有损自己尊严和人格的要求。

⑥ 有可能伤害到第三方的要求。

⑦ 有可能陷入一些关系网、搞对立团体的要求。

⑧ 低级庸俗的交易。

若对方提出的要求符合以上八个方面,那就应该坚决地选择予以拒绝。

二、选择拒绝的方法

做出拒绝的决定后,应该选择合适的拒绝方法,才能既不伤及双方情面,又让自己摆脱麻烦的局面。做出拒绝时,一是要注意态度,二是要注意技巧。

1. 拒绝的态度

很多时候,我们不容易选择拒绝,是因为照顾对方的感受,怕伤及双方的关系。因此在选择拒绝时,一定要选择正确的态度,可以既让对方感受到你的真诚和尊重,又能体谅到你的难处,最终表明了拒绝立场的同时还照顾到对方的情绪,更容易被对方接受。

表明自己拒绝的态度有以下不同的方式可以考虑:

(1)使用婉转的拒绝态度

不要直接上来说"不",要先目视对方倾听他的需求,把自己的尊重态度传递给对方,先了解清楚对方的处境和难处。之后要用温和的态度表明你已清楚了解了对方的情况,再一一摆出自己的难处,说明自己确实不能帮忙的实际情况。这种拒绝有情有理,便于对方接受。

（2）使用礼貌的表情和举止

拒绝的时候面带庄重的微笑，让对方感受到你对他的尊重和礼貌，可以有效减轻对方被拒绝的不快。

（3）不要带坏情绪地拒绝

不要因为对方提出的要求而带着愤怒、轻视等不良情绪去拒绝。带有怒气时会让对方感受到敌对，带有漠视或随意的态度则让人感觉疏远，严峻傲慢则让人感受到轻视难堪。这些不良情绪都不应在拒绝的时候出现，那会严重破坏关系，甚至反目成仇。

2. 拒绝的技巧

有了好的拒绝态度，我们可以再选择不同的拒绝技巧，才可以收到良好的效果。

（1）客观分析法

倾听对方的请托后，先以感谢的口吻，谢谢对方信任自己才提出请求，然后再向对方进行客观的分析，将自己拒绝的客观理由一一摆出来，包括个人的客观情况限制、社会环境条件无法满足等，最后表示歉意，予以安慰。这样让对方了解现实存在的客观条件，进而可以站在你的角度理解你的苦衷，主动放弃不合理或不能实现的请求。

（2）转移补偿法

在拒绝时采用婉转迂回的方式，在对方提出请求时，拒绝的同时，在其他小事上作出补偿，或给出其他建议，如："实在对不住，这件事我的确是爱莫能助，不过，我可以帮你打听一些消息，希望能帮到你。""不好意思，我最近过于劳累，实在不能帮您改这个图。在××网站上有专门修图的服务，水平比我高多了，您可以去看一下。"对方即使不考虑，也会更明确地看出来你拒绝的态度，既不使对方感到难堪，又可达到委婉谢绝的目的。

（3）顺水推舟法

对某些问题，可以巧妙地把对方设置在同样的情景之中，引诱对方作出判断，从而让对方明白自己的处境或意思，巧妙拒绝对方的要求。但要注意必须反应灵敏、机智，如果出了差错，就有可能将主动权交到对方手中。如罗斯福在任美国海军部部长时，一位老朋友向他打听海军的一个秘密计划。罗斯福特意向四周望了望，然后压低声音问："你能保守秘密吗？"老朋友为了得知秘密，很肯定地说："当然能。""那么，"罗斯福微笑着说："我也能。"

（4）晓以利害法

若对方提出了违反原则的要求，要心平气和地讲明政策规定，讲清利害关系，让对方明白，帮助办理这些事情属于违规违纪，是绝对不行的。这样的拒绝，既不会影响双方的感情，又能体现出善意和坦诚。

（5）主动出击法

如果在对方提出请求前就已经知道他的用意，那么可以采用主动出击的方法来予以拒绝。如有朋友要来借钱，你早知道他有借钱不还的习惯或其他原因不适合借给他钱，就可以在他开口前先发制人："老张，你来得正好，我正准备去找你借点钱应应急。"这种情况下，对方也就不方便开口借钱了。

（6）暗示拒绝法

有时候，语言上实在不好意思拒绝，不好开口说"不"，此时不妨用叹息、摇头、摆手、耸肩、皱眉等肢体语言来表达自己的拒绝态度。

（7）借人推托法

当他人提出要求时若一口回绝，会让对方有你不重视他的感受。此时可不立刻拒绝，而说自己"想"答应，但却不能完全做主，需要与人商量。比如有人求你办事，不当场拒绝，而是这样说："这个事情有点复杂，不是我一个人做主的，我要找相关人员商量一下，然后帮你争取一下，到时候再回复你。"这样就算最后没办成，对方也会觉得问题不在你身上。

（8）自我保护法

对一些风险较大的请求，可以采用直接拒绝的方式，用不针对对方的方式说出自己的顾虑。比如，你可以这样拒绝："嗯，我明白你的想法了，可你也得为我想想，我是不可能去做这种事的。你还是找找别人看吧，好吗？""这件事可实在是太难为我了，如果我答应的话，那我会很丢脸的，而且，对我而言，风险实在太大了，远超出了我的承受范围。"

（9）开门见山法

对一些不尊重自己或强人所难的请求安排，可以采用坚决而直接的方法，用简单的语句去拒绝而不需致歉，因为你的拒绝不需要别人的允许才能去做。如："感谢你看得起我，但我确实不适合。""对不起，这个忙我不能帮。"

（10）不卑不亢法

态度得体、分寸恰当，在拒绝时，言语不要太过强硬，也不能过分软弱。如："我明白

了。但这个事情我去办实在不适合,您还是考虑一下,找更适合的别人吧?"

(11)巧借外力法

将拒绝的理由推给别人作证,强化拒绝的力度。如:"这事我真做不了。你可以问问我的朋友、同事,我是从来不干这种事情的,您就不要再说了。"①

总之,生活中要懂得说"不",才能保护自己的利益,还兼顾同他人的关系。当然,很多时候生活中的一些小事情,其实不需要什么特殊的拒绝技巧,也不一定非要拐弯抹角,直接拒绝效果反而更好。

第四节　演讲礼仪

演讲又称演说或讲演,主要是指在公共场合,以有声语言为主要手段,以体态语言为辅助手段,针对社会的某个具体问题,鲜明、完整地表达自己的见解和主张,阐明事理或抒发情感,进行宣传鼓动的一种语言交际活动。②

演讲历史久远,作为一种人类社会生活中常见的社交形式,是我们每个人都可能遇到和处理的场景,对演讲的礼仪规范,早已经有约定俗成的形式和准则。

一、演讲准备阶段

毛主席在《解放战争第二年的战略方针》中有这样的话:"必须注意不打无准备之仗,不打无把握之仗。"演讲本身作为一种实现明确目的的语言交际活动,可以看作一场语言表达方面的战争,做好演讲前的各方面准备,是取得演讲成功的必要手段。

1. 了解对象,有的放矢

毛主席在《反对党八股》中提到:"俗话说:'到什么山上唱什么歌。'……我们无论做什么事都要看情形办理,文章和演说也是这样。"他还告诫我们,"射箭要看靶子,弹琴要看听众","共产党员如果真想做宣传,就要看对象,就要想一想自己的文章、演说、谈话、写字是给什么人看、给什么人听的,否则就等于下决心不要人看,不要人听"③。

这里毛主席明确给出了做好演讲的第一阶段准备工作的核心,那就是收集演讲资料和听众信息。分析听众需求,决定演讲方式、内容、风格等,完成了以上工作,才可以对演讲方向进行大体设定,逐步定下演讲目标。牢记听众对演讲的需求及期望,才是制定演

---

① 李兴国主编:《社交礼仪》,高等教育出版社 2006 年,第 189 页。

② 王佳琪:《现代汉语演讲的修辞艺术研究》,西北师范大学硕士论文,2012 年。

③ 毛泽东著:《反对党八股·毛泽东选集第三卷》,人民出版社,1991 年 6 月,第 830-846 页。

讲目标的决定因素,照此而行才可以制定出有针对性的演讲目标。

2. 根据听众,准备材料

演讲的材料应该根据听众的特点来确定。比如听众是在校青年学生,那么要准备的材料就应该符合青年学生的兴趣爱好,贴近他们的学习生活,对解决他们关心的问题有所帮助,这才能获得他们的认可。这里一应注意对自己的定位,既要展示自己的特点,又要突出演讲的主题,不能喧宾夺主;二要关注演讲目的,对搜集的材料做出取舍,做到围绕目标成功传递信息,胸有成竹、游刃有余。

3. 讲稿写作,若合符节

从演讲形式上区分,演讲有命题演讲、即兴演讲和论辩演讲三种。在比较重要或敏感的场合,一般都是采用第一种命题演讲形式。为保证演讲内容没有谬误和缺失,一般应该准备好讲稿,内容应与演讲主题、听众等完全匹配,不要随心所欲,想到哪里讲到哪里,或采用笼统套话的同一稿子用在不同场合中。常见的不同演讲场合有下面六种:

（1）开幕致词演讲

一般应该包括三部分,第一部分是开头,使用合适的称谓与引导语,用来表达祝贺、欢迎和感谢等情意;第二部分是主题,用来表述各方参与者的关系、友谊,以及会议主题和目标等;第三部分是结尾,再次表示祝贺、感谢等,并送上祝愿和希望、勉励的结束语。演讲态度应情绪饱满,满怀真诚。

（2）致欢迎词演讲

对欢迎对象表达欢迎之意,重点应该体现谦恭、诚恳、热情的态度,首先做自我介绍,然后以自己或代表集体的身份表达欢迎之意,并对被欢迎者提出建议和希望等。演讲态度应自信热诚,眼神交流要平等互动、一视同仁,不能只盯着某几个人看。

（3）致欢送词演讲

为远行或告辞的人送上临别赠言的演讲,内容应包括对被欢送者的评价、共度时光的回忆、分离之际的惜别和对离去的美好祝福。与欢迎词比,其用词讲究要更有文采,表达的情意要更饱满。

（4）致介绍词演讲

主动或应邀向公众介绍自己、他人、单位、工作等,是一种"推销"性质的演讲。演讲词应恰如其分地突出被介绍对象的特点,介绍人时应包括其个人信息、所属单位、任职及专长和业绩等,介绍单位时应包括其概况、发展历程、公司文化、主要产品、发展前景

等,介绍自己工作则在不泄密的前提下重点精讲其主要特征等;做自我介绍时,应诚实而自信,不要过于夸大或贬低。最后应感谢听众,欢迎大家帮助和指正,更显出自己的谦虚和诚恳。

（5）致祝贺词演讲

对他人的喜庆之事表达赞美祝贺,有助于加强双方的沟通和友谊。祝贺词应根据事由斟酌词句,力求优美、感人,但要力戒浮夸、失度。其内容应围绕"祝贺"进行,充满喜悦、激动的热烈气息,突出对被祝贺对象的肯定和颂扬,还可在适当位置添加演讲者对被祝贺者看重自己的感激敬重之情。

（6）致答谢词演讲

别人参加对自己祝贺的场合,应向大家致辞答谢。答谢词的内容应言之有物,首先应有此时此刻的感触,其次回顾大家对自己取得成绩的支持和帮助,对自己成绩客观评价、不卑不亢,对大家的感激要不厌其烦一一点明,最后点出自己的不足之处及今后努力方向,希望大家继续帮助自己进步。致辞态度应沉稳有致,不要激动莫名或得意忘形,有失分寸。[①]

4.精心设计,讲演相合

有人认为,在演讲中,"三分在讲,七分在演。"这个"演"是指运用体态语言,利用表演的方式把要讲的东西更生动准确地表现出来。这一形式又与专业的表演舞台有所不同,需要精心设计,并与演讲内容紧密结合。

设计表情表演,要有真实的、灵活鲜明的表情,演讲过程要将情绪都表现在脸上,让听众一见就知道所传递的情绪。

根据演讲内容,多使用身体动作如手势、身姿等相配合,在较大的会场,还可适当加大动作幅度,以吸引听众的注意力。

表情和动作都需要提前设计和进行彩排练习,熟练后可脱稿演讲,注意要做到适度不失态,运用体态语言时应表现出一定的美感。

5.服饰仪表,符规合度

演讲者的服饰选择也应与演讲内容相匹配,选择或庄重或热烈或肃穆或活泼的风格,遵守着装礼仪中的"TPO"原则。

选择的服饰在正规的前提下又要符合一定的尺度,既讲究又不刻意,整洁大方、搭

---

① 李兴国主编:《社交礼仪》,高等教育出版社 2006 年,第 141-142 页。

配自然最好。

　　注重仪表礼仪,主要是面部和手部应保持整洁,并做适度的修饰和化妆;提前多对镜练习,做到表情轻松自如、动作姿态合乎规矩,整体要呈现给听众自然大方的风貌;但又要避免过于夸张醒目,喧宾夺主,使听众分散精力,则会影响到演讲效果,得不偿失。

二、演讲现场礼仪

1. 入场礼仪

　　作为演讲者参加演讲,应有时间观念,提前到场做好准备。一般是在主持人的陪同下去往指定的座位。若此时观众鼓掌欢迎,则应边走边向听众举手微笑致意,同时不要浪费观众的时间,直接走到座位。有时是演讲者提前到达会场,听众没有到齐和迎接,此时应该自行选择靠近讲台的位置坐好,方便上台。

　　总之,入场礼仪讲究的是按照会场规矩进行,以不惊扰听众为原则。

2. 入座礼仪

　　如果是主持人引导入座,应先请主持人和其他演讲者入座,若他们再次请你入座,不要再三谦让,最好是与他们同时落座。

　　如果是提前到达,主持人后面必然会请你到指定的位置就座,此时不要谦让,应向主持人轻声致谢,并服从安排入座。

　　作为演讲者,入座后必然会成为听众关注的焦点,因此最好保持安静,既给听众一种稳重的印象,又可以为后面的演讲做一下准备。

3. 介绍礼仪

　　一般演讲前,主持人会向听众介绍演讲者的情况。若被主持人提到名字时,应主动从座位上站起,转向听众点头或欠身致意后再坐下。应注意的是,起身要及时稳重,致意应大方礼貌,避免表现出毛躁或畏缩姿态,也不能长时间站立致意,表现得过于自负。

　　若主持人在对你的介绍词中提及过往事迹或成绩时,若听众反响热烈,需再次起身致谢,并用表情、手势对听众和主持人表达出愧不敢当和谦虚感谢之意。此时一定不要泰然安坐或做自鸣得意状,容易引起他人反感。

　　若听众没有什么反响,则不要多此一举起身致意,否则会显得演讲者自作多情。对其中尺度需要根据现场情况自行掌握,以体现出尊重别人和谦虚恭敬的态度为佳。

4. 上台礼仪

　　轮到自己演讲时,在主持人宣布后应起身先向主持人点头致意,然后再步态从容走

向讲台。上台之后应轻松自然地转身面对听众站好,首先向全场听众行扫视注目礼,然后再表情诚恳郑重面对前方听众行鞠躬礼。

平时注意多做心态锻炼,克服面对多人开口时的紧张感,才可以做到动作舒展、轻松自然、文雅大方。[1]

5.演讲礼仪

演讲时应该注意的礼仪主要有站位和体态管理。

演讲站位一般安排在舞台前方中央,便于与听众交流互动。在适合位置站好,一般双脚可以采用一前一后稍微错开的方式,也可双脚平行开立,具体站法以适合在演讲中做出各种语言动作为宜,并没有一定的限制。

演讲时要注意目光管理,不能紧盯着某处,或与某些观众对眼做单独交流,也不能目光躲闪不敢看人。好的做法是演讲过程中经常横向和纵向环顾整个会场的观众,目光温和坚定,扫视过程中落在所有观众的脸上。

演讲过程注意观察听众反馈,适时调整语气和速度,用以调动和控制整个会场的情绪和气氛,才是符合演讲礼仪的表现。

6.下台礼仪

在演讲结束时,应该使用明确的结束语告诉听众,然后致谢,再依次向听众、主持人致敬和致意。若听众反响热烈,掌声持久,应再次向听众表达谢意后,走下讲台,回到座位就座。整个过程需与上台时一样从容大方、不疾不徐。

7.离场礼仪

整个演讲结束后,主持人一般会陪同所有演讲者先行退场。此时听众会出于礼貌或起身或致以送别掌声。作为演讲者,此时应热情回应,在走出会场前应一直举手致意或共同鼓掌表示答谢。

三、演讲表达礼仪

1.口齿清晰,声音洪亮

作为演讲者,首先要发音准确,口齿便捷。在现在社交场合的演讲中,若发音带有浓重的方言口音,则会破坏个人形象,严重影响演讲效果。演讲前要做好准备,保证嗓音正常洪亮,避免出现沙哑低沉等状况。

---

[1] 李兴国主编:《社交礼仪》,高等教育出版社2006年,第147-148页。

2.遣词用句,风趣幽默

演讲内容避免死板,最好的方法就是善用风趣幽默的语句和事例,可以有效调动听众的情绪。但要注意幽默不是没有分寸、随意调侃,力戒庸俗、低俗和媚俗。

3.结构严谨,言简意赅

莎士比亚这样说:"简洁是智慧的灵魂,冗长是肤浅的藻饰。"演讲作为一种需要有效传递信息的语言表达形式,应该力求做到逻辑清晰、用语准确,结构完整合理,表意清晰简洁。

4.节约时间,宁短勿长

一般性的演讲如果没有时间要求,则应尽量控制在 3～5 分钟。美国的总统竞选举世皆知,需要候选人面向公众做大量演讲来争取支持,而据美国的有关研究表明,好的竞选演讲都不超过 20 分钟。再如 1955 年万隆会议,面对美国暗中围堵中国,挑唆伊拉克外交大臣率先发言攻击共产主义是"新式殖民主义"的严峻形势,周恩来总理抓住时机发表了著名演讲,用短短 18 分钟将会议方向扭转回团结合作的正确轨道上来。[①] 长话短说,既能节约时间,又可突出主题,让听众回味无穷,难道这不比啰唆冗长、催人入眠的演讲高明得多吗?

第五节　请柬礼仪

请柬即请帖,是用于邀请人参加典礼、出席会议、观看演出等送出去的卡式或字帖式的礼仪性书信通知。

使用请柬邀请对方,是一种档次最高、规格最为正式的邀约。请柬原名请简,源自古时用的木简,因此可以知道其起源很早,在长久的社会运用中早已形成严谨明确的请柬礼仪,并随社会发展而不断演化,它既是我国的传统礼仪文书,也是国际通用的社交联络方式。

一、通用请柬

请柬礼仪涉及请柬的版式、写作和使用三个方面。

1.请柬的版式

请柬作为一种正规的邀约方式,根据应用的用途,如婚庆、宴会、舞会、晚会、生日聚

---

① 刘新生:《国际关系史上的不朽丰碑——纪念万隆会议召开 60 周年》,《国际问题研究》2015 年第 3 期,第 88-97 页。

会、庆典、纪念、研讨会议,对其款式和装帧设计上要求应做到美观、大方、精致。

从版式上来说,请柬一般有两种样式:一种是单面的,直接由标题、称谓、正文、敬语、落款构成。另一种是双面的,即折叠式;外侧为封面,写"请柬"二字,折叠为封里,写称谓、正文、敬语、落款等。①

一般采用彩色较厚的纸制作请柬,多用喜庆的红色,内里可同为红色,也可选择其他颜色。但民间一般忌讳使用黄色、黑色。

通常选择褐色、蓝黑色墨水的钢笔、毛笔书写正文,商务上通常采用横式排版,文字从左到右,字行自上而下。民间应酬则多用竖式,文字从上到下,字行自右而左。

请柬常采用正方形、长方形或长条形,尺寸一般选择大小适中,宽边十几到 20 厘米。

2. 请柬的写作

请柬的篇幅有限,应根据具体场合、内容及邀约对象来选择措辞,其内容用语应兼具达、雅,也就是即要准确,也要文字优美。

在遣词造句方面,可以使用文言语句,风格古朴典雅、内涵深厚;也可选用通俗易懂的现代语句,显得活泼亲切、诚恳热情。请柬中使用的语言,一定要庄重正式且准确明白,有效行使通知的作用,切忌卖弄辞藻、云山雾罩。

从结构上来看,请柬都包括了标题、称谓、正文、敬语、落款和日期等内容。

标题一般选择"请柬"二字作为标题,可以印制,也可手写。单面请柬的标题一般在其上方居中,字号大于正文;双面请柬则置于封面,使用比较艺术的字体和装饰,如烫金字面的名家书法字体等。

称谓顶格书写,后加冒号。如"张三先生:""李四女士:"。

正文另起一行,空两格书写,交代邀约的性质、内容、时间、地点及其他应知事项。稳妥起见,请柬中应有征询对方参与意见的话语。

结尾一般使用"欢迎莅临""恭请光临""此致敬礼"等礼貌用语,其中"此致敬礼"写法同书信格式,"此致"单独占一行,前空两格,"敬礼"下一行顶格书写。

落款位置与书信署名类似,一般包括发出请柬的单位完整名称或个人姓名,后可加发出请柬日期。以单位名义发出的请柬应该加盖公章,以示郑重之意。②

一般请柬不要用"准时参加"等说法,可以在落款后的最后一行添加上附启语,如"凭柬入场""请着正装""能否应邀,盼速回复"等,位置通常在左下方(横版)。

---

① 百度百科:《请柬》,https://baike.baidu.com/item/%E8%AF%B7%E6%9F%AC/81420?fr=ge_ala。
② 李兴国主编:《社交礼仪》,高等教育出版社 2006 年,第 205 页。

3.请柬的使用

（1）请柬递送时间一般应提前两周左右,过早容易被遗忘,过晚则易使人措手不及。

（2）请柬的递送方式古代很讲究,一定要登门递送,以表达真诚地邀请;现代则可选择邮寄。此外要注意,托人转递是很失礼的行为。

请柬如果是放入信封当面递送,则信封不能封口,因其有拒客的含义,与请柬本意相悖。

二、结婚请柬

最后简单说一下结婚请柬的文化。

1.中国的结婚请柬

中国的结婚请柬历史悠久,版式横竖均可,颜色多采用大红色搭配金色。现在很多年轻人采用其他颜色的请柬作为个性,也有选择一半大红一半其他颜色的个性请柬,既让长辈满意也顺应自己的心意。一般结婚请柬正文的撰写方式有一套俗成的礼仪用字,传统请柬一般不加标点,但现代人为了表意清晰,往往会添加标点。

范例

送呈 ××× 台启

    谨订于 20×× 年 × 月 × 日(星期 ×)为 ××× 先生 ××× 女士举行结婚

    典礼敬备喜筵

敬请光临

××× 敬邀

席设 ×× 酒店 ×× 厅

时间 × 月 × 日 × 时

2.西方的结婚请柬

西方的结婚请柬多采用横版式,颜色以浅白色、浅粉红色为多,少见大红色的请柬。

西式请柬用字多采用手写字体,一些请柬上可能采用复杂的花式手写字体,印刷方式选择上则有浮雕压印、凸版印刷、热浮凸印刷、雕空字体等。

第五章 宴饮礼仪

孔子曾言,"食、色,性也。"其中的"食"指的是饮食,后人还总结了一句"民以食为天";这两句话都深刻揭示了国家社会稳定,必须保证百姓有饭可吃的问题。

不过现代人提起这两句名言,却基本不再是探讨吃饱肚子的问题,更多的是指饮食中的文化习俗。中国在饮食方面的习俗非常多,其礼仪也非常复杂。前文提到过孔子讲究"割不正,不食",就是对饮食方面的一个礼仪要求。

酒作为一种古老的饮料,几乎贯穿了人类发展的历史。我国传统文化中关于饮酒有着规范的礼仪传统,古代"九礼"中的第八礼就是"乡饮酒礼"。在《周易·需》中有"饮食宴乐"的说法,将饮酒与吃饭相结合,形成宴会,又称作宴饮。随着社会发展,官方和民间都有了一些固定的宴会,如百官宴、大婚宴、千叟宴、定鼎宴。

在我国传统文化中,到处可见宴饮的记录和传闻:有大到关系争夺天下的"鸿门宴",小到调和邻里关系的"赔罪宴";有隐晦传达意愿的"杯酒释兵权",公开展示阳谋的"二桃杀三士"……中华文明上下 5 000 年,饮食文化也伴随中华民族传承发展了 5 000 年,可谓是博大精深,源远流长。

时至今日,利用宴饮进行社交依然是国人热衷的形式:年节假日,亲朋好友开怀畅饮;单位庆典,领导同事觥筹交错;婚丧嫁娶,红白酒宴推杯换盏;谈判合作,宴席之间折冲樽俎,可以毫不夸张地说,我国民间绝大部分有效的社交活动,都是与宴饮分不开的。

随着社会上人们交流的日益广泛和深入,各个不同区域、文化的人经常需要坐到一起参加宴会,餐饮礼仪各有不同,若不学习和规范相应礼仪,遇到拉近彼此关系的机会反而可能变得话不投机、别生枝节。因此,现代礼仪中,对宴饮礼仪需要根据主客不同、种类场合等具体分析,灵活应对。

第一节 宴请礼仪

宴请是国际交往中常见的交际活动之一。国际上通用的宴请形式有宴会、招待会、茶会、工作进餐等。举办宴请活动采用何种形式,通常根据活动目的,邀请对象以及经费开支等各种因素而定。

一、宴请形式

（一）宴会

宴会又称燕会、筵宴、酒会，是因习俗或社交礼仪需要而举行的宴饮聚会，是社交与饮食结合的一种形式。[①] 通常按照规格的高低，宴会可以分成国宴、正式宴会、便宴、家宴等；它们按照举行时间的不同，又可分为早宴、午宴、晚宴等。

1. 国宴

国宴是由国家元首或政府首脑，为国家庆典，或为外国元首、政府首脑来访而举行的一种正式宴会，是规格最高的宴会。需要安排在专门的宴会厅内举行，并按次序就座；如我国的国宴通常在人民大会堂或钓鱼台国宾馆举办。宴会厅内要悬挂宾、主两国的国旗、演奏两国国歌和席间乐。宴会过程中，国家领导人还需要进行正式的致辞、祝酒程序。

2. 正式宴会

正式宴会用于比较重大的活动，其安排流程大体与国宴相同，但不演奏国歌，一般也不悬挂国旗。这是一种体现排场和氛围的大型宴会，主要在比较高档的饭店、酒店等处举行。这种宴会一般只安排午宴或晚宴，对参与者及宴会程序都十分讲究，会提前安排好宾、主的席位并用姓名卡等形式标明；对宾客服饰、餐具酒水、菜肴数量、席间音乐、致辞次序等都有严格的要求。

3. 便宴

便宴区别于正式宴会，时间安排上早、中、晚宴均有。这类宴会形式简便，可以不排席位，不作正式讲话，亦可酌减菜肴数量。便宴的风格随便、亲切，用于一般的日常友好交往。

4. 家宴

家宴是用于招待亲朋好友的便宴，安排在家庭中进行。往往是主人亲自下厨烹调，家人充当服务人员，共同招待客人。家宴在礼仪上通常不做特殊要求，主要体现的是轻松、亲切、自然、随意，用于促进亲朋之间的交流，加深彼此关系。[②]

（二）招待会

招待会是指娱乐或取乐性的社交集会或聚会，在此处主要指为招待较多人数宾客而

---

① 百度百科：《宴会》，https://baike.baidu.com/item/%E5%AE%B4%E4%BC%9A/3587363?fr=ge_ala。
② 王飞：《商务礼仪——宴请礼仪篇（上）》《金融管理与研究》2007 年第 7 期，第 75-77 页。

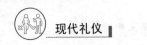

采用的宴请形式。常见的有以下三种形式：

1.自助餐（冷餐会）

自助餐又名顿饭，有时也称作冷餐会，是一种非正式的西式宴会，在室内或在院子里、花园里举行，可设小桌、椅子，自由入座，也可以不设座椅，站立进餐。不预备正餐，菜肴以冷食为主，也可用热菜，连同餐具陈设在餐厅长条桌上，由就餐者自行随意选择食物、饮料，然后或立或坐，自由地与他人一起或独自用餐。这种形式常用于官方正式活动，以宴请人数众多的宾客。

2.茶话会

茶话会顾名思义，就是饮茶谈话之会，是由茶会和茶宴演变而来的。茶话会也是近代世界上一种时髦的集会，是以清茶或茶点（包括水果、糕点等）招待客人的集会，有时也用于外交场合。

茶话会形式多样，小到结婚庆典、迎宾送客、会议讨论、各界座谈，大如商讨国事、大型庆典、招待外宾等，都可采用茶话会的形式。当前各种类型的茶话会，形式节俭而又隆重，格调轻松而又高雅，是一种效果良好的宴会形式。

3.酒会

酒会源于欧美，在现代社交活动方式中占有重要地位，常用于为社会团体或个人举行纪念活动或联络、增进感情。

这种招待会的形式较简单，是一种用酒和点心待客的宴会，举行的时间也很灵活，中午、下午、晚上均可，请柬上往往注明整个活动延续的时间。不必准时，客人可在其间任何时候到达和退席；不限衣着，只要端庄大方、干净整洁即可；自选菜肴，可根据口味去餐台和酒吧选择需要的点心、菜肴和酒水；不排席次，没有固定的席位和座次；自由交际，宾客之间可自由组合，随意交谈。

近来国际上采用酒会形式举办大型活动逐渐流行，如庆祝节日、欢迎代表团访问以及各种开幕、闭幕典礼。

（三）工作餐

工作餐是在交往中有业务往来的合作伙伴通过就餐形式进行的聚会。按用餐时间可以分为工作早餐、工作午餐、工作晚餐，一般规模较小，最常见的是午餐形式。

工作餐是现代国际交往中经常采用的一种非正式宴请形式（有的时候由参加者各自付费），利用进餐时间，边吃边谈工作相关问题。用在接待代表团访问时，一般使用长桌，安排双方按照会谈席位在两侧就座，更便于谈话；此时谈话内容一般不进行记录。

二、宴请原则

1. 针对性原则

进行宴请,应根据宴请目的及双方的文化特点、参与人员等确定规格,进而决定采用的宴会形式、地点、价格等。这种根据目的及参与者的特点来确定宴请活动方式的原则称为针对性原则。

2. "4M"原则

这是一个被许多国家广泛认可和重视的礼仪原则,是四个 M 开头单词的缩写,分别是指"Menu"(菜单)、"Manner"(举止)、"Music"(音乐)和"Mode"(环境)。坚持这一原则的做法是,在选择宴请活动时,分别从这四个方面进行重点考虑和落实,做到符合律己敬人的效果。

3. 适度原则

宴请活动一定要从实际出发,讲究一个适时、适量、适度,也就是安排活动的时间、人数、规格等要从实际出发,符合常理、量力而行。避免大操大办、铺张浪费的行为,倡导厉行节约、反腐倡廉的风气。[①]

三、宴请安排

(一)宴请准备

1. 决定形式

在做宴请准备前,首先要根据针对性原则,确定本次宴请要达到什么目的、参与各方的身份需要何种规格宴会、宴会具体包含内容等,既要照顾宾主双方的人员组成,也要考虑举行宴会的地方特色。

其次要按照"4M"原则及适度原则,决定要举行宴会的地点,包括饭店或会堂能提供何种菜肴酒品、服务水平、周边环境如何、是否提供音乐等;最后根据宾主双方的日程及文化禁忌等决定举行宴会的具体时间,这一点上应该遵循"主随客便"的惯例,尽量方便客人。

2. 发送邀请

决定好宴请形式后,根据其正式程度选择合适的邀请方式。一般较为正式的宴请,都要发出正式的请帖,以示尊重。最好提前一两周发出邀请,并在宴会举行前 1～3 天

---

① 李兴国主编:《社交礼仪》,高等教育出版社 2006 年,第 205 页。

再次电话提醒确认。根据宴会规格,还可能有诸如携带伴侣等其他人员、着装等方面的提醒和要求,一般要在请帖里注明。

3. 确定菜单

正式宴会一般还要在各个餐桌上放置准备好的宴会菜单,以便客人了解整个宴会的菜肴详情,可以提前根据个人喜好与习惯做好心理准备和选择,做到人尽其欢,避免遗憾。菜单应该选择比较精美的工艺设计和印制,以彰显宴请的文化品位,并可在宴会后作为纪念品留念。

4. 座次安排

比较正式的宴请宾主双方都非常重视的一点就是宾主座次的安排,这体现了主人对宾客的礼遇,关系参与宴会人员的身份地位及其尊严,因此是宴请礼仪的重点部分。安排好桌次与座次,应明确座次信息,确保宾客能够及时、准确地找到自己的座位,防止宾客坐错位置。一般在请柬上就标注好桌次及座次;在宴会地点醒目位置设立桌次示意图或指示牌;条件允许应安排专门的领位员来导引宾客入座;在每张餐桌上摆放数字形式的桌次牌及注明宾客姓名的座次卡,桌次号要朝向宴会厅的入口处;若为涉外宾客则应用中外两种语言标注,惯例是中文在上,外文在下。

(1)桌次排列原则

宴会规模在两桌及以上的宴请均应考虑桌次的安排,中西宴会遵循的桌次排列原则都分为以下三点:

① 以右为尊原则:两张餐桌时,其尊卑次序需要按照相对正门的位置来确定,即面对正门左右横向排列时,右侧位置更尊贵。

② 以远为尊原则:两张餐桌面对正门前后竖向排列时,远离门口位置更尊贵。

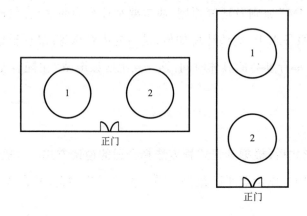

③ 主桌定位原则：当宴会桌数等于或超过三桌时，国际通行的习惯是按照距离主桌的距离，在以右为尊的前提下距离越近越尊贵。这种安排方式餐桌的大小和形状一般需相同，或仅主桌稍大一点。

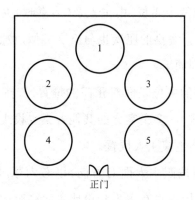

正门

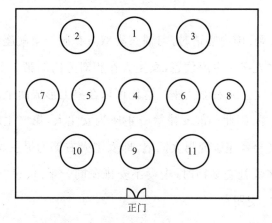

正门

④ 尊位居中原则：安排桌次时，最尊贵的位置是居中的位置，是安排主人或身份最尊贵的人所在桌次位置。[1]

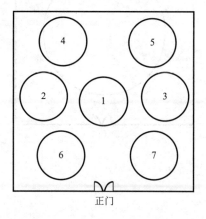

正门

---

[1] 李兴国主编：《社交礼仪》，高等教育出版社 2006 年，第218-220页。

（2）座次安排原则

每张餐桌的人员根据餐桌大小而定，一般限制在十人以内，双数为佳，这样既方便照顾客人，也不会太拥挤。西餐宴会一般要求男女人数相当，并按性别间隔排列。

每张餐桌都安排一个或两个主位，由主人及（多桌时）主人方代表就座，安排两个主位是由主人方夫妇同时作陪。餐桌的座次也与桌次类似，按照身份重要地位从高到低顺序排列，一般排列座次的原则如下：

① 主位面门原则：主桌的主位是面对正门的位置，安排主人就座（也可由主人的尊长坐主座，主人坐于主座左侧）。多桌宴会的其他各桌也设主位，一般安排与主桌主位在同一方向，有时也可安排面向主桌主人位置。

② 主位定位原则：采用按照主人面对方向，以右为尊，以近为尊的原则安排宾客。其中主宾座位在主座右侧。国内也有主宾身份比主人高时，主人为表示尊重而主动与主宾换位就座的情况。

③ 双主位相对原则：国内宴请时，习惯夫妻双方在同一桌就座。此时一般在同一桌上安排两个主位，男主人在原主座位置，女主人在相对方向的第二主座位置，男主宾在男主人右侧，主宾女伴在女主人右侧就座。这样可以在桌上形成两个谈话中心，方便交谈。

西方习惯女士优先，因此一般安排第一主座为女主人，第二主座为男主人。此外与国内不同的是，西方宴会就座讲究男女间隔，即女主人右侧为男主宾，男主人右侧为女主宾，以此类推。若为多桌社交宴请时，夫妻不安排在同一桌，仅设一主座即可，目的是便于结识更多陌生人以广交朋友。

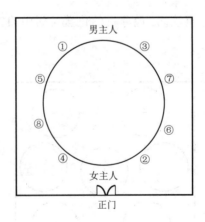

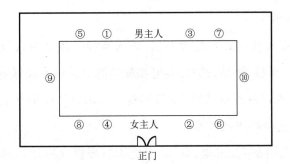

④ 观景最佳原则：如果宴会有观赏景致或安排有歌舞演出等，则应把主桌安排在最靠近景致或舞台的中央位置，且主座安排为面对景致或舞台，便于观赏。①

⑤ 临墙为上原则：在一些不是那么正式的宴会场合，为避免服务人员上菜或其他食客的干扰等，一般将主座安排在最靠近屏风或背景墙位置，远离通道的方位。

5.菜肴及上菜次序

（1）中餐菜肴及次序

中餐的菜肴种类繁多，但上菜次序大致相同：一般都是先上冷盘/凉拌菜，然后是头菜作为开场，之后是餐宴的主菜，又称为大件、大菜等，之后是汤类和点心，最后则是水果拼盘。

冷盘一般是四种冷盘的拼盘，其菜品种类可能达到十多种，有荤有素，如炝黄瓜、油焖笋、焗鸡、酱牛肉。

第一道主菜被称为"头菜"，是表明宴席规格的菜，如头菜是金牌鲍鱼，这个宴席就可以称为鲍鱼席；头菜是一品鱼翅，则称鱼翅席；头菜是葱烧海参，就叫海参席。

主菜按照厉行节约的原则，现在一般是选用偶数的四、六或八道，根据菜系不同可供选择的菜品很多。以前一些豪华的宴会上菜品甚至能达到几十上百道，如著名的"满汉全席"。

汤菜是中餐必不可少的一道主菜，现在一般是讲要"四菜一汤"，汤菜又分为汤、羹、煲等，如"山药老鸭汤""银耳莲子羹""香菇海鲜煲"。

点心一般是甜点或主食，如蛋糕、馅饼、炸春卷、什锦炒饭，其甜咸口味一般要与汤保持一致。

以上菜品在宴会开始后依次上桌，上满为止。

最后上的水果拼盘，一般选取时令水果切块拼盘，在现代交通便利的情况下，果品选择也非常广泛。

---

① 李兴国主编：《社交礼仪》，高等教育出版社2006年，第220页。

（2）西餐菜肴及次序

西餐的菜品根据所属菜系有较大不同，正式西餐一般是有八道菜肴，依次为冷菜、汤、副菜、主菜、点心、甜品、果品、热饮，同时搭配清除口腔残存味道的面包。面包一般采用切片面包，根据个人口味涂抹黄油、果酱等食用。简单一些的西餐则去掉了点心和果品，最后的热饮一般选择咖啡或红茶。

西餐冷菜一般选用蔬菜、水果、海鲜、肉类等制成拼盘凉拌，口味以咸酸为主，作为开胃菜，如沙拉拼盘、鱼子酱、鹅肝酱。

西餐的汤分为清汤和浓汤两类，还有冷、热汤之分，如法国菜的洋葱汤、意大利菜的蔬菜汤、俄罗斯菜的罗宋汤。

西餐的副菜一般是鱼类或海鲜、软体类菜肴，因其比较容易消化，所以放在主菜之前，如煎鳕鱼、烤鲈鱼、煎龙虾、法式焗蜗牛。

西餐的主菜是代表了整个西餐宴席规格的主体，一般有一个冷菜、两个热菜，以肉、禽类菜肴为主，肉类以牛、羊、猪肉类等为主，称为"红肉"，烹饪方法常用煎、烤等；禽类以鸡、鸭、鹅肉类等为主，一般称为"白肉"，常用煮、炸、烤、焖等烹饪方式，如牛排、羊架、烤鸡。

西餐的点心有蛋糕、饼干、三明治等，在主菜之后上餐，用来供应那些没有吃饱的人，可以略过不吃。

甜品是西餐的一大特色，作为西餐的压轴之作，要求味道香甜不腻口，且美观，以法式和意式甜点为代表。甜品通常和餐后咖啡、茶一同上桌，注意应分开次序进食，两者不要同时食用。

西餐的果品有干果和鲜果两类，水果种类繁多，吃法各异，而且各国也有不尽相同的习惯。如美国习惯用手拿着吃，而欧洲则习惯把水果切开，甚至用叉子叉着吃。

西餐的最后一个环节是热饮，通常用以表示用餐结束。常见的有咖啡、红茶等。[①]

与中餐不同的是，西餐通常是上一道菜品吃完，撤盘后再上下一道菜，不可同时上菜。

（二）进行程序

1. 迎宾

宴请的进行首先需要主人一方在门口迎接宾客。如果是较为官方的宴请，会由相关官员等陪同主人排成一条线等候，称为"迎宾线"。一般宾客到达时，主人与之握手问候

[①] 金正昆著：《社交礼仪教程》第四版，中国人民大学出版社2014年，第301页。

寒暄，然后有工作人员进行引导接待，进入休息厅等待或直接带入宴会厅。主宾到达时，主人迎接并亲自陪同进入休息厅与其他宾客相见，无休息厅时则陪同主宾一同进入宴会厅就座。

2. 入席

主人陪同主宾到达宴会厅后，与其他宾客一起入席落座。若宴会规模较大，一般是其他宾客先行入席就座，然后主人再陪同延请主宾落座。

（三）现场服务

1. 接待

提前做好接待准备，应提前按照宴请的规格及宾客的数量、其民族文化或个人禁忌等，安排好接待方案及相关注意事项。

准备场地及桌椅餐具等，并按照宴请规格及宴会厅的风格等布置花草装饰等，及时撤换残损破旧用品，各方面都要做到整洁、优雅，确保达标。

若有休息厅、会客室、衣帽间等处，也应一一打扫整理完毕。

服务人员做好培训，根据宴请内容掌握菜品的名称、特点等，以备回答宾客的询问。

宴会开始前整理好台面，将桌次、座次信息牌、餐具、酒品等摆放整齐。

在宾、主双方到达时，服务人员要按照提前的准备，在各自岗位热情礼貌地予以接待，做好引导、答询、存放保管物品，为休息的宾客递送茶饮纸巾等工作。

引领宾客入席时应按照先女宾后男宾、先主宾后一般宾客的顺序进行。

2. 服务

按照中餐或西餐宴请的要求，服务人员应及时做好递送酒水，上菜，分菜，斟酒，撤换碗、碟、刀、叉等工作，力求做到主动、及时、稳妥，不要让宾客一次次招呼催促才行动。

主人在中餐宴会上不要过分谦虚，说些"没啥好吃的""酒菜都不够好，大家随便吃点"之类的话，在一些有特色的菜肴上桌时可以做简单介绍，活跃餐桌气氛。给客人让菜时要使用公共餐具，切勿使用自己的餐具为别人夹菜。

3. 结束

宴会结束后，服务人员应及时为起身的宾客拉开座椅，引领或陪送宾客到宴会厅出口。及时为在休息厅休息的宾客提供茶水饮料等，在衣帽间帮助宾客取递衣帽或助其穿戴，并及时提醒宾客检查物品，以防遗漏。[1]

---

[1] 李兴国主编：《社交礼仪》，高等教育出版社2006年，第224-225页。

第二节　赴宴礼仪

宴请是宾主双方参与进行的社交活动,作为被邀请宾客参与宴请,则应了解遵守赴宴礼仪,以树立自己良好的社交形象,给主人及其他宾客留下讲礼仪、有教养的好印象,为今后的社交活动开启好的开端。

本节将介绍参加宴请的通用礼仪。

一、准备工作

1. 及时回复

接到别人的宴会邀请,应该及时予以回复。

一般情况下,接到的请柬上会标明参加宴请的要求,如着装、参与人、时间、地点。此时应按照自己的工作、生活、行程等状况,将是否出席、出席人数等反馈给主人,以便主人根据实际进行安排。需特别注意的是,答应出席宴会后,若因特殊情况不能参加,一定要及早告知主人,并诚恳解释和道歉。特别是若作为被邀请的主宾,此种情况一定要做好解释说明,情况允许应主动登门致歉,以表达对主人的尊重。

2. 注意仪表

出席宴会一定要注重个人仪表,按照宴会性质选择化妆、服装服饰等,既要贴合自身特点,也要符合宴会氛围,做到自然大方,但又不喧宾夺主。女性应注意少用口红,以免沾染到餐具上。

3. 赠送礼品

对主人的邀请,最好选择相应的礼物作为回应。如参加庆贺宴请,可以根据实际选择适合开业、婚庆、乔迁等不同宴会的花篮、红包、花卉装饰品等礼物以为祝贺。赠送礼品要按照以接受方为主、有针对性和避免禁忌等原则进行,精心选择的礼物不见得有多么贵重,但应让主人感受到你的诚意和用心,做到"礼轻情意重"。

二、参加礼仪

(一)守时

社交活动中守时是最基本的礼貌,任何理由的迟到或临时推脱都是失礼的行为。

要提前了解交通情况,根据参加地点和时间提前做好准备,预留出宽裕的时间。作为提早回应宴请邀请的约定,堵车、临时有访客、加班等都是不能说出口的借口。

到达时间还应按照当地习惯进行相应调整,如西方按照习惯一般是正点或稍晚一两分钟到；我国的习惯，一般是正点或提前两三分钟到。再如身份较高的主宾，一般应准点或可比约定时间稍晚几分钟到达，但不应超出五分钟。一般的宾客最好是比约定时间稍微提前几分钟到达，但为方便主人接待，也不能提前太多，如果较早到达，则应避免出现在门口，可在其他地方等待，到比预定时间提前十分钟以内再前往迎宾处，向主人及其他宾客致以问候。

（二）仪态

宴请聚会是展示自己个人形象的社交场所，要注意遵照仪态礼仪来要求自己。

1. 举止礼仪

在赴宴过程中应遵守宴会安排，提前了解自己的桌次和座次，到达现场时再次按照桌上的座次卡核对信息，确认位置。

若没有在衣帽间脱下外衣，应注意在正式宴会场合不要解开纽扣、松开领带或随意脱衣等。若主人提醒客人可以宽衣，则可脱下外衣搭在椅背上。

就座时要注意相邻是否为女性或年长者，应主动帮助他们先入座，然后再自左侧就座。

就座后应坐姿端正，双脚放在座位下方，不要伸到桌子下方或做出跷二郎腿、抖腿等举动。手臂放在大腿上，不要撑在桌上或搭在邻近椅背上，也不要玩弄桌上餐具。若桌面已经上茶，可以稍微饮用一些，不要旁若无人地大口喝干，举动要轻柔，避免惊扰他人。

参加正式宴会，不要用餐巾纸擦拭餐具，这表示餐具不洁净，服务人员会立即予以更换。不要紧盯桌面菜肴，仿佛关注点只在饭菜上面。可以与附近宾客互致问候寒暄，不要跨过邻座只与熟人交谈，对陌生邻座可做自我介绍，做一些简单交流。不要大声喧哗，或讲一些不雅的笑话、怪异的传闻，容易哗众取宠、引人侧目。谈话应注意交流，不要大篇独白或冷场，也不要指正他人、与人争执。

我国古人对进餐礼仪非常重视，在《笑林广记》中就有许多讽刺不讲进餐礼仪的笑话，如下面这篇"同席不认"：

有客馋甚，每入座，辄饕餮不已。一日，与之同席，自言曾会过一次，友曰："并未谋面，想是老兄错认了。"及上菜后，啖者低头大嚼，双箸不停。彼人大悟，曰："是了，会便会过一次，因兄只顾吃菜，终席不曾抬头，所以认不得尊容，莫怪莫怪。"

2. 就餐礼仪

宴会开始后，就餐的举止反应要文雅有度，取用菜肴的动作不要妨碍他人或惹人反

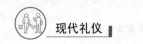

感,才能体现出尊重他人的个人修养。

① 若主人或贵宾致辞,应停止自己的活动,注视讲话人,做出倾听的姿态。

② 对服务员分菜或主人夹菜,若是自己不爱吃,也不要做手势或开口直接拒绝,应取少量放在盘内,并以"谢谢,足够了"作为回应。

③ 取菜不要着急,不要连续三次及以上取同一盘菜。吃自助餐时不要追着上菜的服务人员去取,在别人未第一次取菜时不要去取第二次。一次取餐不要过多,取完及时离开放菜的条桌。

④ 注意进食的举止。不要用手臂围住餐盘做出护食姿态;使用餐具时动作幅度要小,避免胳膊或餐具碰触到别人;持放餐具时避免翘手指或做出夸张的手势动作,给人故作姿态的感受;食物过热不要吹凉,应放置盘中等待自然冷却;避免大口进食,或把筷子、餐匙等放入口中吮吸舔舐;应闭上口唇咀嚼,不要发出明显声音;应用餐具把食物送入口中,避免以口去够取食物;口中有食物时不要谈话、喝饮料或酒水等;不要直接吐出食物残渣,应用餐巾或手遮掩后,以筷子取出或吐在餐叉、餐匙上后放置于餐碟外侧。

⑤ 注意餐后处置。吃完后可将餐具横放在餐盘上,这种示意中西餐通用;应把吃剩的饭菜、用过的餐具等放置在面前的餐碟内,不要直接放在桌面上。饭后剔牙时应用手或餐巾遮挡,更不可边走边剔。

3. 饮酒礼仪

酒类是一种发酵含乙醇的饮料,很早就出现在人类历史上。《周礼·天官·酒正》中记载:"辨三酒之物,一曰事酒,二曰昔酒,三曰清酒。"[1]是说人们饮酒的情况有三种,一是有事饮酒,二是无事饮酒,三是祭祀饮酒。

作为已有几千年饮酒历史的民族,中国人创造出了大量饮酒的礼仪和文化,甚至总结出了一整套的"酒文化"。爱酒之人遍及古今,传说纣王造酒池肉林,常人也多醉酒误事,所以《韩非子·说林上》这样告诫:"常酒者,天子失天下,匹夫失其身。"

在宴会上饮酒要注意合乎礼仪,要有"酒德"。"酒德"具体指的是饮酒的道德规范和酒后应该有的风度。最早记载见于《尚书》,周公生怕康叔沾染殷商酗酒的恶习,特意以法律形式将《酒诰》写入《尚书》,规定"无彝酒""饮惟祀",禁"群饮""湎于酒"[2],平时少喝,在祭祀时饮酒,禁止聚众饮酒、饮酒过度,这成了儒家文化的酒德传承。

① 李学勤主编:《十三经注疏(标点本)·周礼注疏》,北京大学出版社 1999 年,第 120 页。
② 柯继民编:《四书五经》,黑龙江人民出版社 2003 年,第 615-616 页。

（1）量力而行

饮酒重在氛围，不是争强好胜的工具。要对自己的酒量有正确认知，不要过量饮酒或赌酒争胜，沉湎其中。

（2）不要强劝

酒桌上要避免强行劝酒。对别人强逼硬劝，非要灌醉对方是特别失礼的行为，既会破坏宴席气氛，还易导致严重后果。如果逼酒致人死伤，还要负上法律责任。因此在赴宴劝酒时一定注意既要热情诚恳，又要理智节制。

（3）遵纪守法

我国法律规定，不能酒驾、醉驾。如果是司机身份，在宴会上一定注意避免饮酒，这才是既为自己负责，又为社会负责的态度。

4. 宴会辞行

宴会结束时，主人会先向主宾示意，然后起身。这是结束宴会的信号，宾客应全体起立，在主人邀请主宾离席后跟随离席。主人有时会为宾客准备一定的礼品，在主人示意领取礼品时可以说些赞扬礼品的话作为致谢。还可将宴会菜单作为纪念品带走，或请同席宾客在其上签名留念；注意不要把招待用的烟酒果品等作为礼物带走。

离席后主人送客，宾客应一一与主人握手道谢，通常先与同性主人握手，再与异性主人握手，之后再与其他宾客告别。

宴会期间一般不要提前辞行，若确有要事，应在宴会开始前说明或轻声告知主人，理由应得体，不要让主人感到被轻视或难堪。[①]

宴会结束后，还可在三天内以书信或附言名片等形式对宴会主人致以正式的谢意，尤其是涉外场合，此步骤不可省略。

第三节　中餐礼仪

中餐是指我国的餐饮范式，有着悠久的历史和复杂的文化传统。中餐礼仪是从中华民族传统饮食文化中传承而来，并与现代礼仪相结合的产物，包含了点餐、使用餐具、进餐三方面的礼仪规范。

一、点餐礼仪

中餐包括主食和菜肴两大部分，其重点是在复杂的菜肴体系上。作为饮食文化大

---

① 李兴国主编：《社交礼仪》，高等教育出版社 2006 年，第 230 页。

国,我国有"鲁、川、粤、闽、苏、浙、湘、徽"八大菜系,其他各地风味特色菜肴也是数不胜数。有如此多选择,合适的点餐就需要对诸多菜肴有一定了解,某种程度来说已经成为一门学问。不管是中餐还是西餐,点餐都要根据宴请规格,讲究冷、热、咸、甜等菜品的上菜次序和荤素搭配等因素。

1. 主人点餐

作为宴会主人,选择合适的菜肴有两方面作用,一是体现对宾客的尊重和诚意,二是推介本地餐饮文化。因此点餐要针对客人的特点进行,考虑他们的饮食习惯和赴宴心理,了解其禁忌和偏好。尤其要注意的是饮食禁忌,应该作为第一重视的点餐因素。常见的饮食禁忌如下:

① 宗教性质的,如伊斯兰教徒禁食猪肉、动物血液及驴、马、骡等不反刍的家畜,禁止饮酒;佛教徒多禁食荤腥之物,包括肉食和葱、蒜等味道大的食物;基督教不吃动物血液、被勒死或死于非命的动物、祭过佛像的食物等。因此在宴请有宗教信仰的宾客时,一定要避免冲撞其禁忌。

② 文化性质的,如大部分西方国家不食用猫、狗肉,一些地域的人们不吃动物内脏、头和脚爪、淡水鱼、无鳞鱼类等,对这些需要提前探知,做好准备。

③ 职业性质的,如国家公务员不允许吃请,因公赴宴也不能超过标准;驾驶人员不能饮酒等。这种情况一定要尊重其选择,不要强行劝导,以免造成严重后果。

④ 个人性质的,如体质问题对花生过敏、豆制品过敏等,高血压、痛风等因病忌口等;或者个人口味问题,不吃辣椒、葱、蒜、香菜等。对因个人原因存在的饮食禁忌不要违背,严重可能造成人身伤亡等后果,一定不要故意试探或嘲笑讽刺。

避免触犯饮食禁忌后,可以选择那些具有强烈文化特色、地域特色菜品或酒店招牌菜、主人拿手菜等,都可以起到让宾客耳目一新或倍感诚意的效果;也可取得宾客同意,直接点饭店、酒店的套餐,这样既有一定档次,菜品信息也透明,不必过多地考虑。

此外,注意宴请的目的是社交活动,不是单纯为了满足口腹之欲。因此点餐注意量力而行,不要打肿脸充胖子,避免铺张浪费。[1]

2. 宾客点餐

在一些便宴或社交聚餐时,也有主人请宾客自行点餐的时候。作为宾客,在点餐时应注意善解人意,多为对方考量,选取既有特色也不昂贵的菜品,避免点选不熟悉的菜品,也不要对别人点的菜评头论足、妄加非议。

---

① 李兴国主编:《社交礼仪》,高等教育出版社 2006 年,第 230-231 页。

当被主人邀请点餐时,礼貌的做法是告诉主人自己没有什么特殊需求(或不能吃豆制品等禁忌),请主人做主;也可点一个价格适中且没有什么禁忌的菜品后,再请其他宾客点餐。前者照顾到主人的面子,还满足了主人的意愿,后者则考虑主人的利益,且照顾到其他宾客的尊严,属于比较适宜的方式。

总之,点餐应考虑菜品特色和宾客口味禁忌等,此外还应考虑点餐数量要切合实际,避免浪费。一般在南方餐品装盘数量较少,北方则菜量较大,点餐时需要注意这些因素。

二、进餐礼仪

进餐即吃饭,是使用餐具取食的过程。中餐在餐具的选择上比较考究,又分为主餐具和辅餐具两类。主餐具是就餐必不可少的用具,用来盛装菜肴上菜的盘碗是公共餐具,放在餐桌上后不应再挪动,也不宜叠放在一起。每个人面前摆放的是个人使用的餐具,一般有餐碟、汤碗、杯具、筷子(与筷架)、汤匙等。辅餐具是在主餐具之外提供的用于辅助进餐的餐具,并非必须提供的餐具。常见的辅餐具有味碟、湿巾、牙签等。

1. 摆放礼仪

餐碟摆放在中间最外侧,碟边距桌边1厘米;左侧纵向放置毛巾托,上面摆放湿巾;汤碗内放汤匙、勺柄朝左,与味碟分左右摆在餐碟正前方,三者边缘间距1厘米;再向内摆放杯具,一般使用水杯、红酒杯、白酒杯组成的三套杯,红酒杯居中对正餐碟中心、杯底边距汤碗味碟1厘米,左侧摆水杯,叠好的餐巾花插在水杯中,右侧摆白酒杯,三杯横向成一条直线,间距1厘米,酒具的花纹要正对客人。筷架放在餐碟的右侧,如果是动物形状,则头一律朝左;长柄汤匙与筷子分左右放在筷架上,筷子末端距离桌边1厘米。牙签纵向居中摆放在长柄汤匙与筷子间。

公用碟、公用勺、公用筷放置在正、副主人席的正前方,碟边距葡萄酒杯底托3厘米,碟内横放公用勺和公用筷,间距1厘米,筷子在靠桌心一侧,勺柄朝左,筷柄朝右,呈中央对称型。

2. 使用礼仪

① 筷子是中餐餐具的重心所在,其使用礼仪最为讲究。筷子本名为"梜""箸",据《韩非子·喻老》记载:"昔者纣为象箸,而箕子怖",说明起码在3 000年前的商末就已出现象牙筷子了。出土文物证明,战国时期后,因烹饪技术发展餐叉逐渐被弃用,筷子便成为最主要的餐具,用餐时用于取食饭菜,后来逐渐传至朝鲜、日本、越南及东南亚其他儒家文化圈国家。

筷子平时需对齐后筷尖朝向桌心放在筷架上。一般使用筷子是用右手执筷,大拇指和食指捏住筷子的上中部,另外三根手指自然弯曲扶住筷子,筷子的两端一定要对齐。

使用筷子有很多禁忌,关系文化背景和个人修养,在使用中应该尽力避免触犯。在这里我们把它总结成"十二禁忌":

参差不齐:筷子没有对齐的摆放法或使用不同长度的筷子又叫"三长两短",被认为是极不吉利的行为。筷子像打叉一样交叉摆放,也是不礼貌的放置形式。

筷指四方:没有用拇指和食指夹住筷身使用,而是食指向前伸出,相当于指骂别人,是不被允许的行为。此外还指与人交谈时用筷子指人,都属于极其失礼的行为。

含筷咂舌:把筷子含在嘴里嘬出声响,会被人视为缺少家教的举动,令人厌烦。

敲盘打碗:用餐时用筷子敲击盘碗被看作乞讨的行为,令人反感。

执筷刨食:用筷子在菜盘里不停翻找,寻找自己喜欢的部分,这是目中无人、没有教养的典型表现,令人反感。

迷筷逡巡:拿筷子在菜盘上来回逡巡,不知选取什么好,同"执筷刨食"相似,都是缺乏教养的做法。

泪箸遗珠:用筷子往自己餐盘夹菜时,不注意使菜汤落到其他菜里或桌上,也被视为严重失礼。

颠倒乾坤:用餐时颠倒使用筷子,显得饥不择食,为他人所看不起。

刺筷如剑:用筷子插盘子里的菜品,被认为是羞辱同桌用餐人员的意思。

立筷成香:把筷子插入饭中,会被视同于祭祀上香,不可接受。

分道扬镳:把一双筷子分别放在餐盘两侧,是表示与人绝交的方式。

横行霸道:不管别人正在夹菜,伸筷去抢菜而跟别人的筷子撞在一起,被视为严重失礼。

以上的"十二禁忌"有传统文化方面的忌讳,也有礼仪尊人方面的规范,需要在食用中餐时予以重视。[①]

使用筷子还有其他一些讲究,比如宴请回族朋友时,不能使用上过油漆的筷子,只能使用黑白两色的;筷子掉落到地上,需要用右手去捡起来并召唤服务人员更换;夹菜时只能使用从上往下夹的"骑马夹"形式,而不能用从下往上翻着夹的"抬轿夹";不要连续三次以上夹取同一道菜;不要在公共菜盘里到远离自己的方向夹菜等。

当进餐完毕时,可以在主人或长辈将筷子横置在餐碟上后也照此办理,以示用餐完

---

① 百度百科:《筷子》,https://baike.baidu.com/item/%E7%AD%B7%E5%AD%90/249194?fr=ge_ala。

毕；若中途暂时离开，可以将筷子竖置于餐盘上，表示"用餐未完"之意。

② 汤碗用来装以公勺盛的汤羹，以起到降温作用。在正式宴会上使用汤碗，应用筷子、汤匙等做辅助取食，不要端起来大口饮用，或直接用嘴去舔吸等。喝汤时应尽量避免发出声音，碗内汤较少时，应左手向前微微倾斜碗身，右手用汤匙舀汤。暂时不用的汤碗不能扣在桌上，也不宜往里面扔食物残渣等杂物。

③ 餐碟的作用是暂时存放从公共菜盘中取用的食物，并放置无法食用的食物残渣等杂物。应将杂物堆放在餐碟的前半部分，避免弄脏桌面、地面。取菜时应注意，不要在餐碟中堆放多种、多量的菜肴，既容易串味也不雅观。餐碟中杂物较多时可示意服务人员予以撤换，一般宴会服务人员会根据观察的情况自行撤换。

需要注意的是，在南方一些区域将餐碟称为骨碟，并专门用于盛放食物残渣等杂物，而用汤碗暂存取来的菜肴。按照"入乡随俗"的礼仪使用规范，去往外地时应该注意观察主人的做法，选择使用符合当地习俗的礼仪。

可以参考《红楼梦》中林黛玉进贾府饭后饮茶的情节："当日林如海教女以惜福养身、云饭后务待饭粒咽尽，过了一时再吃茶，方不伤脾胃。今黛玉见了这里许多事情不合家中之式，不得不随的，少不得一一的改过来，因而接过茶，早有人捧过漱盂来，黛玉也照样漱了口，然后盥手毕，又捧上茶来，方是吃的茶。"①

这里描写的林黛玉初到贾家，发现很多礼节与自家不同。她通过细心观察，迅速明了其不同之处，在无人指点的情况下做到了不失身份、合乎礼仪。

④ 汤匙又叫汤勺、勺子，是用来舀汤的小勺，是人类最早应用的餐具，7 000年前的河姆渡文化就出土有很典型的骨勺子。中餐一般用瓷质汤匙，以右手拿用，正确的持法是食指在上按压，拇指与中指在下支撑，捏住勺柄末端。

汤匙主要用于舀取流质食物，注意不要太满，舀取后停留片刻，避免拿回过程中滴漏。若舀取的汤菜太热，不能急于吹气冷却，而应暂时放置在餐碟或汤碗中冷却。汤匙还可用来配合筷子取食，尽量不要单独使用汤匙取菜。暂不使用时应放置在餐碟、勺架上，不要直接放在桌面或立于汤碗中、插在食物上。

⑤ 水杯是用来喝茶、饮料或热水的瓷质或玻璃的杯子，不要用来盛酒，也不要扣在桌面上。

⑥ 味碟是一个较小、较深的碟子，用来盛装调味料、酱汁、蘸料等。如果宴会菜肴中没有准备需要调味料或蘸料的食物，或菜肴本身配有公共汤碗味碟用以盛装调味品，则

---

① 曹雪芹，高鹗：《红楼梦》，北京知识出版社2003年，第28页。

不需要配备个人使用的味碟。

⑦ 餐前放置在左侧的湿巾是用来擦手的，餐后再送上的湿毛巾则是擦嘴的，不要用来擦拭身体其他部位或擦拭餐具、桌椅。使用后应放回原处等待服务人员收取。

⑧ 牙签在用餐过程也可用来扎取部分菜品，但其主要是用来清理牙缝中夹塞食物残渣的用具，一般在用餐完毕时取用。需要注意的是，剔牙应视为是一种隐私行为，应稍微侧身避开别人的视线并用手遮挡，不要肆无忌惮地当众剔牙，也不要叼着牙签交谈或做其他事情，不要乱扔剔出的食物残渣或再将其放入口中，应用餐巾纸包裹放入餐碟。

三、中餐敬酒礼仪

敬酒，也称祝酒，指的是宴会上由某人向他人提议，为了某种事由而饮酒。一般是主人先敬酒，敬酒时通常要说祝愿、祝福的话语。在正式宴会上，主人与主宾一般应有一篇专门的祝酒词来发言和敬酒。在他人敬酒或致词时，在场者应停止其他活动，坐在自己的座位上，面向对方认真聆听。

酒杯的数量和种类应该与宴会所配酒水品类相当，一般国内白酒用小酒盅，红酒用玻璃高脚杯，啤酒用大口杯。酒类是人类历史上最为古老的饮料，在各个文化群落都形成了相应的酒文化，其礼仪规定也非常严格。

研究表明，酒类饮料所含的酒精对不耐受人群没有任何益处而只有害处，因此在酒宴上一定注意不要强人所难、逼迫别人饮酒。随着社会发展，人们认识到酗酒的害处，一些不合时宜的敬酒文化（如强行劝酒等）也在逐渐被废除和更改。

（一）白酒

白酒是指我国特产的以粮食或某些果品等发酵、蒸馏而成的一种酒水，通常无色透明，一般酒精含量较高，属于典型的烈性酒，因此一般饮用白酒时都是使用比较小的酒盅盛装。

1. 斟酒

白酒斟酒讲究"杯满为礼，不溢为敬"，酒液到八成以上或按客人要求的位置。为他人斟酒时，酒瓶商标应始终朝向客人，给左侧客人斟酒用右手，给右侧客人斟酒则用左手。不可将瓶口对着客人，一只手持杯略斜，将酒沿杯内壁轻缓倒入，倒完酒后顺时针方向轻轻转动瓶口，再慢慢竖起，避免瓶口的酒滴到杯子外面。

作为客人，被斟酒时要起身或俯身，以手扶杯或做欲扶杯状，以示恭敬；也可用"叩指礼"，即把拇指与食指、中指并在一块，轻轻在桌上扣几下，以示感谢。

2. 敬酒

敬酒可以随时在饮酒的过程中进行。敬酒应起立,长辈不用起身。一般用右手拇指、食指捏住杯身一半的地方,其余三指放松,端起酒杯,再以左手托扶杯底,面含笑意,目视敬酒对象,送上祝颂之词,如祝愿身体健康、生活幸福、节日快乐、工作顺利、事业成功、双方合作成功等。

喝酒时应倾斜酒杯,将酒水倒入口中,不能用嘴唇吸着喝酒。

一般敬酒顺序是:主人敬主宾、陪客敬主宾、主宾回敬、陪客互敬。作为宾客不可喧宾夺主乱敬酒,那样是不尊重主人的失礼行为。

在主人或他人提议干杯时,应手持酒杯起身站立,即便滴酒不沾,也要拿起水杯做出姿态。然后举杯至双眼高度,与对方象征性碰杯或说出"干杯"后,再将酒一饮而尽,也可饮用适当的量;然后,还须手持酒杯与提议干杯者对视,待尊长落座或离开后才可落座。以前用白酒敬酒,要求干杯必一饮而尽,现已不再强求。主人亲自向自己敬酒干杯后,应立即或稍候回敬主人一杯。

碰杯的位置也有讲究,给尊长敬酒,自己的杯子要稍低,以示谦卑;若对方刻意要求的话可以平齐,但切不可高过对方的杯子。[①]

(二)红酒

饮用红酒要用专门的玻璃高脚杯。红酒一般用于正式宴会场合。红酒是葡萄、蓝莓等水果经过传统及科学方法相结合进行发酵的果酒,有静态葡萄酒和气泡葡萄酒。前者可分为红葡萄酒、白葡萄酒及玫瑰红葡萄酒;历史上作为西方贵族专用饮料和祭祀罗马酒神巴克斯(Bacchus),被基督徒认为是"耶稣基督血液";现在被认为是一种在高雅场合饮用的饮料。后者主要指香槟酒。香槟酒是产于法国香槟采用二次发酵工艺酿制的一种带有二氧化碳气泡的葡萄酒,属于气泡葡萄酒中最高档的品类,被称为"酒中之王""酒中皇后"。

1. 斟酒

红葡萄酒是宴会饮用红酒的主流,斟酒应只倒 1/3 杯,一为达到醒酒的功效,二是在荡酒杯的时候避免酒液溢出。饮用白葡萄酒使用更加细长的 U 形高脚杯,倒酒到 1/2 左右。专门饮用香槟酒时使用的玻璃高脚杯叫香槟杯,有长笛形、郁金香花形和浅碟香槟杯三种器型。香槟酒有大量气泡,斟酒时应倾斜酒杯,沿杯壁缓缓倒入 1/3,待起泡层略微下降后再继续倒酒至七分满即可。

---

① 百度百科:《敬酒》,https://baike.baidu.com/item/%E6%95%AC%E9%85%92/1834005?fr=ge_ala。

2. 持杯

红葡萄酒酒杯是比较常见的大肚玻璃高脚杯,正确拿法是用拇指、食指和中指夹住高脚杯的杯柄,便于晃动酒杯释放酒香和欣赏酒液的色泽,同时避免在杯壁外留下指印。此外饮用红葡萄酒讲究温度在 18 ℃,这样也能避免手掌温度影响到酒液。若是红酒冰镇温度过低,也可用双手握住杯腹,温暖酒液以使酒香散发出来。

需要走动或与他人交谈时,可以直接用拇指和食指夹住杯底,其余手指以握拳形式支撑在食指下面,此种持法有暂停、期待和聆听的含义。

白葡萄酒饮用温度在 12 ℃～18 ℃,且不需要多接触空气去醒酒,因此一般是用拇指与食指捏住杯底,其余手指并拢。为防止影响酒液温度,手指与手掌不能碰到杯身。

香槟酒的饮用温度是 5 ℃～9 ℃,且要保持起泡时长,因此持杯也是捏住杯底或杯柄,避免触及杯身,动作应轻柔,减少晃动。

3. 敬酒

红酒饮用有专门的步骤。

第一步是控制其温度,使酒液在适宜温度时,才能突出其特性,如红葡萄酒突出单宁的涩味,白葡萄酒则需冰镇以突出清爽和酸涩味道。

第二步,红葡萄酒需要醒酒,应该在饮用前 1～2 小时先开瓶。年份高的酒会有尘封的异味,要先倒入醒酒器中散去异味,持杯时摇荡以充分氧化,才能散出酒香。白葡萄酒一般不需要醒酒,只有温度过低或有尘封异味时需要醒酒。为锁住其花香和果香味,不要荡杯氧化。

第三步是观酒,欣赏其色泽。红葡萄酒深红带紫层次分明是新酒,随年份增长会依次转为正红、橙红、砖红,最后呈红褐色,为陈年佳酿。白葡萄酒初始无色,慢慢会变浅黄绿色,再到成熟的淡金黄色;若呈金铜色时则表示太老而不适合饮用了。对香槟酒则欣赏其气泡舞动,可从侧面对着光源观赏气泡柱,也可从正上方观赏气泡的团聚及形态变化。

最后才是饮酒,先深嗅其酒香,再吞入一口,以半漱口形式体验其味道,先含后咽。因此红酒不适宜用干杯形式一饮而尽,需要慢品才能慢慢感受到丰富而有层次的质感和味道。

敬酒时,一般用右手拇指、食指和中指夹住高脚杯的杯柄,或用拇指与食指捏住杯底,其余手指以握拳形式托杯。女性也可用拇指、无名指和小指牢牢握住杯柄下方,伸出中指扶住杯柄、食指轻搭在杯柄与酒杯连接处,以显手姿优雅。与他人碰杯时应先说祝酒词,然后向左将酒杯稍稍倾斜 15 度左右,因杯口易碎,应用杯子中间部分轻轻相碰,发出"叮"的清脆声音。因香槟酒不宜晃动和碰撞导致气泡过快溢出,喝香槟酒时一般不碰杯,只做出敬酒动作即可。[①]

(三)白兰地

《本草纲目》记载唐朝破高昌国(吐鲁番)得到蒸馏葡萄酒的制法,传到西方后,法国人蒸馏葡萄酒并用橡木桶储藏 2 年以上制成一种四十二三度的烈性酒,称为白兰地。其饮用方法多种多样,可作消食酒、开胃酒,可以直接"净饮",也可加冰块、兑矿泉水或茶水等其他饮料饮用。比较有名的品牌有马爹利、轩尼诗、人头马等。

1. 斟酒

白兰地一般使用郁金香形高脚杯,斟酒不能太多,至多不超过杯容量的 1/4,便于散发酒香。

2. 持杯

白兰地的保存温度是 7 ℃～10 ℃,一般酒杯底部较为宽大,持杯时一般也应用手指捏住杯脚底部,若酒香没有散发出来,可用手掌包住杯腹加热,使其酒香溢出。

3. 敬酒

白兰地不需要像葡萄酒一样醒酒,如果静置太久,酒精会大量蒸发掉,失去白兰地的口味特征。

饮用步骤:首先是控制其温度,适宜的饮用温度是 18 ℃～25 ℃,饮用前可用手掌加热,或用温水、明火等从玻璃杯外加热,但要防止过热。

其次是闻酒,将白兰地玻璃杯保持在胸部高度,在这个距离将闻到花香的味道。然后将杯子抬高到下巴高度,深吸一口气,这个高度会闻到干果的香气。

再次是啜饮,也即小口喝酒。第一口应该只润湿嘴唇,并将味道带入口中。等味蕾适应后,再从小口啜饮到更多,慢慢品味,不要一饮而尽,显得外行且没有品位。[②]

敬酒的动作要求与红酒基本相同。

(四)啤酒

啤酒是一种麦芽发酵添加啤酒花酿造的酒精饮料,在西方国家一般视其为普通日常的饮料,甚至不作为真正的酒类看待。正式的中餐宴会上不会选择啤酒作为酒水,一般

---

① 百度百科:《红酒》,https://baike.baidu.com/item/%E7%BA%A2%E9%85%92/235?fr=ge_ala。

② 百度百科:《白兰地》,https://baike.baidu.com/item/%E7%99%BD%E5%85%B0%E5%9C%B0/1485?fr=ge_ala。

只在便宴或朋友小聚时饮用。

啤酒酒精度数较低,含有二氧化碳、多种氨基酸、维生素、低分子糖、无机盐和各种酶,很易被消化吸收,产生大量热能,因此人们常称啤酒是"液体面包"。

啤酒的适宜饮用温度是 7 ℃左右,一般都是冷藏后饮用,饮酒者的手不应触及杯身,以免影响酒的口感。所以啤酒杯有的有高脚,也有平脚杯,但平脚杯一般都有把手。又因其酒精度数低、饮用量大,杯身的容积一般在 200～300 毫升。①

饮用啤酒通常是大口喝下,因不在正式宴会饮用,故饮用形式比较随意。

四、饮茶礼仪

茶叶是起源于中国的一种世界性饮料,在我国栽种培育历史悠久,具有灿烂的饮茶文化。民间有言"开门七件事:柴米油盐酱醋茶",将茶叶作为关系民生的重要一环,可以看出国人对茶叶的看重和喜爱。

中国人在招待客人、宴请宾客时,茶水是待客之道中必不可少的重要组成部分,自古就有"寒夜客来茶当酒"的美谈。我们从茶叶品类、冲泡方法、敬茶及品茶几个方面进行简单介绍。

1. 茶叶品类

我国茶叶按照其采制过程及冲泡特色大致划分了七大类。

绿茶——这是我国产量最多的一种茶叶,是将茶叶采摘摊晾后直接炒制而成,不经过发酵,冲泡茶水呈现绿色。名贵品种有龙井茶、碧螺春茶等,花色品种数量在茶叶中占据首位。

红茶——与绿茶相反,是一种全发酵的茶叶,采摘后经过萎凋揉捻成颗粒后发酵而成,冲泡的茶水呈现红色。名贵品种有祁红、滇红、英红等。

黑茶——是在绿茶基础上再浇水发酵而成,叶色暗褐色。原来主要销往藏、蒙、新等边远地区,是少数民族兄弟必不可少的日用必需品。有名的品种有云南普洱茶、湖南黑茶、湖北老青茶等。

乌龙茶——属于半发酵茶,也叫青茶,是一种介于绿茶和红茶之间的茶叶,既有绿茶的鲜浓,又有红茶的甜醇,冲泡后叶片中间绿边缘红,被称为"绿叶红镶边"。名贵品种有大红袍茶、武夷岩茶、铁观音茶等。

黄茶——制法类似绿茶的微发酵茶,在摊晾干燥前后增加一道"闷黄"工艺,最终形成黄叶、黄汤,也称为黄茶。名贵品种有君山银针茶、蒙顶黄芽茶、沩山毛尖茶等。

---

① 百度百科:《啤酒》, https://baike.baidu.com/item/%E5%95%A4%E9%85%92/134984?fr=ge_ala。

白茶——轻度发酵茶,加工时不揉不炒,只将叶背长满茸毛的细嫩茶叶晒干或用文火烘干,完整保留白色茸毛的茶品。白茶主要产于福建,有银针、白牡丹、贡眉、寿眉几种。

花茶——是中国特有的一类再加工茶,利用茶善于吸收异味的特点,将有香味的鲜花、果实等与新绿茶、红茶、乌龙茶窨制而成,制成的花茶香味浓郁,茶汤色深,以茉莉花茶产量最大。[①]

2.冲泡方法

茶叶属于容易被其他味道侵染的传统饮品,因此要注意选择合适的存放、冲泡器具。

存放茶叶应用铝制、锡制或竹制的茶叶罐,以防茶叶变质或变味。尽量不要在客人面前从茶叶罐中用手抓取茶叶冲泡,即使要当面取用,也最好使用工具或直接倾倒。

正规的泡茶用具应选用本身无味,且有助于保持茶叶纯正味道材质的茶壶,以紫砂壶、陶壶等为佳。

冲泡茶叶的用量与茶叶品类有关,一般绿茶和红茶用量较少,乌龙茶用量多。

冲泡茶叶的水质对茶水的味道影响很大,陆羽在《茶经》中指出,第一等的水是山泉水,其次江水,再次井水。现代社会一般使用矿泉水泡茶即可。

对高档绿茶应选用 80 ℃左右的热水(沸水放凉)冲泡为佳,可以泡出嫩绿明亮的茶汤,维生素 C 损失较少,保持鲜爽的滋味最多。

红茶、乌龙茶、花茶和一般品质的茶叶需要用沸水冲泡,有利于将茶叶中的有效成分浸泡出来,避免茶味淡薄。

中国自古就有茶道,茶文化源远流长,内容非常丰富,在此就不展开叙述了。

一般冲泡步骤是先用沸水烫壶,可以去除异味,避免茶壶温度较低而使得冲泡茶叶的水温变化;再将茶叶放入茶壶,在用热水从高处注入,使茶叶在壶内散开并与热水充分混合;然后刮去表层浮沫,盖上壶盖静置一段时间即可冲泡成功。若壶体较小,还可在壶外冲淋热水以保持温度。

3.敬茶品茶

茶水的有效成分是茶多酚、矿物质、维生素等,其中的茶多酚有兴奋神经系统、提神醒脑的功效。但因其有刺激神经系统的功效,部分人群有不耐受现象,所以在敬茶前,首先应询问客人是否喜欢饮茶,习惯哪种品类的茶叶等,多做一些其他饮料的准备便于客人选择。

---

① 百度百科:《茶叶》,https://baike.baidu.com/item/%E8%8C%B6%E5%8F%B6/138766?fr=ge_ala。

按照敬茶礼仪，通常由家中晚辈或服务人员为普通宾客上茶，对重视的尊长应由女主人或主人自己亲自奉茶，以示尊敬。工作接待中，一般是秘书、接待人员等上茶，为表特别尊敬时，应由单位最高职位者亲自上茶。

对多位客人上茶，应按照先尊后卑、先客后主的顺序上茶。不需讲究尊卑次序时，则按照上茶人员所在由近及远的次序或入门后顺时针顺序等上茶。

上茶时应双手端着茶盘，放在邻近客人的茶几或桌面上，然后依次用右手拿茶杯托，左手扶在附近，从客人左后方递上，放置在客人左前方，使杯耳朝向右侧；没有杯托时，也应双手捧杯上茶。

上茶时要使用礼貌用语，如若打扰到客人，要提前道声“对不起”，上茶后提醒客人“请用茶”；若客人道谢，则回以“不客气”等。

斟茶水需要注意避免满杯，俗语说“茶七酒八”，茶水不斟满，一是方便客人饮茶，以免茶水溢出或烫伤客人，二是更利于水汽带动茶中芳香物质挥发，方便品茶时吸嗅茶香，三是有细水长流的文化含意，表达尊敬之意。

在不打扰客人的前提下，需要及时为客人续杯，勤斟少加，不要让客人喝干茶杯或喝成凉茶。

另外需注意的是，中国旧时代有“端茶送客”的礼仪，虽然现在已经基本淘汰了，但对一些比较认同旧礼仪的文人或老人，则需注意不要频繁劝茶：若主人对客人只是劝茶而没有什么语言交流时，会让客人有被“端茶送客”的感受。

作为宾客，在主人敬茶时，应礼貌回应：

首先点选茶水时若无禁忌则最好客随主便，因很多名贵茶品价格不菲，不要提出过分的要求。

其次接受上茶时若为主人或尊长亲自上茶，则应起身回应，双手接过茶杯；不方便时也应及时致谢，如欠身、点头致意或用手行“叩指礼”。

一般来说，有三种不同的叩指礼：一是同辈之间的叩指礼，食指与中指并拢敲击桌子三下即可；二是晚辈对长辈的叩指礼，五指并拢、拳心往下敲击桌面三下或九下；三是长辈对晚辈的叩指礼，可以仅用食指或者中指敲击桌面，相当于点头示意。

品茶应该细细啜饮，先是用鼻子在杯中深吸一口气，品嗅其香气；而后小口吮吸，细细体味茶水唇齿留香的滋味。不要大口灌下，那种喝法只能称为解渴的“牛饮”，不是品茶。

对主人加以介绍的茶叶，应该品味后给出相应赞赏，不要做出置若罔闻，或随口加以贬低的失礼行为。[①]

第四节 西餐礼仪

西餐主要是指欧洲及以其移民为主要居民的美洲、澳洲等其他区域的餐饮,大致可分为法式、英式、意式、德式、俄式等不同的餐饮体系。其文化传统与现代礼仪相结合形成了规范的西餐礼仪,包含了点餐、使用餐具、进餐三方面的礼仪规范。

一、点餐礼仪

西餐与中餐一个较大的区别是需要一道一道上餐,吃完一道才上下一道。中餐则是边吃边上,上满为止。因此西餐讲究点餐次序,应按照前述5~8道上餐次序点餐,并按照餐序摆放餐具。

二、进餐礼仪

西餐来源于西方宫廷宴会,讲究的是仪态和风度,在进餐时要使用多套餐具,其礼仪要求更加烦琐。进餐过程要求做到坐姿端正、举止优雅得体。用餐时,上臂和背部要靠到椅背,腹部和桌子保持约一个拳头的距离。[②]

在使用刀叉进餐过程中,应当注意避免刀叉碰撞餐具等发出响声,与人交谈时应放下刀叉,不要手执刀叉挥舞做手势,也不要在进食过程中发出吸溜、咀嚼的声音,或有打嗝、打喷嚏、咳嗽等举动,其中打嗝尤为失礼,应注意避免。

进餐完毕,桌面、地面、餐具和个人应保持整齐干净,避免弄得杯盘狼藉、一塌糊涂。

1. 餐具摆放

不同国家的西餐餐具大致相同,主要有餐刀、餐叉、餐匙、餐巾、餐盘、水杯、酒杯等。狭义的西餐餐具主要是餐刀、餐叉和餐匙三大类。

西餐与中餐最主要的不同是其沿用了我国历史上早已退出餐桌的刀叉,并形成了一套特有的就餐礼仪。

餐刀和餐叉是西餐主要的餐具,平时可以统称为刀叉,因为它们一般情况下是配套使用的。正规西餐宴请中使用的刀叉会有多套,为不同的菜品准备,如黄油、鱼块、肉排、甜品等不同食物要分别使用不同的刀叉。通常桌上配套的刀、叉以三副为限,按照上菜次序从外向内分左右摆放,当享用完相应菜肴后便撤去。

---

① 金正昆著:《社交礼仪教程》第四版,中国人民大学出版社 2014 年,第 328-331 页。
② 李兴国主编:《社交礼仪》,高等教育出版社 2006 年,第 240 页。

西餐摆盘的通用原则是：垫盘居中，叉左刀右；刀尖向前、刀口向内。

将餐盘（沙拉盘）叠放在垫盘上，放置于中间位置，并将餐巾折叠规整放于盘中。如果在宾客落座前需要往盘子里放某些物品，餐巾就放在盘子左边。

就餐者左手侧正前方摆放黄油面包盘，其上横向或斜向放置黄油刀，刀刃朝桌沿方向，刀柄朝右。

黄油面包盘右侧、餐盘正上方横向摆放甜品叉和甜品匙／咖啡匙／茶匙，甜品叉在上，叉头向右，叉齿翘起放置，餐匙在下，勺头向左，凹面向上翘起放置。

餐盘上方右侧按一条斜线依次摆放水杯、酒杯和咖啡杯／茶杯，通常水杯在正前方。酒杯的数量与酒的种类相等，从左到右依次摆烈性酒杯、（红／白）葡萄酒杯、香槟酒杯、啤酒杯等。

黄油面包盘下方、餐盘左侧，纵向放置餐叉，叉头向内，叉齿翘起放置，从左向右依次为沙拉叉、鱼餐叉、主餐叉。

餐盘右侧纵向放置餐刀，刀头向内，刀刃向左放置，从右向左依次是与左侧餐叉对应的沙拉刀、鱼餐刀、主餐刀或肉类刀。

根据菜品上菜次序，依次从外向内的顺序取用刀叉。

餐刀右侧纵向摆放餐匙，最外侧还可摆放海鲜叉，都是手柄朝外，勺头／叉齿翘起放置。

2. 使用礼仪

（1）刀叉的使用

刀叉是西餐餐具中最重要的部分。因为二者通常是同时使用的，所以归为同一类别讲述。

刀叉礼仪中涉及认识刀叉种类、配合使用与暗示语言三部分。

① 认识刀叉种类。

西餐刀叉根据其用途有不同的分别，正式宴会上通常每道菜使用适宜它的一套刀叉，一般换下一道菜就要换一套刀叉使用。

餐刀用来将大块食物切割成可以一口吃下的小块，餐叉用来插取进食，避免在叉子上插着食物边咬边吃。

黄油刀比较小巧，刀尖比较圆钝，刀身呈现扁平状，刀片与刀把不在同一水平线上，便于分挑涂抹黄油与果酱。没有搭配的餐叉。

沙拉刀与主餐刀相似，尺寸稍小，刀刃没有明显的锯齿，适合切断生菜与较柔软的菜叶。配合使用的沙拉叉又叫生菜叉,尺寸比较小,一般为四齿,左边的叉齿比较扁平,可以用来切较脆嫩的蔬菜,可用来吃沙拉和冷拼。

鱼餐刀前端为尖角,刀刃为圆滑的弧形,刀面略宽。配合使用的鱼餐叉用于食用带骨头的鱼肉时配合鱼肉刀使用,尺寸较小,一般为四齿,左边的叉齿一般较宽厚。

主餐刀的刀尖较圆,刀面幅度宽,刀锋长度较长,锯齿不明显,属于通用型刀具。配合使用的主餐叉一般为四齿,是吃主菜通用的餐叉,在所有餐叉中长度最长。

牛排刀有锯齿状的刀刃,刀尖与刀锋都非常锐利,方便切割牛排。若是在主餐刀右侧摆放,则说明牛排先于主菜上桌,在左侧则表示在主菜后面。配合使用的是一般餐叉,外观与主餐叉相同,只是尺寸比主餐叉稍小。

此外,还有一些不搭配餐刀的餐叉,如下:

牡蛎叉一般为三齿,叉齿扁宽,主要用于吃生蚝。

蜗牛叉是二齿叉,尺寸较小,配合专用的蜗牛钳使用,用于吃法式焗蜗牛。

海鲜叉是二齿叉,一般外侧附加木质手柄,比普通叉子更狭窄,手柄更长,主要用于取食龙虾及蟹腿中的肉。

奶酪叉一般是木柄二齿叉,叉齿较短,方便切割和叉取奶酪。

通心粉叉一般是三齿叉,三齿之间带有凸起部分,使面条不容易滑落。

② 配合使用。西餐刀叉的用法主要分成欧式与美式两种。

欧式是整个用餐过程中保持着左手持叉、右手持刀的进餐方式,在用餐过程中,餐刀和餐叉的手柄一直藏在手掌心内不外露,边切割边食用。正确的刀叉握法是:右手握住餐刀,刀柄完全藏在手掌心内,右手食指抵住刀背;左手握住餐叉,叉柄延伸至左掌心,餐叉齿尖朝下,食指尖抵在手柄与叉头连接处,弯曲手腕,对准食物。手腕往下弯曲,食指就会自然用力抵住刀叉。

美式则是切肉时左手持叉,右手持刀,全部切好之后,把餐刀斜放在盘子的右侧,然后换成右手持叉用餐,持叉手法是像拿铅笔那样用右手拇指、食指与中指夹住叉柄接近叉头部位,叉柄延伸至虎口上方,保持叉齿尖弯曲向上。

符合礼仪的用餐方式是手肘自然垂于身侧,不能放在桌面上,手腕往下弯曲,以减轻手肘的压力。

黄油刀用于切割小黄油块或挑取果酱涂抹到用手撕成小块的面包上。使用时握住刀柄,食指伸直按在刀背上切割。面包是用来清除前一道菜肴残留在口腔中味道的,因此需要从餐前到主菜食用完为止一直提供。

注意不要用餐刀切面包,也不要将面包涂满黄油,不要用面包块蘸食菜肴中的酱

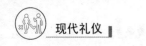

汁。①

沙拉刀用来将大片的蔬菜叶切成稍小的片，再用刀叉配合折叠成适合入口大小，用沙拉叉插起来蘸取沙拉酱汁后送入口中，注意不要使酱汁滴落到桌面等处。若沙拉酱比较稀薄，则可以直接淋在蔬菜上食用。

鱼餐刀的使用是用刀尖刺进鱼身切开鱼肉，在叉子协助下分开鱼肉，并尽量保持鱼肉外观完整。食用全鱼时，可以先把头、尾、鳍切除，将切下的头、尾、鳍放在盘子一边，再吃鱼肉。吃完鱼的上一面，不要将鱼翻身，应用刀叉剥除骨刺再吃下一面的鱼肉。

吃整块鸡、鸭或带壳的虾、蟹时，若主人有说明，可以用手撕着吃；没有额外说明的，需要用刀叉切割成小块食用。

吃煎炸食品或有腥味食品时，盘上一般有一两片调味的柠檬片，需要将其汁液挤到食物上。

吃面条（意大利面）时，应用叉子将面条卷起来，再送入口中。此时可以左手用餐匙顶住餐叉做底托配合，餐叉顺向旋转即可方便卷起面条。不可用餐刀先将面条切断，再用餐叉卷着吃，也不可用餐匙吃面条。

吃米饭、玉米、青豆等小粒食物，可以用餐刀将它们拨拢到餐叉的凹陷处，舀着食用。

欧式西餐在吃苹果、梨等大个水果时，应先用餐刀（或水果刀）将其切开成四块，逐块去皮，然后用餐叉（或水果叉）将切成块的水果送入口中。

要吃香蕉，应先剥皮，把果肉放入盘中，用刀切成小段，再依次取食。

要吃柚子，应先用刀切成两半，再用甜品匙或尖柚子匙挖出食用。

要吃橙子，需要用刀先切去两端的皮，再竖着一片片切去外皮后把果肉掰成小块食用。

要吃橘子，则用手剥皮后直接掰成一瓣瓣的食用即可。②

美式西餐在吃水果时则可去皮后用手直接拿着小块食用。

果皮及杂物都应堆放在餐盘或烟灰缸中，若空间不足，也可放在桌面上。

临时放下刀叉时，刀口朝向自身，欧式的叉齿尖应向下，美式的叉齿尖应向上。

若刀叉不慎碰落，应招呼服务人员来拾取和更换。

③ 暗示语言。西餐刀叉还有利用摆放来表达用餐完毕或尚未用完的暗示语言，也有欧式与美式的差异。

---

① 金正昆著：《社交礼仪教程》第四版，中国人民大学出版社 2014 年，第 306 页。
② 李兴国主编：《社交礼仪》，高等教育出版社 2006 年，第 248 页。

每当一道西餐菜肴用毕,应将刀叉尖端同向摆放在餐盘中,示意服务人员可以撤换了。

欧式摆放有两种方式:一是刀叉合拢,刀口向内,叉齿尖弯曲向上,刀上叉下,柄部向右,平放在餐盘里;或刀右叉左,柄部向下,纵向竖放在餐盘里。二是刀叉合拢,按照与垂直线120度左右角度斜放在餐盘中央,柄部朝向右下方向。

美式习惯则是刀柄右下、叉柄左下交叉成120度角叠放在餐盘里,刀口朝向左下,叉齿尖弯曲向上,餐叉头柄连接处压在餐刀上。

若不让服务人员收走餐盘及刀叉,则应刀口向内、叉齿尖弯曲向下,按左叉右刀方式摆成"八"字形来示意,注意刀叉不能相碰,更不能将餐刀插入叉齿中——这样表示给出差评。

(2)餐匙

西餐的餐匙也是从外侧向内侧顺序取用的。餐匙常见的分为四种。

一是主餐匙,前面的勺头呈椭圆形,主要用法是辅助餐叉取用主菜、正餐,如辅助餐叉卷取意大利面。很多时候并不出现在餐桌上。

二是汤匙,前面的勺头呈圆形,主要用来进食第二道汤菜时喝汤。这两者在开始用餐前平行竖放在餐刀右手边外侧。

三是甜品匙,前面的勺头呈椭圆形,尺寸明显小于前两者,用于取食甜品或水果,餐前摆放在主餐盘的正上方。

四是茶匙或咖啡匙,前面的勺头呈椭圆形,比甜品匙更小更浅,主要用于添加调味品,搅拌咖啡、茶水等,不能用来喝饮料。若没有甜品匙,也可用来取食甜品或果品。

取送食物时餐匙不能含在嘴里,应将餐匙的底部放在下唇位置把食物倒进嘴里。已经使用的餐匙,不用时应令其横向平躺在餐盘上,或放在杯下的碟子里,不能放回原处或插在食物上、立在汤盘、杯子里。

需要注意的是,汤匙只能用于取食汤、粥类菜肴,不能用于取食其他食物;此外,喝汤的时候,要用汤匙送入口中,而不能吸着喝。

正式宴会舀汤一定要向汤盘远侧舀起,再转一圈回来送入口中,以防止汤汁滴漏到桌面或自己身上。

将汤匙竖向放在盘中时即表示已经吃完汤菜,可以撤去汤盘餐具。

(3)餐巾

吃西餐时,首先应该把餐巾打开,小餐巾直接打开,大餐巾可以对折后,折口对向自

己,然后平铺在自己的膝盖上。

餐巾是用来擦手和擦嘴的,不要用来擦脸和擦鼻子。

餐巾也有暗示语言:女主人铺开餐巾,暗示开始用餐了;主人或女主人把餐巾放到桌上,暗示用餐结束。若中途临时离开,可以将餐巾折叠放在座位上,这表示自己还要回来继续进餐;若是用餐完毕,则可将餐巾自然折叠,放到桌上餐具的最左边,表示最终离开不再返回。需要注意的是,最后离开时餐巾不要折叠太整齐,那样反而是一种不礼貌的行为。[①]

三、西餐敬酒礼仪

1. 酒类搭配

西餐讲究用酒搭配食物食用,有开胃酒、佐餐酒、甜食酒及餐后酒等区分,原则上鸡肉、鱼肉等"白肉"搭配白葡萄酒,牛肉、羊肉等"红肉"搭配红葡萄酒。

开胃酒又叫餐前酒,是用于刺激人的胃口、增加食欲的饮料,通常选用鸡尾酒、比特酒、雪莉酒等,在进餐前直接饮用。

佐餐酒又与不同菜肴搭配。

一般选用低度干白葡萄酒搭配开胃菜;汤菜可不用酒,也可搭配深色雪莉酒等;副菜一般是"白肉",选用干白葡萄酒,或根据菜品选择玫瑰露葡萄酒、低度干红葡萄酒等;主菜为牛、羊等"红肉",选择度数较高的红葡萄酒,猪肉、小牛肉等不那么红的"红肉",选用度数不高的干红葡萄酒,海鲜禽类软体等"白肉",则选择无甜味的干白葡萄酒;点心可延续主菜酒品或选甜味葡萄酒;甜品搭配甜味葡萄酒或气泡葡萄酒;餐后酒可以选择白兰地、利口酒、鸡尾酒等。[②]

2. 斟酒礼仪

西餐的大部分酒类在中餐红酒一节中已讲过,对其持杯与酒类特点不再赘述。

除此之外还有一种43度左右的烈性蒸馏酒——威士忌,也是在橡木桶中贮存数年到数十年等不同年限得到的一种琥珀色为主的西方酒类。威士忌使用一种圆桶形厚底玻璃杯,一般斟酒达到五分之一杯即可。可以纯饮,也可以加水、加冰、加可乐或汽水等其他饮料饮用。

在西餐中斟酒一般是主人与服务人员才可以进行,其他宾客不要擅自为别人斟酒。

正式宴会接受斟酒时,一般需要将酒杯放置于桌面上,不要拿起来。因为红酒杯一

---

① 金正昆著:《社交礼仪教程》第四版,中国人民大学出版社 2014 年,第 308 页。
② 百度百科:《红酒》,https://baike.baidu.com/item/%E7%BA%A2%E9%85%92/235?fr=ge_ala。

般比较大而薄,与酒瓶磕碰容易损坏。一般场合气泡酒或啤酒可以手持杯子斟酒,避免泡沫溢出。

若主人亲自斟酒,应使用宴会上最好的酒。宾客一般需要起身站立表示尊敬。服务人员斟酒时要口头道谢。

通常服务人员会先将少量酒水倒入酒杯,让宾客鉴别一下其品质。此时可以小饮一口,并回答"很好""Good",则服务人员即会开始正式斟酒。

服务人员斟酒应在宾客右侧,从位尊者开始顺时针进行。若不再需要饮酒,则可用手挡在酒杯上,同时说一声"不用了,谢谢"。

3. 敬酒礼仪

西餐喝酒讲究品其色、香、味,切忌一口喝干,一般都讲究小口慢饮。只有香槟酒可以进行干杯,但也只是喝一半或更少。

西餐敬酒一般只祝酒不劝酒,香槟酒敬酒时不碰杯。红酒碰杯一定要用杯腹,避免出现碰碎酒杯的尴尬。

敬酒时不能离开自己的座位,更不能隔开身边邻座的人不敬就与距离较远的人交叉干杯。接受别人敬酒时不能拒绝,不会喝酒也应举杯应和。

西餐进餐过程中,若不小心发出声音,或碰落餐具,应立即轻声向主人或邻座宾客说声"对不起"。

若不留神将酒水泼洒到邻座宾客身上,应表示歉意并协助对方擦拭干净。若自身为男性,邻座为女性,则只需递上干净手帕或餐巾,由她自己擦拭即可。[①]

四、咖啡礼仪

咖啡是一种西方传来的饮料,在国际上属于与茶并列的三大饮料之一,在饮用方式上也有比较成熟的礼仪规范。

在西餐中最后一道热饮,基本选择的是咖啡或红茶,尤以咖啡居多。

1. 种类

咖啡是用经过烘焙磨粉的咖啡豆制作出来的饮料,起源于非洲埃塞俄比亚西南部的高原地区,经过引种,现在主要产地在南美洲、非洲和亚洲。根据咖啡豆的品种不同,其口味也有不同。

---

① 李兴国主编:《社交礼仪》,高等教育出版社 2006 年,第 249 页。

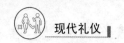

（1）按原生咖啡豆分类

在世界范围内，原生咖啡豆品种主要分为三类：阿拉比卡（Arabica）、坎尼弗拉（Canephora）和利比利卡（Liberica）。

阿拉比卡（Arabica）咖啡豆主要用于精品咖啡，现在主要产地是在南美洲，中美洲、非洲和亚洲部分地区也有产出，占据了世界咖啡市场的近七成。其特点是糖分含量高，苦度低，酸甜度高，风味独特有层次感。精品咖啡的常见品牌有铁皮卡、蓝山、曼特宁等。

坎尼弗拉只有一个豆种，即罗布斯塔（Robusta）咖啡豆。它现在主要产地是在东南亚、中南美洲等地，占世界咖啡市场的近三成。其特点是糖分含量少，酸苦味儿重，咖啡因含量高，口感更加醇厚，一般用来作为搭配使用的商业豆或者用于制速溶咖啡。

利比利卡咖啡豆产量较低，口味偏咸，作为一种小众咖啡豆，在市场上几乎见不到。[①]

（2）按成分分类

咖啡按照成分上的不同大致可以分为两类：黑咖啡和非黑咖啡。黑咖啡是不加任何配料的原味咖啡，集合了咖啡香甘醇酸苦五味的特点。[②]

① 黑咖啡在浓度上的不同，可以分为：

意式浓缩咖啡（Espresso）——咖啡与咖啡液比例在 1∶1.5 至 1∶2.5，醇厚的浓咖啡液，表面有一层标志性的咖啡油脂。

意式加长浓缩（Lungo）——咖啡与咖啡液比例在 1∶2.5 至 1∶3，是意式浓缩咖啡用更多的水量加长萃取时间获得。

意式超浓缩咖啡（Ristretto）——咖啡与咖啡液比例在 1∶1 至 1∶1.5，是浓度更高的意式浓缩咖啡。

美式咖啡（Americano）——意式浓缩咖啡加六到七倍水稀释而成。

淡黑咖啡——在热水中加入意式浓缩咖啡而成。

②非黑咖啡是在黑咖啡的基础上添加不同配料而成，可以分为：

拿铁咖啡（Latte）——向意式浓缩中加入牛奶，牛奶的用量一般是咖啡的 2 倍以上。

脏咖啡（Dirty）——先向杯中倒入冷冻提纯牛奶，再倒入意式超浓缩咖啡，两者互不相融，表面覆盖咖啡油脂。

卡布奇诺（Cappuccino）——向意式浓缩咖啡中加入蒸汽加热过的牛奶和奶泡。

---

① 百度百科：《咖啡》，https://baike.baidu.com/item/%E5%92%96%E5%95%A1/29518?fr=ge_ala。

② 百度百科：《黑咖啡》，https://baike.baidu.com/item/%E9%BB%91%E5%92%96%E5%95%A1/5100237?fr=ge_ala。

澳白（Flat White）——向意式超浓缩咖啡中加入薄奶泡的牛奶。

玛奇朵（Macchiato）——在意式浓缩咖啡表面铺上薄薄一层或仅点上一滴奶泡。

摩卡（Mocha）——向意式浓缩咖啡中加入加巧克力酱、可可粉和牛奶。

康宝蓝（Espresso Con Panna）——向意式浓缩咖啡中加入适量的鲜奶油。

维也纳咖啡（Viennese Coffee）——向意式浓缩咖啡中加入巧克力糖浆和鲜奶油。

爱尔兰咖啡（Irish Coffee）——在爱尔兰威士忌中加入焦糖加热，待焦糖融化后，在杯中加入咖啡，然后再加入鲜奶油。

2. 手冲咖啡

咖啡的风味各有不同，但归根结底就是苦、酸、甜三大主味。同一品种的咖啡豆，在不同产区、采摘时成熟度的不同也会形成各种口味上的差异；不同的加工流程也会形成不同的咖啡风味。如对咖啡生豆的日晒法、水洗法、蜜处理三种处理方式，会导致咖啡中表现苦、酸、甜度等物质的保留程度不同，随后的浅度、中度、深度三个烘焙方式则会更明显地表现出偏酸、偏甜或偏苦巧克力焦糖风味。

咖啡的萃取方法是最终形成不同咖啡口味的重要步骤。做手冲咖啡，就是将咖啡粉中的可溶性物质萃取到咖啡液中的过程，因此要获得符合标准口味的手冲咖啡，就要注意影响到萃取的各个过程，按照影响程度从大到小主要有以下几个因素：

（1）器具

器具包括磨豆机、电子秤、滤杯、滤纸、手冲壶、分享壶等。除了分享壶外，其他器具品质的不同会影响到萃取纯度和精度。

磨豆机研磨的粉末形状以平刀磨出的薄片状最好萃取，其次是鬼齿磨出的菱形立方体，最次的是锥刀磨出的不规则形状咖啡粉，同时研磨越细，萃取度越高。

电子秤应灵敏度高、带计时功能，可用来方便控制注水量和时间。

滤杯和滤纸的品质影响咖啡粉与咖啡液的分离效果，单孔梯形滤杯更易上手。

手冲壶最好选择带温控功能和方便控制水流大小的品牌，细嘴壶比鹤嘴壶更易控制，便于用不同的水温和流速，获得不同风味的咖啡。

分享壶主要作用是适合多人时使用分杯功能，对咖啡风味影响不大。

（2）粉水比

咖啡粉与总注水量的比值叫粉水比，数值越高，萃取出的咖啡液浓度越大。按照美国精品咖啡协会（SCAA）、欧洲咖啡精品协会（SCAE）等权威机构的"金杯标准"理论，优质、好喝的咖啡萃取率是 18% ～ 22%，咖啡浓度在 1.15% ～ 1.45% 最佳。

（3）水质

不同的水质会造成不同的咖啡风味，其主要影响因素有两个：矿物质含量和 pH 值。其中矿物质含量有一定限度，低于 50 ppm 或者高于 175 ppm 都容易造成萃取不足，属于软水范畴，因此一般选用低浓度矿泉水（山泉水）较好。咖啡本身是酸性的，水的 pH 值会影响其酸味，可根据个人口味选择。

（4）水温

水温越高，咖啡液的浓度就越高，风味就越发复杂和丰富，口感越苦，水温越低，浓度越低，风味较清淡、单一，口感偏酸。需要注意的是，不要用沸水冲泡，会造成过度萃取，口味过苦。

（5）时间

萃取时间越长，咖啡浓度越高，味道焦苦、浓烈，时间越短，浓度越低，风味酸甜味突出，液体单薄。

（6）注水

改变水流大小、注水分段次数来改变萃取时间，常见的注水水流方式有打圈注水和中心注水、分段次数有三段式注水和一次性注水等，前者的萃取度均高于后者。

3. 饮用礼仪

（1）添加配料

因个人口味不同，不要擅自为他人添加配料，但若别人为自己添加配料时则应真诚道谢。给咖啡加砂糖，可直接用汤匙舀取加入杯内；加方糖则应先用糖夹子夹在咖啡碟的近身一侧，再用汤匙把方糖加在杯子里。添加其他配料也应注意尽量动作轻柔，不要溢出和飞溅。

（2）其他

用右手拇指和食指捏住杯柄端起咖啡杯，不可双手握杯或用手托着杯底，也不可俯身凑在杯子上喝。杯托用来放置咖啡匙，防止咖啡溢出杯子弄脏桌子。如果需离开桌子时喝咖啡，则可以用左手端杯托，右手持咖啡杯慢慢品尝。

咖啡匙的作用主要是加入配料后搅动使其融合，或加快咖啡降温。搅过咖啡的咖啡匙应贴杯子内壁让残液流下，不用时放在咖啡杯托里。注意不要用咖啡匙去舀咖啡来喝。

喝咖啡搭配的甜点应与咖啡交替食用，不要同时拿在手中边吃边喝。与别人交谈时,应注意不要在别人喝咖啡时提问或让对方说话,注意嘴角不要留下咖啡残液。[1]

五、结账礼仪

除了正式宴会之外,西方礼仪中对一般聚餐倾向采用 AA 制,即"Algebraic Average",意思是各人平均分担费用,免去个人或者部分人请客,消费均分。

用餐完毕结账时,不要大声喧哗,要利用服务人员经过身边的机会轻声招呼告知:"请帮我们结账",若服务人员一时没有走近,可耐心等待一两分钟或在其看过来时向其招手示意。

---

[1]　金正昆著:《社交礼仪教程》第四版,中国人民大学出版社 2014 年,第 335-336 页。

第六章　职场礼仪

职场指一切可以就职的场所,包括所有机关、企事业单位。它是年轻人走出校门后踏上社会、实现自我价值的地方,对踏入职场的新人而言,首先应该做好定位,根据自己的选择方向判断该到什么行业去实习、求职及工作;其次要掌握进入新工作的各种不同职场的礼仪,通过掌控细节,助力自己的事业起飞发展。

第一节　实习礼仪

踏入职场的第一阶段是实习工作期。实习一般包括大学生到工作单位的实习和公司里安排新员工的实习。从个人角度来说,实习是在选择正式职业前,了解学习工作内容和任职单位的企业文化及考核标准,查找自身的差距,验证自己的职业选择;从企业角度来说,实习是在选择一个长期任职的员工前的观察和考核,为企事业单位培养人才做准备,培养新员工比招聘有工作经验的老员工更加廉价和有潜力。因此实习是一个普通职场新人的必经之路,应该认真对待,力争获得好的实习结果。

一、如何选择实习

人贵有自知之明,大学生首先应该认清自己有什么能力,不要过高或过低估计自己。

其次要清醒认识实习目的,需要在选择实习之前就想清楚,选择合适的实习单位。如果目的是毕业留用,就要提前了解该岗位是否有机会留用;若只是为了获得好的实习鉴定评价,那就应该考察好所选单位的岗位是否适合自己展示能力,可以在实习期间更好地表现以获得优秀评价。

一般而言,实习期间应选择一个合适的工作项目,确认可以在实习期间完成该项目,做完后既可以获得经验,还可以做个实习总结,甚至是发表相关的著作、论文等作为实习成果,给自己的实习画上圆满的句号。[①]

---

① 百度百科:《实习》,https://baike.baidu.com/item/%E5%AE%9E%E4%B9%A0/896525?fr=ge_ala。

二、重视学习过程

现在有一些不好的论调,认为实习比学习成绩更重要,因为在学校学习到的知识很多在工作岗位上用不到,以至于不少同学有一种特别浮躁的心理,对很多课程不求甚解、及格万岁。但这是一种本末倒置的做法,没有好的学习成绩做基础,实习就是无根之木、无源之水,万难取得好的结果。

因为对用人单位而言,学习成绩好的学生,无形中已经将两种重要的素质展示给他们了。一是强大的学习能力:不管学习的知识是否能用在工作岗位上,能够获得好的成绩就说明他们具有较好的学习能力,这种能力可以保证他们在新岗位上较快上手并对其他岗位也有强大的适应性;二是良好的个人品质:作为学生可以认真对待学习,身份转变成员工,认真对待工作的可能性也远大于那种不能好好学习的学生。

三、学习职场礼仪

职场不同于校园,人际关系的本质是利益竞争与权利争夺,不要把校园里的同学师生相处的关系拿到职场上。

应该认识不同职场:随着社会分工的发展,各行各业的区别经常是天差地别、泾渭分明的,所以不同的职场会有各自的礼仪特色,相同的礼仪不能用在不同的地方,如主动迎接客户,在一般公司是接待礼仪的一部分,但是不能用到商场中,那样一是效果不佳,非常容易吓跑顾客,二是在顾客人数较多时根本不可能做到主动迎接。

认识不同职场特点,抓住不同职场的行业特色,根据通用的礼仪规范"尊人"的核心,去学习其在各种职场中的变化,做到灵活运用,将其具体化和个性化到所从事的行业中。

1. 公司人员礼仪

公司是适应市场经济社会化大生产的需要而形成的一种企业组织形式,是以营利为目的的一种社会团体;此处指的是那种拥有专门写字间(办公室)的公司。实习人员踏入公司,就要认识并学会运用维护公司人际关系的公司礼仪。具体来说,公司礼仪分为对内与对外两种礼仪。

① 对内礼仪是员工在工作场所的仪容仪表、言谈举止、待人待物方面的礼仪规范,是员工上班时的基本守则。

公司内部的工作场所一般是写字间(办公室),多开在商业繁华地段,是追求"智能、便捷、高效"办公环境写字楼的组成部分。公司员工在其内办公对礼仪形象有较高要求:一是个人形象礼仪规范较为严格,容貌修饰应整洁、庄重,服饰要求庄重、整洁、正规等,

甚至细化到统一定制服装;鞋袜一般自己购置,但要与服饰搭配,如皮鞋、高跟鞋、丝袜;个人工位整洁规范,用品摆放井井有条。二是行为举止要求严格,要文明大方、言谈得体、有敬业精神,保持良好的精神风貌;上班时间不可在工位上吃零食、玩电子娱乐、网聊、睡觉等;同事间严肃认真,不要谈论工作之外的事情,不可打闹嬉戏或随意开玩笑、搞暧昧等。三是公私分明,上班时间不搞"私活",不用办公设施为自己私人事情服务。[①]

② 对外礼仪是员工在与外部人员接洽业务时代表公司形象的礼仪规范,是员工办理对外业务时的基本守则。

公司业务需要与其他单位或个人进行洽谈或接待等活动,接受此项工作的员工代表了公司的形象,在个人礼仪方面需要更加注意细节,在接待多人时一定要关注到尊卑次序;从公司角度来看,则应与合作或业务对象讲策略和方法,争取达成双方共赢的局面,做到互相合作、平等互利。避免出现不守法纪、损人利己、表里不一、过河拆桥、嫌贫爱富、崇洋媚外等错误行为。

2. 企业人员礼仪

企业是指从事生产、运输、贸易、服务等经济活动,在经济上独立核算的组织,如工厂、矿山、铁路等。所有的公司都属于企业,此处讨论的是以生产车间、工厂为主的企业。这种企业一般分成环境区、办公区、生产区和生活区四大部分,这些部分都是展示给合作对象的企业形象部分,一是要整体美观大方且保持干净卫生,二是要避免出现不好含义的标语口号。如挂上"严禁小偷小摸""此处禁止小便",难免会让外人产生企业人员素质低下才要宣传提醒的感受。

作为企业的员工,要主动维护好整个企业的形象部分,搞好个人、办公室及公共区域的卫生,保持接待来宾的房间、橱窗等整洁美观。

个人服装保持整洁卫生,即使某些厂区的工作环境比较艰苦,也不能作为自己邋遢的借口。

人际交往中要讲究人格平等、互相尊重,工作上讲求合作,互相支持:对上要理解、支持上级工作,但又在生活中保持应有的距离;对下要礼遇、关心下属的工作和生活,并对其成绩及时认可和奖励;同事间要公平、宽容待人,工作上互相配合、同甘共苦,讲究公平竞争,能者上庸者下,语言举止要礼貌文明,不能面对上级低三下四,面对下属趾高气扬,也不要在同事之间拉帮结派、飞短流长。②

---

① 金正昆著:《商务礼仪教程》第四版,中国人民大学出版社 2013 年,第 77-78 页。
② 金正昆著:《商务礼仪教程》第四版,中国人民大学出版社 2013 年,第 84-87 页。

3. 商场人员礼仪

商场是指聚集在一个或相连的几个建筑物内的各种商店所组成的市场,是现代社会的大型购物中心。作为商品生产流通过程中对消费者直接提供服务的环节,商场工作人员的礼仪运用会直接影响到为社会和人民提供的服务质量,因此是需要关注和学习的。

商场人员礼仪的核心是提高服务质量,真正做到为人民服务、为社会服务、为消费者服务。这种要求,落到现实中的商场管理上,经常被如西方谚语"顾客是上帝"那样形容,而其内容,则是体现在为顾客提供服务的各个环节上。

从工作性质上来说,商场人员的定位是为顾客服务,是处于从属的位置上,与顾客不是平等的关系,但这并非在人格上的不平等,表现在礼仪上则是在工作岗位上要微笑服务,用饱满热情的态度用全心全意为顾客服务的心态去接待和照顾顾客,要尽量让顾客高兴而来、满意而归。

(1)仪表仪态方面

一是要按照商场统一规定着装,服饰整洁、得体、大方,避免出现戴太阳镜、大金链子、穿背心拖鞋等不适当的形象,要给顾客留下良好的观瞻。若是较为正规的商场,一般会有统一制服,应提前掌握其穿着搭配的要领,不要出现各种半敞怀、挽袖口、趿拉鞋等不规范的着装方式。

二是要保持良好的个人状态:做好个人卫生及修饰,练习标准微笑及热情有度的服务状态;迎接顾客前要在岗位上保持端庄大方的站姿,目视顾客走来的方向,双手可自然下垂或叠放于腹前、背后,在顾客来到柜台前或自己负责商品区域,距离自己一米以内时要及时礼貌地微笑致意,并以"欢迎光临""有什么需要的吗"等招呼语进行问候。

(2)工作待客方面

要保持工作岗位的卫生整洁、商品摆放规则整齐,将主要商品陈列在显眼位置,方便顾客寻找和查看。

在有条件的情况下做到迎送顾客有问候,提供周到的服务,当顾客有问题咨询时及时热情地作答,既解决顾客问题又不会给顾客以压力。但要避免那种过于热情地推销商品,或打扰到顾客挑选商品的过程,容易招致顾客反感的过度服务。当前世界上流行一种理论,即要做到对顾客"零干扰",将顾客选购商品的过程中干扰降为零,让顾客自由选择、购买过程自在舒心,购物时享受到精神的满足——这就是服务适度的礼仪需求。

4. 行政人员礼仪

行政单位是指进行国家行政管理、组织经济建设和文化建设、维护社会公共秩序的

单位,主要包括国家权力机关、行政机关、司法机关以及实行预算管理的其他机关、政党组织等。

行政单位人员一般指机关公务员,其职场礼仪即是指机关礼仪,是工作人员在公务活动中,用以维护行政主体形象和个人形象,对交往对象表示尊重与友好的行为规范和惯例。

不计较地位上的差异,不计较工作岗位的优劣,发自内心地尊重面对的人和事,是机关工作人员礼仪的核心价值和最高追求。在进行公务活动时,必须遵守以下基本准则,即尊重原则、守信原则、自律原则、适度原则、对等原则、宽容原则。

第一是尊重原则,它分两个层次:一是对自我的尊重,对自己职业形象的接纳;二是对公务活动有关对象的尊重,尊重他人的人格、感情、兴趣、信仰、风俗习惯、价值取向及所享有的权利。

第二是守信原则,对自己的承诺认真负责:在公务活动中,需要承诺的事情,不随便答应,要量力而行,而一旦做了承诺就要如实兑现,不能随意变更;若迫不得已需要变更,也须提前打招呼或作出令人信服的解释,才可以赢得别人的信任,获得别人的认可。

第三是自律原则,这是机关工作人员礼仪的基础和出发点,要做到自我要求、自我约束、自我控制、自我对照、自我反省、自我检点。真正领悟礼仪,运用礼仪,关键是个人的自律能力。

第四是适度原则,应用礼仪要把握分寸,做到认真得体,施礼恰到好处,使人能够自然适应。要注意不同场合的服饰选择:正式场合要着正装,日常办公衣装整洁、端庄即可,会使他人产生亲近感。

第五是对等原则,公务交往双方都应以礼相待,相互尊重,其核心是"平等",既表现为往返性,"来而不往非礼也";又表现为相当性,即双方所执之礼应大体相当,如在接待、洽谈工作中,主客方应派出地位、级别相当的人对接。

第六是宽容原则,要严于律己、宽以待人。一定记住,礼仪修养是要求自己的,不是苛求别人的。学会大度和宽容,有助于缓解气氛,改善交往环境,更显示出自己良好的礼仪修养。[①]

总之,不同的职场有不同的职业特色和礼仪要求,这些行业礼仪是商务礼仪在各个不同行业内的具体化及个性化。但是不管是哪个行业的礼仪规范,都要求从业人员将行业的服务对象放到高于自身的地位上去尊重和服务,这是更加明确的"尊人卑己"要求。

---

① 澎湃网:《机关公务员文明礼仪:第一篇 机关礼仪》,https://m.thepaper.cn/baijiahao_12145448。

同时,对处于同一单位中的同事及上下级的相处礼仪的设置也有不同行业的特色,但总体而言可以总结为以下五点:

第一,不要在公司谈论别人或自己的私生活,无论是在办公室、洗手间还是在走廊上。

第二,不要在同事面前表现出和上司超越一般上下级的关系,尤其不要炫耀和上司及其家人的私交。

第三,即使是私下里,也不要随便对同事谈论自己的过去和隐秘思想。除非你已经离开了这家公司,你才可以和从前的同事做交心的朋友。

第四,如果你已经和同事成了好朋友,也不要常在大家面前和他(她)亲密接触。尤其是涉及工作问题时,要公正、有独立的见解、不拉帮结派。

第五,对付特别喜欢打听别人隐私的同事要有礼有节,不想说的坚决说"不"。

第二节　求职礼仪

现代大学生在求学之余,必然会考虑个人将来的工作和发展。这关系每个人将来追求更好生活的方向,同时可以找到人生的意义,体现自己的生命价值和社会价值,具有非常重要的意义。大家应该在校期间就开始做准备,把握一切机会来加强自身素质培养,提高将来的就业能力,才可以在踏入社会时从容面对挑战,在激烈的竞争中脱颖而出。

一般求职时要有递送求职信及个人简历、与人事(HR)联系、提交个人材料等环节,需要认真准备,慎重对待。

一、递送求职信

求职信是写给招聘单位的专用性求职文书,目的是让对方了解自己、相信自己、录用自己,是一种私人对公并有求于公的信函。求职信作为一种较新日常应用类文体,使用频率高,对个人而言具有重要作用。

求职信的概念,就跟推销一样,目的都是要引起顾客(雇主)的兴趣,达到成功推销自己的效果。求职信就是用文字语言在推销自己,是简历的一个重要组成部分。求职信的格式有一定的要求,要求内容凝练、目标职位明确,不可描述笼统模糊、对每一个职位都有愿望。

1. 类型

① 按照成文角度划分,可分成自己写的求职信和他人推荐而写的求职信等。

② 按照行业角度划分,可分成技术性求职信、销售型求职信、生产性求职信、演艺性求职信、医疗性求职信等。

③ 按照求职时间角度划分,可分成短期性求职信、中期性求职信、长期性求职信等。

④ 按照求职要求划分,可分成基本要求的求职信和有具体要求的求职信等。[①]

2. 功能

功能一:作为应聘者和用人单位之间的沟通桥梁,在相互认识、交流的基础上,实现相互交往,应聘者得以展示才干、能力、资格,突出其实绩、专长、技能等优势,以获得相应职位。因此,求职信要有良好的自我表现力,带有相当的公关要素与公关特色。

功能二:表现自我,提升被录用的概率,是求职信的另一基本功能。为求职成功,就要求应聘者扬长避短,充分突出个人的特长、优势、技能等,以求在众多应聘者中脱颖而出,实现求职目标。

好的求职信可以拉近应聘者与单位人事负责人之间的距离,获得面试的机会更多。在去知名企业求职时,一封出色的求职信是必不可少的。只有能体现个人才智的求职信,才能帮助应聘者获取面试机会,进而谋求相应的工作职位。

3. 格式要求

标题:求职信的标题通常只有文种名称,即在第一行中间写上"求职信"三个字。

求职信称谓:称谓是对受信人的称呼,要顶格写在第一行。对于不甚明确的单位,可写成"人事处负责同志""尊敬的领导同志""尊敬的某某公司领导"等;对于明确了用人单位负责人的,可以写出负责人的职务、职称,如"尊敬的林教授""尊敬的蒋处长""尊敬的刘经理";称谓后加冒号。

求职信正文:正文另起一行,空两格开始。正文包括引言、主体和结尾。

引言:包含姓名、毕业学校、专业、毕业时间等个人基本情况,并说明应聘缘由和目的,作用是引起对方兴趣,自然导入主体部分。

主体:主体部分应简明扼要,有针对性地概述突出个人特点,并使描述与所聘职位要求一致,不要虚假夸大或漫无边际。[①]

需要注意不要在求职信中重复简历中的具体内容,表述应让对方了解自己能为单位做什么贡献,应该具体和实际。

结尾:结尾要留下联系电话、手机、Email 等不同方式,可以表明若几天内没有回复,

---

① 百度百科:《求职信》,https://baike.baidu.com/item/%E6%B1%82%E8%81%8C%E4%BF%A1/8838 48?fr=ge_ala。

将自己再打电话确认招聘者是否收到履历表和求职信,用语要诚恳、礼貌,把想得到工作的迫切心情表达出来,以促使用人单位尽快答复并给予面试机会。

结束语后面另起一行,空两格,写表示敬祝的话。如"此致"之类的词,然后换行顶格写"敬礼"或"工作顺利""事业发达"等相应词语。这两行均无标点符号,不必过多寒暄,以免"画蛇添足"。

最后的落款包括署名和日期。署名应写在结尾祝词下一行的右后方。成文日期要年、月、日俱全(×年×月×日),写在名字下面。

求职信附件:附件是对应聘者能力的鉴证,所以求职信的附件是不可忽视的组成部分。附件可在信的结尾处注明,如:附件1.××××证书,2.××××得奖说明,3.××××……一般需要将附件的复印件单独订在一起随信寄出。附件不需太多,但必须有含金量,足以证明自己的才华和能力。

4.避免错误

(1)性别称呼不当

不要一开始就用错性别称呼,比如"先生"。事实上,最好避免使用针对不同性别的称呼,以免冒犯人。可以试着先找出负责审阅求职信的人,在求职信中直接称呼此人姓名头衔。若实在不知道什么人负责,可以用"敬启者",属于比较文雅的称呼方式。

(2)通用求职信

在求职过程中可以准备一个标准版本的求职信,但当把它套用在不同职位申请时要格外小心,注意不要出现错漏,如错误的职位、公司名称、日期和招聘信息来源。应该确认每封求职信中的信息都正确无误——最好是针对不同的职位要求量身改造相应的求职信。

(3)内容过简或过长

求职信的内容就应该仅是一封信,过于简短会让人感觉受到忽视,过于冗长则让人厌烦。应该突出展示个人的重要成就与技能,所有内容都应该是推销自己的叙述。

(4)忽视招聘要求

聘用单位都想知道应聘者是否能按要求做事——这一评价从求职信开始。应按要求将简历制作成固定的文件格式(PDF、WORD文档等文件格式),并发给指定的人。再如招聘要求中若要求个人提出薪资需求以供参考,就应写上期待的薪资水平,如果忽略了某项明确列出的要求,求职信从开始阶段就失败了。

5.礼仪技巧

称呼要准确：求职信的目的在于求职，带有"私"事公办的意味，因而称呼要求严肃谨慎，不可过分亲近，避免"套近乎"或阿谀、唐突之嫌。

问候要真诚：无论是否熟识，开头有问候语，是应有的礼仪。问候语可长可短，一般可用"您好"。问候要切合双方关系，以简捷、自然为宜。

书写要规范：求职信最好是手写，并保证没有任何错漏和涂改。好的字体是一个天然的加分项，但若是手写字体实在拿不出手，也可以选择排版打印的文件。用语中要多用敬辞和礼貌用语，让阅读者感受到尊重，也为建立良好的个人形象加分。

篇幅要适度：求职信的目标是获取面试的机会，内容篇幅最好局限在一页纸内，不要附加过多的资料和信息。一般情况可以采用结构清楚的三段式，概括出对该职位的兴趣以及个人资历。[①]

二、个人简历

招聘单位一般会把需要提交的资料列在招聘需求里，应该按照其要求的内容与格式做好准备。一般提交的个人材料包括个人简历、毕业证书及相关技能证书的复印件，在这里着重讲一下个人简历。

个人简历是应聘者将个人情况按照一定的格式要求编排并递送给招聘单位的个人介绍用书面材料，一般采用隐藏边框线条的表格形式。个人简历应该清晰明了，格式简洁优雅，完整介绍应聘者的个人情况及求学、工作等社会经历，对求职具有至关重要的作用。

1.个人简历内容

个人简历一般可以分为五大部分：

第一部分：个人基本情况，应列出自己的姓名、性别、年龄、籍贯、政治面貌、学校、系别及专业，婚姻状况、健康状况、身高、爱好与兴趣、家庭住址、电话号码等。

第二部分：学历情况。应写明曾在某某学校、某某专业或学科学习，以及起止期间，并列出所学主要课程及学习成绩，在学校和班级所担任的职务，在校期间所获得的各种奖励和荣誉。

第三部分：自我评价。一般以4～10条为宜，摒弃格式化、无个性的自我评价，如活泼开朗、外向大方、勤奋努力。可以挑选出与所求职位相关的工作能力及经验，写在自我

---

① 百度百科：《求职信》，https://baike.baidu.com/item/%E6%B1%82%E8%81%8C%E4%BF%A1/883848?fr=ge_ala。

评价中,以突出自己的优势。

第四部分:工作资历情况。若有工作经验,最好详细列明,首先列出时间最近的资料,然后详述曾工作单位、日期、职位、工作性质。

第五部分:求职意向。写明求职目标或个人期望的工作职位,表明你通过求职希望得到什么样的工种、职位,以及你的奋斗目标,可以和个人特长等合写在一起。[①]

针对不同的企事业招聘单位及应聘者的个人特点,这五部分内容及排序可做出一定的调整。

2.编写简历技巧

中文简历不像英文简历那样有过固定的、约定俗成的格式。社会上常见的中文简历多从"履历表"演变而来。比较受市场青睐的中文简历大都套用的专业英文简历格式,尤以美国著名商学院简历格式为代表,内容限定在一页纸中,简洁明了,沟通信息比较高效。

(1)针对性强

不同单位对不同岗位的职业技能与素质有不同的需求。编写简历时应先根据个人求职方向分析招聘单位的特点及职位要求,有针对性地编写个人简历,不要使用一份通用型简历。

(2)言简意赅

招聘单位的人事部门负责人需要查看大量简历,精力和时间都比较有限;求职简历一定要简洁而有力,篇幅最好不超过两页,尽量写成一页(技术相关工作岗位需要较为详尽的描述,则可写成两至三页)。

(3)强化优势

首先要有明确的目标岗位,其次应突出相关的个人优势,包括职业技能与素质及经历等,尽量将工作成果量化为数字,用成绩和案例说话。

(4)便于阅读

慎用网络上面提供的简历模板及简历封面,最好是根据目标单位及自身情况设计。若单位注重保护个人隐私,则不要提及身高、体重等;若单位青睐共产党员的优良素质,自己是共产党员的一定要添加政治面貌。而性格开朗等描述过于主观,有经验的招聘人员都相信沟通中的评判,不会相信简历上的主观描述,最好不要添加。

---

① 百度百科:《简历》, https://baike.baidu.com/item/%E7%AE%80%E5%8E%86/872222?fr=ge_ala。

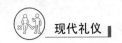

（5）逻辑清晰

要注意语言表达的技巧，行文要结构清晰、逻辑合理，内容衔接自然顺畅，重点部分放在简历相应栏目的最前面，如倒序排放教育、工作经历。

（6）客观真实

不讲诚信的人，很难在社会上立足。若在简历中造假夸大，将得不偿失。靠夸大事实得来的面试机会，必将因造假而被淘汰。简历一定做到客观、真实，可对自身优势进行深入挖掘和表述，切忌夸大其辞，弄虚作假。

3. 注意事项

① 个人简历绝对不能出现错别字或语法及标点符号方面的错误。最好让他人帮忙审查，更容易检查出自己忽视的错误。

② 个人简历建议采用标准 A4 复印纸打印，采用宋体、楷体或微软雅黑等常用字体，尽量不要用艺术和彩色字体。排版简洁明快，切忌花里胡哨过分卖弄。

③ 个人简历要突出重点，与所申请工作无关的事情尽量不写，而对申请工作有意义的经历和经验绝不遗漏。

④ 个人简历一般作为求职信的附件，不要单独投递简历，会增加用人单位对你的好感。

⑤ 尽量提供个人简历中提到的业绩和能力的证明资料，将其复印件附在个人简历的后面。

⑥ 个人简历的用语一定要积极上进，切忌缺乏自信和消极，因此最好是在心情好的时候编写个人简历。

⑦ 个人资料里的联系方式一定要齐全，包括手机号码、固定电话、联系地址、电子邮箱等，方便招聘单位第一时间通知面试或发布招聘结果。

⑧ 简历照片应采用一至两寸的彩色半身职业近照，职业装一般选择西装，如男士可以穿标准的白色衬衫加深色西装套装；女士可穿带衣领的浅色衬衫加女式西装或外套。①

三、联系人事（HR）

当今社会的招聘和应聘环节，大多数是在互联网上实现的。可以查询专门的招聘网站，也可以登录招聘单位的官方网站，均有通过网络提交信息的方式将自己的求职意愿

---

① 百度百科：《简历》，https://baike.baidu.com/item/%E7%AE%80%E5%8E%86/872222?fr=ge_ala。

发送给对方。此时很多招聘单位会选择给应聘者发送邀请面试的电子邮件或打电话联系。

接到招聘单位邀请面试的电子邮件时,应该按照正常的信件处理方式及时予以答复,内容要简洁扼要,首先感谢对方给自己发送邮件通知,然后写明接受参加面试的具体时间或婉言拒绝(若无意愿),最后再次感谢对方给自己提供的面试机会即可。

电话联系分两种:应聘者主动打电话联系和接听招聘单位电话。

应聘者主动电话联系招聘单位时,应提前做好准备。

首先是注意联系时间,应该选择正常的工作时间,最好是上午上班一个小时之后,给对方预留上班后开始处理工作的时间。例如对那种上午 8 点至 12 点工作的单位,一般情况应在 9 点至 11 点联系比较合适。因为对方在上班后一般会先处理一些紧急事务,一个小时后工作应该没有那么繁忙了;而最晚下班前一小时联系,也可以避免打扰对方吃午餐和午休,防止给对方留下不好的印象。

其次是注意礼貌用语,打电话时端正自己的姿态。礼貌用语可以彰显个人良好的素养,调整到端正姿态可以让谈话语气更加自然庄重,因为姿态和表情都会影响到语气,可以通过这种调整来传递个人真诚友好的态度。

再次是要准备好谈话内容。主动打电话时,应该构思好自己要表达的内容,做到逻辑清晰,语言顺畅,用词准确,表达明确。这就要求我们提前打好腹稿,把要讲的内容思考清楚,最好是做一下笔记,将要点、关键词等记录下来,作为通话时的提示。一般联系是提醒对方自己已经发送了求职材料,希望对方确认接收,并给自己面试的机会,因此电话时长不宜太久,若非对方主动,则最好控制在三分钟内,不适合长篇大论占用对方过多时间。

接听招聘单位的电话,一般是对方要求参加面试的通知或简单电话问询,应该在响铃两到三声内及时接听,首先自报家门并问候对方,如"您好,我是某某,请问有什么事情?"确认是招聘单位的面试通知电话,则要礼貌表态致谢,如"非常高兴接到您的通知,我会在某某时间准时参加面试,非常感谢,给您添麻烦了"。

若是来电时机不对,个人状态不佳,可以试探对方是否可以给一些准备时间,如"对不起,我现在正有事耽搁,可否等十分钟我再给您打电话?"

假如对方表示只有很短时间的几个问题,一般是确认个人资料内容,此时也不要紧张,应抓紧时间翻开自己的个人简历,理清思路后,先做简单的自我介绍,再从容回答提问。若确认资料后对方提出技术性问题,则应根据自己的知识储备,抓住问题要点,尽其所能地如实作答。

第三节　面试礼仪

招聘单位在接收到应聘者发送的求职信及相应的个人材料后,经过筛选后会安排通知应聘者参加面试,这对应聘者而言是一个正式进入该单位的难得机会,应该提前做好各方面的准备。

一、准备阶段

1. 搜集信息,不打无准备之仗

职场如战场,知己知彼,才可百战不殆。面试前首先需要做的是详尽了解企业文化及岗位需求,研究招聘单位具体需求的是应聘者哪一方面的才干,以此预判面试官会从何角度进行考察。其次是根据单位需求审视自身,研究自己的优势和劣势所在,寻找自己与目标职位的契合点,提前做足功课,最好是进行一定的预演,使自己适应面试的环境及氛围。如面试技术职位需要准备相关技术材料;面试业务职位则要熟悉企业产品及竞争对手的情况,并提出自己的竞争方案。

2. 注重仪态,打造良好职业形象

个人仪态的重要性在前面章节已经讲述过了,在这里再次强调:良好、得体的服饰有可能为面试加分,而糟糕、随意的着装肯定为面试减分。

选择着装应考虑应聘单位及职位的特点,最好选择相应或相近的职业正装参加面试,不能太旧,但也不要新得犹如刚刚拆封,这都会给面试官带来不好的印象。

着装一定要合体,材料质感不能太廉价,注重整体搭配协调和顺、色调庄重典雅。

采用合适的妆容和饰品,以让面试官感受重视和自然的状态为佳。保持个人卫生和颜面整洁,防止鼻毛外露、注意头发、指甲、口气等细节,要干净整洁,不要过度妆饰。[①]

3. 遵守时间,展示遵守规则的细节

面试时间一定不要迟到,这是面试礼仪中最重要的一点。在现代社会中,时间是至关重要的资源。守时不仅是一种生活态度,也是一种责任感和敬业精神的体现,意味着尊重他人的时间,可以使我们充分利用时间,最大限度地提高工作效率。因此,守时是一种尊重他人的基本社交礼仪。守时能够显示我们的专业精神和良好信誉,容易获得面试官的信任。如果遇到不可抗力造成的迟到,应该提前几分钟打电话告知迟到的理由及预计到达的时间,以求取对方的谅解。

---

① 金正昆著:《社交礼仪教程》第四版,中国人民大学出版社 2014 年,第 239 页。

二、面试阶段

1.耐心等待

到达面试场所后,应关闭手机或静音,在安排的等候区耐心安静地等待。

2.礼貌问候

得到面试通知后,不论房门开合,应在门外轻轻敲门,待面试官同意后再进入,同时轻轻关闭房门。转向面试官后礼貌问候,可以用考官或老师称呼对方,如果面试官是一个人,可以直接以"考官／老师您好"问候,如果是多人则可用"各位考官／老师好"问候;如果提前知道了面试官的姓氏和职位,可以用"姓 + 职务"称呼问候,如"王经理,您好"。如果面试官示意坐下时可以就座,没有示意时可以直接微笑询问,如"请问,我是站着回答提问还是坐下回答?"得到示意后再就座即可。

3.谨慎作答

若面试有试题,一定要慎重对待,参考提前了解的公司相关信息、产品、业界情况、公司文化等进行,技术性的试题则要靠个人知识和技能积累了。

4.提交材料

随身携带个人简历、证书资料等,等面试官提出要求或先行询问之后,再双手奉上。[①]

5.注意事项

其一应谦虚谨慎,面对面试官的问题不要不懂装懂,有不清楚的地方要虚心请教或坦白说不懂,以给用人单位留下诚实的好印象。

其二要机智果断、随机应变。要根据面试官的问题在脑海里重组材料,用简洁的话语作答,不要长篇大论。没有听清问题要请求对方重复一遍或解释一下,不能及时作答的可以请求面试官先提出下一个问题,等考虑成熟后再补充回答前面的问题。即使答错了题目也不要慌了手脚或耿耿于怀,以免打乱思路,影响后面的答题。

其三要扬长避短。必要的时候可以婉转地说明自己的不足和长处,用长处弥补不足。如面试官问到工作中曾经犯过什么错误时,可以这样回答:"以前曾有过粗心的毛病,实习时把一份公司的材料打印错了,被领导狠狠批评了一次。我就跟一个老员工好好学习了有条理地处理工作的办法,到现在也没有再犯过这样的错误。"

其四要显示自己的潜能。通常面试时间较短,需要抓住机会展示自己的才华和潜

---

① 百度百科:《面试》,https://baike.baidu.com/item/%E9%9D%A2%E8%AF%95/1461?fr=ge_ala。

能。如在回答目标职位相关问题时可以装作不经意地透露出正在考取相关的技能证书，或在听面试官提问时将要点用漂亮的字体记录下来，展示一下速记的本领等。①

6.常见问题

提前搜集面试中的常见问题，可以避免贸然遇到时的紧张和失措，提升答题中留给面试官的个人印象。

（1）请说出你最大的优点，你将给公司带来的最大贡献是什么

选择自己的优点一定要紧扣目标职位的需求，实事求是地摆出自己的优点，并结合提前了解到的公司现状进行简单分析，最好是提出比较扎实的数字加以佐证。

（2）请介绍一下你自己

这几乎是每个应聘者都会遇到的问题。应该按照提交的个人简历内容进行表述，去掉无关无用的东西，抓住重点、条理清晰地复述简历内容，但不要过于书面化，不要有背稿子的痕迹。

（3）你最大的缺点是什么

认为自己没有缺点的人是没有自知之明的人，一定要实事求是地坦率回答，但不要说出与所求职位有较大冲突的缺点，而是选择一些与职位无关的内容，或者技巧性地选择表面看是缺点，但结合职位却是优点的内容，如"我遇到问题喜欢自己钻研，不太愿意向别人求助""我有些急脾气，做事比较急"，缺点的另一面却表示自己具有独立工作能力和做事麻利的优点。

（4）你有什么业余爱好

要判断出面试官的意图是通过业余爱好来判断应聘者的性格、为人等品行，应该选择那些能体现个人毅力、社交能力、合作能力等的爱好来回答。如用坚持多年的游泳、喜欢下棋且棋力不错等来侧面证明自己具有长期坚持的毅力，体能较好，喜欢动脑钻研等。

（5）为什么选择我们公司

面试官通过这个问题是要了解应聘者的求职动机、求职愿望和从业态度等。可以选择用个人特点结合本行业、本企业及目标职位的具体情况来回答提问，分析自己的兴趣和特长，从这两方面说明自己适合这个行业，并对公司的特点做一下描述，指出公司文化或前景等吸引自己来求取这个职位，说明自己很适合所求职位等。

---

① 百度百科：《面试》，https://baike.baidu.com/item/%E9%9D%A2%E8%AF%95/1461?fr=ge_ala。

（6）何时可以上班？可以加班吗

这要按照自己的实际情况作答，不要说谎。对待加班也不要一口否决，但是可以提出对工作量的要求，并说明自己会尽量提高效率，争取在正常工作时间内完成工作量；也可以直接提出自己能够接受的加班限度。

（7）你希望的待遇是多少

一般招聘职位时都会附带有薪资上下限，如5 000～8 000元。此时可以比较直率地提出个人优势，如学历、工作经验、技能等级，然后在薪资范围内争取更高的数值，展示出自信的态度，在面试阶段就把薪资待遇明确地确定下来，同时将可以接受的试用期时长及试用薪资也一同明确下来。

（8）你因为什么原因离开了原单位

现今社会应聘者跳槽的情况比较常见，但是一定要选择现实性的原因，避免提出自己与原单位之间的主观矛盾等原因，尽量按照实际回答。原单位经营不善倒闭是最正常的原因，当然如果是对新工作有强烈诉求，也可以适当往需要的方面靠一下。如换工作是为了更高薪酬，可以直接说离职是因为对低待遇不满；如果是为了离家近，就说是为了就近照顾家人；如果是为了高职位，就说考虑个人发展和职业规划等原因。不要太担心留下负面印象，回答这个问题的标准回答太多，不如坦诚相待，表现出诚恳态度，给面试官留个实在的印象。

（9）对本公司你有什么问题可以提出来吗

面试不仅是要回答面试官的问题，很多面试官希望应聘者可以提出自己的问题，此时应聘者通过提问可以间接展现自己的优势，也可以让面试官知道自己在面试过程中没有走神，提问可以问一下公司的用人理念、管理理念等问题，但最好不要过多谈及个人薪酬问题。

（10）除了本单位外，是否还应聘了其他单位

作为应聘者，向多个单位发送求职请求很正常，可以直接按照实际回答，如"我是向几个不同公司发送了求职申请。但进入咱们公司是我的第一选择，因为我感觉这里既可以提供让我满意的待遇，还有我最感兴趣的岗位。只有公司拒绝我时，我才会考虑将其他公司作为一个退路来选择"。

（11）对这个工作，你感觉有哪些困难

面试官提出的这个问题一般是看应聘者是否懂行，以及对待困难的态度。因此，应

聘者可以从自己应对困难的态度这个角度来作答,如"工作中遇到困难是很常见的事情,我相信自己有着良好的心态和坚韧的毅力,同时以我的合作精神和钻研能力,及时克服困难、解决问题是可以肯定的"。

7. 面试结束

一般在面试结束,面试官会对应聘者表示回去等待消息即可。但是不管是否应聘成功,面试后的善后工作也还没有结束,应该善始善终,为应聘成功做出最大努力。

一般面试后的一两天内,应该给相关负责人发个短信,首先感谢他花费在面试上的精力和时间,为你提供了这个应聘的机会。其次要简短地谈一下你对公司的兴趣、有关的经历和将来可以为公司做出的贡献。

如果正常公布时间内没有接到任何回音,可以给面试官或招聘联系人打个电话,问公司是否已经做出决定了。这个电话可以表示出应聘者对这份工作的热情和兴趣,还可以探听自己是否有希望。

即使面试看起来很成功,最后也还是可能落选,因为大多数面试官都会尽量隐藏他们的真正意图,不让人轻易看出来。若接到落选通知电话时,应该虚心请教,自己有哪些欠缺,以便今后改进。[①]

若在打电话探听情况时感觉有希望中选,但最后决定尚未做出,那在一两个星期后应该再打一次电话催问一下。如果在面试过程中,应聘者对招聘单位具体情况有了新的看法,想要单方面放弃这份工作,也要在接到招聘单位的录用通知时及时说明理由并表达歉意和谢意,做到善始善终。

---

① 百度百科:《面试》,https://baike.baidu.com/item/%E9%9D%A2%E8%AF%95/1461?fr=ge_ala。

参考文献

[1] 李兴国. 社交礼仪 [M]. 北京：高等教育出版社，2006.

[2] 巴伦，伯恩. 社会心理学 [M]. 黄敏儿，王飞雪，等译. 上海：华东师范大学出版社，2004.

[3] 李荣建，宋和平. 现代礼仪教程 [M]. 北京：首都经济贸易大学出版社，2008.

[4] 金正昆. 商务礼仪教程（第四版）[M]. 北京：中国人民大学出版社，2013.

[5] 金正昆. 社交礼仪教程（第四版）[M]. 北京：中国人民大学出版社，2013.

[6] 刘民英. 商务礼仪 [M]. 上海：复旦大学出版社，2014.

[7] 袁涤非. 现代礼仪 [M]. 北京：高等教育出版社，2014.

[8] 卡耐基. 人性的弱点 [M]. 田冬，译. 长春：吉林美术出版社，2014.

后 记

"人无礼则不生,事无礼则不成,国家无礼则不宁。"礼仪在人类社会中具有重要作用。

现代社会生活节奏加快,人与人之间的合作空前紧密,作为维系和润滑社会关系的礼仪,对每个人的作用比以往任何时候都更加重要。

中华民族历史悠久,更是以"重礼"作为传统文化的核心理念,学习和运用礼仪知识,是现代中国人传承优秀历史文化、复兴中华民族的一大助力。

谨以此教材的编著,作为传承中华礼仪、接轨现代文化的引玉之砖,期待涌现出更多、更加成熟完善的现代礼仪著作,为实现中华民族伟大复兴的中国梦添砖加瓦!共襄盛事,再铸辉煌!

殷 梅

2023 年 8 月